地球の歩き方

Plat
P20 ぷらっと

香港 マカオ
HONG KONG
MACAO

TODO LIST

GOURMET

SHOPPING

AREA GUIDE

RELAXATION

HOTEL

MACAO

INFORMATION

地球の歩き方編集室

CONTENTS

- 4 香港 早わかりナビ
- 6 香港3泊4日モデルプラン
- 8 本書の使い方

10 THINGS TO DO ☑ IN HONG KONG
9 香港でしたいこと&でしかできないこと

- 10 ☑ **01** アートの発信基地
  西九文化區で香港の新たな魅力発見！
- 14 ☑ **02** 天気のよい日にGo！
  昼も夜も絶景に浸る ヴィクトリア・ピーク満喫プラン
- 18 ☑ **03** すてきな写真が撮れる！
  ストリートアートを探してフォト散歩
- 20 ☑ **04** ダイナミックなパノラマ観賞
  天空VS地上からの美景対決！
- 24 ☑ **05** 観光の新定番として注目！
  歴史を秘めたリノベスポットで買い物&グルメを楽しむ
- 28 ☑ **06** 旧カイタック空港跡地に誕生
  アートと緑がいっぱいのS.C.「エアサイド」をゆるりと散策
- 30 ☑ **07** 香港ならではの料理やドリンクを満喫！
  "レトロ"がキーワードのレストラン、カフェ、バーで非日常を楽しむ
- 34 ☑ **08** 優雅な時間をお約束♡
  香港だから愉しめる極上アフタヌーンティー
- 36 ☑ **09** カクテル&夜景に感動
  眺望抜群のバーで夜景に酔う
- 38 ☑ **10** 寺院に参拝&風水詣で
  パワースポットで運気アップ！

- 42 COLUMN 01 トラム、フェリー、バスで乗り物観光を楽しむ！

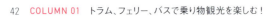

GOURMET 🍴　　SHOPPING 🛍

43　香港 必食グルメ＆買い物ナビ

- 44　本場の飲茶を満喫！
- 46　飲茶のニューウェイブ
- 48　目指せ全制覇★必食グルメ10
- 54　至高の広東料理は香港にあり！
- 56　麺＆お粥は最強ローカルフード
- 58　ローカル食堂「茶餐廳」
- 60　香港朝食メニューセレクション！
- 62　スイーツ、街角スナック大図鑑
- 66　香港雑貨コレクション
- 68　とっておきのグルメみやげ
- 70　スーパーマーケットでおみやげハンティング
- 72　ナイトマーケットでおみやげ探し＆食べ歩き
- 74　メイド・イン香港の最新コスメ
- 76　COLUMN 02
  　　セレクトが小粋な"誠品生活"でおみやげ探し。

AREA GUIDE 📷

77　香港エリアガイド

- 78　中環周辺
- 81　大坑
- 82　灣仔／銅鑼灣
- 84　上環
- 86　尖沙咀
- 90　油麻地／旺角
- 92　深水埗
- 94　九龍城／土瓜灣
- 96　淺水灣
- 97　赤柱
- 98　ランタオ島
- 100　香港ディズニーランド・リゾート
- 102　香港オーシャンパーク

RELAXATION

- 104　癒やしのマッサージでリラックス

HOTEL 🏨

- 106　香港のおすすめホテル
- 108　COLUMN 03　空港で楽しむ食＆買

MACAO 🏛

109　マカオ

- 110　マカオエリアナビ
- 111　マカオでやりたい5つのコト
  　　マカオの世界文化遺産リスト
- 112　歩いて世界遺産を巡るモデルコース2
- 116　コタイのエンタメ＆注目の施設
- 119　マカオの見どころ＆博物館
- 120　おすすめグルメスポット
- 122　マカオの厳選おみやげショップ

TRAVEL INFORMATION ℹ

123　旅の基本情報

- 124　香港の基本情報
- 128　マカオの基本情報
- 130　香港入出国
- 132　空港から市内へ
- 133　香港の市内交通
- 135　香港からマカオへのアクセス
- 136　マカオの市内交通
- 137　旅の安全対策

MAP 📍

- 138　香港交通路線図
- 139　香港全図
- 140　香港主要部
- 142　上環・西營盤
- 144　中環・金鐘
- 146　灣仔・銅鑼灣
- 148　大坑・北角
- 149　淺水灣／赤柱
- 150　尖沙咀
- 152　佐敦・油麻地
- 153　旺角・太子
- 154　九龍城・啟德・土瓜灣
- 155　深水埗／ランタオ島（大嶼山）
- 156　マカオ全図
- 157　マカオ半島中心部・南西部／
  　　タイパビレッジ（氹仔舊城區）
- 158　INDEX

Hong Kong　3

HONG KONG
AREA NAVI

香港 早わかりエリアナビ

香港のおもな観光スポットは、香港島北部〜九龍半島。
ここにはレストランやショップがギュッと集中している。
エリアごとに雰囲気がガラリと変わるのも大きな魅力だろう。
時間に余裕があれば、ランタオ島など郊外へも足を延ばしたい。

1 香港の経済の中心
中環 チョンワン
Central ▶P.78

高層のオフィスビルが林立し、洗練されたショッピングモールやホテルが多い。一方でビルの谷間には屋台があるのもおもしろい。壁画アートの聖地でもある。

2 新旧が混在するおしゃれエリア
上環 ションワン
Sheung Wan ▶P.84

古くからの商業地で老舗も点在し、歴史を感じるエリア。同時に古い建物を改装し、センスのよいカフェやショップも次々誕生。

3 香港人のパワーを感じる
灣仔／銅鑼灣 ワンチャイ／トンローワン
Wanchai / Causeway Bay ▶P.82

灣仔は近代的なウオーターフロントと山側の古きよき下町に分かれる。銅鑼灣は百貨店やショッピングセンター、レストランが軒を連ね、常に大にぎわい。

4 香港最大の商業エリア
尖沙咀 チムシャツォイ
Tsimshatsui ▶P.86

ネイザン・ロードを中心に巨大な繁華街を形成。モダンと伝統、高級と庶民、東洋と西洋など、香港らしいミックスカルチャーと活気に満ちている。

5 エネルギッシュな下町
油麻地／旺角 ヤウマティ／ウォンコッ
Yaumatei / Mongkok ▶P.90

派手派手しくごちゃごちゃした商店街や市場が並び、早朝から深夜まで騒がしく元気な庶民エリア。廟街や通菜街など個性豊かなストリートも名物だ。

\\Check!!/

港珠澳大橋でマカオへ

香港、マカオ、珠海をつなぐ長さ55km、世界最長の海上橋が2018年に開通し、マカオへの主要アクセスはフェリーからバスへと変化した。香港のランタオ島にある港珠澳大橋香港口岸とマカオ、珠海の各イミグレ間を結ぶシャトルバスが頻発している。

6 地元人気の高いテーマパーク
香港オーシャンパーク
（香港海洋公園）
Ocean Park Hong Kong ▶P.102

7 深水埗 Sham Shui Po
オールド香港が息づく
▶P.92

工具や電気機器などの屋台が並ぶ鴨寮街や安くておいしい食堂など、昔ながらの庶民文化が残る。

8 九龍城／土瓜灣 Kowloon City/To Kwa Wan
ディープな街
▶P.94

9 香港ディズニーランド・リゾート (香港迪士尼樂園度假區) Hong Kong Disneyland Resort
ディズニー好きの聖地
▶P.100

10 ランタオ島（大嶼山） Lantau Island
海にも山にも見どころがある
▶P.98

11 大坑 Tai Hang
食べ歩きにもおすすめ
▶P.81

落ち着いた街並みにカフェが増殖。「大坑舞火龍」の祭りでも有名。

13 淺水灣 Repulse Bay
西洋の香り漂う海岸エリア
▶P.96

山側に超高級リゾートマンションが点在。海沿いは砂浜が広がり夏は海水浴客でにぎわう。

14 赤柱 Stanley
欧米人の多い海辺の街
▶P.97

のんびりした海辺の街で、プロムナードの散策やアーケード街で買い物などが楽しめる。

12 ヴィクトリア・ピーク（太平山頂、扯旗山） Victoria Peak
100万ドルの夜景を望む
▶P.14

Hong Kong 5

香港3泊4日モデルプラン

限られた時間で香港を満喫したい！
定番観光地も旬のスポットもおさえた
3泊4日のモデルプランをご紹介。

バス利用には、目的地までのバスルートがわかるGoogle Mapsのアプリ（無料）が役に立つ。

絶景ウオッチ！

1日目　香港到着後ピーク観光

日本発午前便で香港着

ピークトラムで山上へ！

16:30　ピークタワー ▶P.17

ピークトラムでヴィクトリア・ピークへ上る。ピークタワー内のマダム・タッソー ▶P.15 を見物したり、ショップやカフェを回ったり。

徒歩ですぐ

18:30　スカイテラス428 ▶P.16

ピークタワーの屋上の展望台で100万ドルの夜景を堪能。

▶P.15 紹介の交通機関で10～20分

20:00　ウオーターマーク ▶P.36

スターフェリー埠頭にあるバーレストランで夜景満喫ディナー。

2日目　王道&旬スポットを制覇する

スペシャル点心のセット

9:00　ロンディムサム ▶P.46

趣向を凝らした創作点心の朝食。ポップなインテリアで楽しい気分に。

徒歩約10分

10:15　尖沙咀プロムナード ▶P.22 ▶P.86

香港島のパノラマが広がる絶景ポイント。行き交う船やビル群と記念撮影。

タクシーで約10分

11:15　香港故宮文化博物館 ▶P.12

旬のエリア、西九文化區へ移動し、北京の故宮博物院の至宝をじっくり鑑賞。

徒歩約10分のMTR九龍駅からMTRで約10分

13:30　ラ・ランブラ・バイ・カタルーニャ ▶P.79

パエリアが自慢

MTR香港駅直結のIFCモールにある人気スペイン料理店でランチ。

徒歩約10分

15:00　中環街市 ▶P.24

タータンチェックの店も

歴史ある市場をリノベしたレトロモダンなショッピングモール。香港の特色ある雑貨やフードの宝庫。

MTRと徒歩で約25分

18:00　家全七福 ▶P.55

名店の広東料理を堪能。広東風ローストチキンや海鮮料理などを贅沢に。

徒歩約5分

20:00　シンフォニー・オブ・ライツ ▶P.22

ヴィクトリア湾を挟んで毎晩催される光と音楽のショー。オーシャンターミナル・デッキや尖沙咀プロムナードで観賞。

Hong Kong

3日目 下町散策とパワースポット巡り

10:00 金華冰廳 カムワービンテン ▶P.58

メニューが豊富なローカル食堂で、地元朝食セットにトライ。

インスタント麺＆目玉焼き

徒歩数分

11:15 金魚街（通菜街）トンチョイガイ ▶P.41

金魚や熱帯魚店、ペットショップが並ぶ通りを散策。金魚は幸運のシンボル。

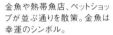

MTRと徒歩で約25分。またはバス1、1Aで約20分

11:45 九龍城を散策 ガウロンセン ▶P.94

グルメの街であり、タイ人が多く住むことからタイの料理や食品店が充実。

タイ料理の素

徒歩約5分

13:00 粵派燒味専門店 ユッパイシウメイチュンムンディム ▶P.48

香港の名物、チャーシュウをはじめ、ロースト類を味わう。

ボリューム満点！

MTRと徒歩で約25分

14:30 嗇色園黃大仙祠 シックシックユンウォンダイシンチー ▶P.38

霊験あらたかな道教寺院で、おみくじ（占い）に挑戦。

ご託宣がこの紙に

MTRと徒歩で約15分

16:00 エアサイド ▶P.28

旧カイタック空港跡地にできた新コンセプトのショッピングセンターで買い物を楽しむ。

おみやげ探しに

MTRと徒歩で約25分、タクシーなら約15分

18:30 陳儀興 尚潮樓 チャンイーヒン ションチウラウ ▶P.51

日本では味わえない本格的な潮州料理に舌鼓。

ガチョウのたれ煮

MTRと徒歩で約15分

20:30 女人街 ノイヤンガイ ▶P.72

衣料品や雑貨の露店がズラリと並ぶ名物屋台街をぶらぶら散策。

4日目 出発までおみやげショッピング

9:00 妹記生滾粥品 ムイゲイサングワンチョッパン ▶P.53 ▶P.57

クリーミーで具だくさんのお粥を味わう。

栄養たっぷり

MTRと徒歩で約20分

10:00 ザ・ペニンシュラ・ブティック＆カフェ ▶P.88

チョコレートやお茶など逸品みやげをチェック。

ペニンシュラベアがお出迎え

徒歩約5分

10:45 マーケットプレイス（アイ・スクエア店）▶P.71

スーパーマーケットで香港の味を入手。

種類豊富なフラワーティー

香港発午後便で帰国

+1 DAY 日帰りでマカオへ ▶P.109

世界遺産やメガリゾートなど、香港とは違う魅力満載のマカオへプチトリップ。

世界遺産巡りを楽しもう

本書の使い方

本書は、TO DO LIST、グルメ&ショッピングガイド、エリアガイド、リラクセーションガイド、おすすめホテルリスト、マカオガイド、トラベルインフォメーション、MAPによって構成されています。

おすすめコースと歩き方ルートを紹介
ポイントをおさえながら回る散策ルートを、所要時間とともに紹介しています。

知っていると便利な情報
街歩きがいっそう楽しくなる、コラムやチェックポイントを掲載しています。

はみだし情報
旅に役立つ補足情報やアドバイス、香港の街に詳しくなる雑学、クチコミネタなどを紹介しています。

エリアの特徴を紹介
各エリアの特徴や楽しみ方、効率よく散策するためのヒント、最寄り駅などの交通案内を簡潔にまとめました。

電話番号について
香港の電話番号に市外局番はなく、国内通話はどこにかけるにも市外局番は不要。8桁の電話番号をすべてダイヤルします。

フロア表記について
香港のフロア階数表示は日本と異なり、地上階をG/F(香港の表記で地下)、その上から順に1/F(1樓)、2/F(2樓)と数えます。ちなみに地下のB/Fは香港の表記では地庫となります。

地図参照について
▶Map P.144-A2
各物件の位置は、巻末P.139～157で探すことができます。

アイコンの見方
- 観光スポット
- カフェ
- レストラン
- ショップ
- スイーツ店

データの見方
住	住所	Card	クレジットカード	Mail	eメール
TEL	電話番号	A	アメリカン・エキスプレス	服	ドレスコード
Free	無料電話番号	D	ダイナース	予	予約の要不要、予約先
FAX	ファクス番号	J	JCB		
開	営業時間、開館時間	M	マスター	**道路名など**	
休	定休日、休館日	V	ビザ	Rd.	Road
料	料金、予算	交	アクセス	St.	Street
URL	URL			Bldg.	Building

※本書は正確な情報の掲載に努めていますが、ご旅行の際は必ず現地で最新情報をご確認ください。また掲載情報による損失等の責任を弊社は負いかねますのであらかじめご了承ください。

TODO ✓ LIST

10 THINGS TO DO IN
HONG KONG

香港でしたいこと&
香港でしかできないこと

ヴィクトリア・ピークで宝石箱のような夜景に感動し、香港の旬を感じられるアートスポット巡りを楽しみ、絶品のローカルグルメ&カフェを満喫。そんなお楽しみが満載の香港で絶対に体験したい10のテーマを一挙ご紹介！

01 アートの発信基地
西九文化區で香港の新たな魅力発見！
▶P.10 *West Kowloon Cultural District*

02 昼も夜も絶景に浸る
ヴィクトリア・ピーク満喫プラン
▶P.14 *Victoria Peak*

03 すてきな写真が撮れる！
ストリートアートを探してフォト散歩
▶P.18 *Street Art*

04 ダイナミックなパノラマ観賞
天空 VS 地上からの美景対決！
▶P.20 *Panorama View*

05 観光の新定番として注目！
歴史を秘めたリノベスポットで
買い物&グルメを楽しむ
▶P.24 *Renovated Buildings*

06 旧カイタック空港跡地に誕生
アートと緑がいっぱいの
S.C.「エアサイド」をゆるりと散策
▶P.28 *AIRSIDE*

07 香港ならではの料理やドリンクを満喫！
"レトロ"がキーワードのレストラン、
カフェ、バーで非日常を楽しむ
▶P.30 *Retro Spot*

08 優雅な時間をお約束♡
香港だから愉しめる
極上アフタヌーンティー
▶P.34 *Afternoon Tea*

09 カクテル&夜景に感動
眺望抜群のバーで夜景に酔う
▶P.36 *Special Bar*

10 寺院に参拝&風水詣で
パワースポットで運気アップ！
▶P.38 *Power Spot*

TODO LIST 01

1 香港島のパノラマが広がるアートパークでくつろぐ人々 2 ウオーターフロント・プロムナードから望むサンセット 3 M+の巨大スクリーンは香港の新アイコンに。毎晩、動画作品が放映される

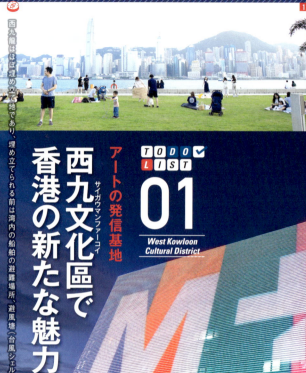

アートの発信基地

西九文化區で香港の新たな魅力発見！

サイガウマンファーコイ

TODO LIST **01**
West Kowloon Cultural District

西九龍はほぼ埋め立て地であり、埋め立てられる前は湾内の船舶の避難場所、避風塘（台風シェルター）があった。

九龍半島の西側、ヴィクトリア湾に面した約40ヘクタールの埋め立て地に誕生した文化・芸術のランドマーク。世界クラスのアートが鑑賞できるだけでなく、壮大なハーバービューも満喫できる旬のスポット！

西九文化區　West Kowloon Cultural District

九龍半島の繁華街、尖沙咀から西に約2km。香港の芸術シーンの交流と発展の場として再開発された文化地区。おもな施設は2021年オープンのミュージアム「M＋」、その翌年に誕生した「香港故宮文化博物館」、パフォーマンス会場の「フリースペース」。少し離れた尖沙咀寄りの一画にオペラ劇場の「戯曲中心」もある。アートパークや海沿いのプロムナードは、市民の憩いの場所になっている。開発計画は進行中で、2025年1月現在、音楽や舞台芸術の複数の劇場を建設中。

▶ Map P.140-A1〜B1

香港主要部　住 九龍西九文化區　電 2200-0217（西九文化區管理局）交 MTR九龍駅C1またはD1出口からS.C.「エレメンツ」を経由して徒歩10〜15分。MTR柯士甸駅D2出口からミニバスのCX1（土・日曜、祝日はW4も運行）がM＋、香港故宮文化博物館、MTR九龍駅を巡行（所要5〜10分）。●園内を巡回する無料の電気自動車（Electric Vehicle）：10:30〜13:00、15:00〜17:30に30分間隔でM＋、フリースペース、香港故宮文化博物館を巡回運行。※博物館では大きな荷物はロッカーまたはクロークに預ける。ロッカー使用料10HK$　URL www.westk.hk/en

1 ミニバス乗り場
2 ミニバス CX1

[西九文化區の楽しみ方]

☑ **博物館巡りをして、アートの世界に浸る**
新進気鋭の地元アーティスト作品から清代の中国の芸術品まで、見応えがある。ふたつの博物館をじっくり見学するには半日以上見ておきたい。

☑ **ハーバービューを楽しみながら散策**
ウォーターフロント・プロムナードからは、九龍半島西端のハーバービューが楽しめる。

☑ **アートなおみやげ探し**
M+と香港故宮文化博物館内にあるショップはオリジナルグッズをはじめ、デザイン雑貨の宝庫（ショップは入館料不要）。

☑ **ディナー&夜景観賞**
ハーバー沿いのアートパークにはレストランやカフェがズラリ。夜景観賞を兼ねて訪れてもいい。

TODO LIST 01 西九文化區で香港の新たな魅力発見！

1 プロムナートからは夜景もきれい 2 M+ショップは必見 3 フリースペースの壁面に描かれたカルヴィン・ホーのアート画

[西九文化區周辺ナビ] ©西九文化區管理局

香港故宮文化博物館 ▶P.12
紫禁城の文化や歴史が凝縮された美の殿堂

スカイ100 ▶P.20
ICCビル100階にある展望台

フードトラック ▶P.13
軽食&ドリンクで休憩！

M+ ▶P.12
現代視覚アートのミュージアム

戯曲中心 ▶P.12
チャイニーズオペラの劇場

\ 眺めが最高！ /

ウォーターフロント・プロムナード
夕日や香港島のスカイラインが望める約2kmの遊歩道

アートパーク
広大な芝生が広がるパーク。ペット連れやピクニックする人も

フリースペース
さまざまなジャンルのパフォーマンスやイベントを上演

海に面した食事スポット

カフェやレストランが並ぶ
テラス席もある休憩&ランチどころ

Hong Kong

TODO ✓ LIST 01

3大アートスポットへ Go

「香港故宮文化博物館」はぜひ見学したいスポット。「M＋」はHPで展示を確認し、興味のある作品をチェック。「戯曲中心」は舞台観劇というスペシャルな体験ができる。

香港故宮文化博物館G/Fにあるレストラン「下江南(X＋A)」では、宮廷の食文化をメニュー化した料理が味わえる

北京の故宮の名品を鑑賞
香港故宮文化博物館
ヒョンゴンクゥゴンマンファーボッマングン
Hong Kong Palace Museum

中国の至宝

中国の伝統建築に現代的なデザインや技術を融合させた建物は壮大なスケール。7800㎡に及ぶ展示スペースは9つのギャラリー（G/F～4/F）で構成されていて、北京の故宮博物院から貸し出された900点を超える芸術品を展示。随所に映像を駆使したインタラクティブな展示もあり、時を超えて中国清代へ没入できる。

▶Map P.140-A1

香港主要部 住九龍西九文化區博物館道8 8 Museum Drive, West Kowloon Cultural District, Kowloon TEL2200 0217（西九文化區管理局）開10:00～18:00（金・土曜、祝日～20:00。チケット販売は閉館1時間前まで）休火曜（祝日を除く）、旧正月2日間 料一般入場券90HK$、特別展を含む入場券130～220HK$（両入場券とも7～11歳、学生、60歳以上半額）。6歳以下は無料 CardAJMV 交MTR九龍駅C1またはD1出口からS.C.「エレメンツ」を経由して徒歩約15分。MTR柯士甸駅からの行き方→P.10 URL www.hkpm.org.hk/en/home

1 メインの入口前から見た博物館全景 2 1/Fの清代宮廷生活の展示ギャラリー 3 詩の朗読と幻想的な映像を寝転んで見られるコーナー 4 広東省と広西チワン族自治区の総督が乾隆帝に献上した七宝の一対の象

アジア初の視覚文化博物館
M＋（エムプラス）

視覚アート

20～21世紀のビジュアルアート、建築やデザインなど幅広いアートを収集、展示。B2～L2の4フロアとL3の屋上庭園を含め1万7000㎡の展示スペースに、33のギャラリー、3つの映画館、視聴覚ライブラリーなどを設置。基壇とタワーが合体した逆T字型の建物のファサードは、動画作品を上映するLEDスクリーンになっている。屋上庭園とB1、M＋ショップ（→P.13）、カフェやレストランは入場券なしで入れる。

▶Map P.140-B1

香港主要部 住九龍西九文化區博物館道38 38 Museum Drive, West Kowloon Cultural District, Kowloon TEL2200 0217（西九文化區管理局）開10:00～18:00（金曜～22:00。最終入館は閉館30分前）休月曜 料一般入場券120HK$、特別展を含む入場券160HK$～（両入場券とも7～11歳、学生、60歳以上無料。6歳以下は無料 CardAJMV 交MTR九龍駅C1またはD1出口からS.C.「エレメンツ」を経由して徒歩約10分。MTR柯士甸駅からの行き方→P.10 URL www.mplus.org.hk/en

1 世界的に有名な建築ユニットが手がけたスタイリッシュなデザイン 2 「未来都市Future City」の展示（L2） 3 眺めのよい屋上庭園

最新設備を駆使した中国オペラ劇場
戯曲中心
ヘイコッチョンサム
Xiqu Centre

舞台アート

戯曲はチャイニーズオペラとも呼ばれ、舞踊や雑技、歌などで構成される中国の舞台芸術。ここは戯曲の継承と発展を目的に創設された。1000人以上収容可能な大劇場をはじめ、茶館劇場、講演ホールなどがあり、ショップやレストランも入居。

▶Map P.140-B1

香港主要部 住尖沙咀柯士甸道西88 88 Austin Rd. West, Tsimshatsui TEL2200 0217（西九文化區管理局）開10:00～22:30（チケット売り場は～21:00）休無休 料一般公演は演目によって異なる。茶館劇場300HK$～ CardAJMV 交MTR柯士甸駅E出口から徒歩約1分 URL www.westk.hk/en/venue/xiqu-centre

1 中国の伝統的なランタンから発想を得た建物
2・3 茶館劇場では90分のプログラムを中国茶と点心を味わいながら観劇できる

12

アートなおみやげをGet

展示関連のオリジナル商品をはじめ、アーティスト作の雑貨やアクセサリーなど、ほかでは置いていないアイテムに出合える。センスのよいおみやげ探しに訪れたい。

TODO LIST 01

西九文化區で香港の新たな魅力発見！

オリジナル商品に注目
アートエクスプレス・バイ・商務印書館
Art Express by The Commercial Press

「皇帝の宝物棚」をデザインコンセプトに6つのゾーンで構成される店内には、香港だけでなく北京の故宮博物院関連のおみやげ商品や書籍、手工芸品が並ぶ。ベストセラーはオリジナルのマグネットやピンバッジ、タンブラーなど。

香港故宮文化博物館 G/F

▶Map P.140-A1

香港主要部 住香港故宮文化博物館 G/F　G/F, Hong Kong Palace Museum 電2575 8003 開10:30～18:30（金・土曜、祝日10:00～20:00）休火曜（祝日を除く）、旧正月2日間 Card AJMV 交→P12 香港故宮文化博物館 URL www.westk.hk/en/art-express-commercial-press

1 雑貨から絵画や書画、書籍まで幅広い品揃え 2 花モチーフのピンバッジ（78HK$～）やマグネット（88HK$）は人気商品

3 カップのふちに皇帝形のタグをかけて使うティーバッグ（5種類10包セット、128HK$） 4 メモパッド各48HK$ 5 大ぶりのオリジナルショッピングバッグ（168HK$）

規模が大きくアイテムの種類豊富
M＋ショップ
The M+Shop／M＋本店

広々とした店内は見応えたっぷり。ビビッドカラーを配したM＋のオリジナル商品は文具、靴下、バッグなどがあり、さすがのデザイン性が光る実用品がラインアップ。展示作品をモチーフにしたものや、M＋とアーティストがコラボしたグッズが多数並び、見るだけでも楽しめる。B1にM＋キッズショップもある。

▶Map P.140-B1

香港主要部 住M＋大楼G層　G/F, M＋ Building 電P.12 M＋ 開11:00～19:00（金曜～22:00）休月曜 Card AJMV 交→P.12 M＋ URL shop.mplus.org.hk

M＋ G/F

5 香港イラストレーターとコラボしたトートバッグ（88HK$）。絵柄は香港懐かしのネオンサイン 6 数少なくなった5人乗りタクシーのバンパーステッカーを模した手作り扇子（150HK$） 7 チケットカウンター近くにある

1 写真正面はオリジナル商品のコーナー 2 3 4 人気のオリジナルグッズ。足元が華やぐ靴下は各58HK$。アップサイクルされた素材で作られたポーチを旅行用にも便利（小120HK$、大150HK$）

休憩によいスポット

ラテアートのコーヒーが人気
キュレーター・クリエイティブ・カフェ・アットM＋
CURATOR Creative Café at M+

▶Map P.140-B1

香港主要部 住M＋ B1/F 電6999 2008 開10:00～20:00 休無休 Card MV 交→P12 M＋ URL www.mplus.org.hk/en/curator-creative-cafe

1 海景色を眺められる屋外席 2 ラテプリンターを使ったラテアートのコーヒーは98HK$ 3 タルトやケーキ（58HK$～）やサンドイッチなどを提供

ピクニック気分でひと休み
フードトラック Food Truck

博物館道近くにフードトラックが出る。12:00～19:00目安で営業

Hong Kong 13

TODO LIST 02

香港一高い
環球貿易廣場（ICCビル、P.21）

2番目に高い
國際金融中心（IFC）

弧を描くU字形の建物
香港文化中心

ピークトラムの中環総駅（中環発着駅）の改札内には「ピークトラム歴史ギャラリー」があり、トラム利用客は無料で見学できる。

TODO LIST 02
Victoria Peak

天気のよい日にGo！
昼も夜も絶景に浸る
ヴィクトリア・ピーク満喫プラン

香港名物のピークトラムに乗ってヴィクトリア・ピークへ。
標高396ｍの山上で絶景、グルメ、ショッピングをまるごと楽しむ！

Start!

遊び方モデルプラン

15:00
ピークトラムの中環総駅
からピークへ出発

15:30
太平山獅子亭から
パノラマビュー

15:45
ピークタワー内の
マダム・タッソーで遊ぶ

17:30
ピーク・ルックアウトで
早めの夕食

18:30
ピークタワー屋上のスカイ
テラス428で夜景観賞
（日没時間を要チェック
→P.16）

19:30
おみやげショップ
「錦綉唐朝」で買い物

15:00

1 ちょっとしたスリルもお楽しみ！
ピークトラムで出発！
Peak Tram／山頂纜車

1888年から運行する登山電車。花園道にある中環総駅から、標高396ｍの山頂駅まで約1.4kmを約10分で上る。最大傾斜は25.7度、座席は上り方向に向いて固定されていて、下りは後ろ向きで進むため、急こう配になるとスリルあり。2022年に新型車両の導入、駅の改修が行われ、グレードアップした。

▶Map P.144-B3

中環・金鐘　住中環花園道33　33 Garden Rd., Central（中環総駅）　TEL2849 0568　開7:30～23:00（10～15分間隔で運転）　休無休　料片道62HK$、往復88HK$（3～11歳、65歳以上は片道31HK$、往復44HK$）※一部の祝日は特別料金に値上がり　CardMV　交ピークトラム始発駅の中環総駅へはMTR中環駅J1、J2、K出口から徒歩約10分（中環フェリー埠頭前のバスターミナルから15Cのバスでも行ける）　URLwww.thepeak.com.hk

CHECK!
ピークトラムは週末混み合う

週末夜のピークトラムは混雑必至で、ピークシーズンは長蛇の列となることも。オンラインで事前にチケット（旅行会社でも販売）を購入しておくと、当日購入の列よりも若干待ち時間を短縮できる。土日、祝日の夜は避ける、または片道はタクシーやバス利用にするなど賢く行列を回避しよう。

ピークでやりたい 4つのコト

- ☑ 絶景観賞はこちらで ▶ **2** 太平山獅子亭、**5** スカイテラス428
- ☑ ろう人形館で遊ぶ！ ▶ **3** マダム・タッソー
- ☑ グルメを楽しむなら ▶ **4** ピーク・ルックアウト
- ☑ おみやげを買うなら ▶ **6** 錦綉唐朝

シャープなデザイン
中銀大廈（中国銀行タワー）

02 ヴィクトリア・ピーク満喫プラン

ヴィクトリア・ピーク Victoria Peak ／太平山頂、扯旗山

香港一のビュースポット。ピークタワー（→P.17）やピークギャラリー（→P.17）があり、1日中楽しめる。週末や夜は、スカイテラス428（→P.16）や、ピークトラム（→P.14）をはじめ交通機関が混雑するので余裕をもちたい。ちなみに本当の頂上（扯旗山、552m）はさらに30分ほど登ったはるか上。

▶ Map P.142-A3

ヴィクトリア・ピーク／山頂　住 山頂盧吉道 Lugard Rd., The Peak　交ピークトラム（→P.14）で約10分

ピークトラム以外のアクセス
[シティバス15] 中環の5號碼頭発、交易廣場バスターミナル経由のバスが10:00～翌0:15（6:00～9:52は交易廣場から）に6～30分間隔で運行。12.1HK$。所要約30分
[ミニバス1] 中環のフォーシーズンズホテルG/Fのバス乗り場から6:20～24:00に5～15分間隔で運行。11.8HK$。所要約30分
[タクシー] 中環から20～30分。料金の目安は80～90HK$

15:30

2 元祖展望台
太平山獅子亭
Tai Ping Shan Lions View Point Pavilion

ピークタワー前の道を東へ数分行った所にある中国式東屋の屋外展望台。1976年建造でピークタワーができるまではここがメインの展望台だった。スカイテラス428（→P.16）の眺めには若干劣るとはいえ、絶景に変わりなし。

1 彩り鮮やかな東屋が目印
2 ここからの眺めも見事。眼下にピークトラムも見える

▶ Map P.142-A3
ヴィクトリア・ピーク／山頂　山頂芬梨道 Findlay Rd., The Peak　料無料　交ピークトラムの山頂駅から徒歩約3分

15:45

3 有名人のろう人形と写真を撮りまくる
マダム・タッソー
Madame Tussauds／香港杜莎夫人蠟像館

映画スターやミュージシャン、スポーツ選手など世界の有名人のろう人形100体以上が勢揃い。草間彌生ギャラリーもある。モデル気分が味わえる趣向やゲーム感覚の体験型アトラクションもあり楽しさ満載。館内は無料Wi-Fi完備。

1 映画スターが集うホンコングラマーをはじめ、館内は11ゾーンある　2 韓流スターと記念撮影♪　3 入口は香港のネオンサインのディスプレイで彩られている

▶ Map P.142-A3
ヴィクトリア・ピーク／山頂　住 山頂山頂道128 山頂凌霄閣P1/F P101 Shop P101, P1/F, The Peak Tower, 128 Peak Rd., The Peak　電 2849 6966　開 10:30～21:30　休 無休　料 290HK$（3～11歳、65歳以上245HK$、3歳未満無料）※一部の祝日は特別料金に上がるので注意　Card M V
交ピークトラムの山頂駅から徒歩約3分
URL www.madametussauds.com/hong-kong

Hong Kong　15

TODO LIST 02

This is Hong Kong!

「スペシャルコンボ」はピークトラム（→P.14）とスカイテラス428の入場券がセットでお得な料金設定。

日没時刻の目安

月	日没時刻
1月	17:50
2月	18:11
3月	18:27
4月	18:38
5月	18:49
6月	19:03
7月	19:11
8月	19:03
9月	18:40
10月	18:10
11月	17:46
12月	17:38

出典元 URL sunrise.maplogs.com

17:30

4 19世紀の面影を残すレストラン
ピーク・ルックアウト
The Peak Lookout／太平山餐廳

19世紀中頃は駕籠を担ぐ足の待機所だった建物を1947年からレストランとして営業。石造りの山小屋風の建物は年代物の調度品が置かれ趣たっぷり。メニューは軽食から西洋料理、アジア料理など幅広い。テラス席も人気。

▶Map P.142-A3

ヴィクトリア・ピーク／山頂　住 山頂山頂道121
121 Peak Rd., The Peak
電 2849 1000　営 12:00～22:00（土・日曜、祝日8:00～）　休 無休
Card AJMV
交 ピークトラムの山頂駅から徒歩約3分
URL www.peaklookout.com.hk

1 歴史を感じる店内。月～土曜の夜はジャズなどの生演奏がある　2 シーフードプラター998HK$～（2人用）　3 ステーキ（手前）は468HK$～

夜はロマンティックですよ！

18:30

5 クライマックスはパノラマ夜景
スカイテラス428
The Sky Terrace 428／凌霄閣摩天台428

海抜428mにあるピークで最も高い有料展望台。360度見渡せ、ヴィクトリア湾の絶景も一望のもと。夜は混み合うので、日没の少し前に待機したい。

▶Map P.142-A3

ヴィクトリア・ピーク／山頂　住 山頂山頂道128 山頂凌霄閣屋頂　Rooftop, The Peak Tower, 128 Peak Rd., The Peak　電 2849 0668　営 10:00～22:00（土・日曜、祝日8:00～）
休 無休　料 75HK$（3～11歳、65歳以上38HK$）　Card MV
交 山頂駅から徒歩約5分　URL www.thepeak.com.hk

Column

ピークトラム雑学

歴史をひもとく

香港島の最高峰、ヴィクトリア・ピークは避暑地として19世紀半ばから開発が進む。当時のおもな交通手段は駕籠だったが、1881年にトラム建設の計画が立てられ、1888年に開通。当時は30人乗りで燃料は石炭だったという。

ピークトラムの中環総駅には木造の初代ピークトラムのレプリカがある

不思議！ ビルが傾いて見える!?

ピークトラムが上る際には、乗客の体も斜面に沿って4〜25.7度に傾く。そのため主観的な平衡感覚が変わり、右側に見える高層ビル群のほうが傾いて見える！

TO DO LIST 02 ヴィクトリア・ピーク満喫プラン

ピークタワー
The Peak Tower / 山頂凌霄閣

ピークのアイコンとなっているユニークなタワーは、イギリス人建築家テリー・フェレルのデザインで1997年に落成。スカイテラス428（→P.16）やマダム・タッソー（→P.15）をはじめ、飲食店やショップ、ピークトラムの駅などがある。

▶Map P.142-A3

ヴィクトリア・ピーク／山頂 住山頂山頂道128 128 Peak Rd, The Peak TEL2849 0658 営10:00〜23:00（土・日曜、祝日8:00〜、店舗により異なる）休無休 交ピークトラム山頂駅直結 URL www.thepeak.com.hk

1 館内には眺望を楽しむレストランやカフェも 2 P1〜2/Fの4フロアにショップやカフェ、3/Fに眺めのよいレストランがある

ピークギャレリア Peak Galleria / 山頂廣場

ピークタワーの向かいに立つショッピングモール。G/F〜L3の4フロアにレストランやショップが約40店。L3にテーマアトラクション「モノポリードリーム」、展望デッキがある。

▶Map P.142-A3

ヴィクトリア・ピーク／山頂 住山頂山頂道118 118 Peak Rd, The Peak TEL2849 4113 営10:00〜22:00 休無休 交ピークのバス停から徒歩 約3分 URL www.hanglungmalls.com/en/peak-galleria

地下のLGにバス、タクシー乗り場がある

19:30

6 錦綉唐朝
Elegant Tang Dynasty

ピークタワーにあるみやげ物店。キーホルダーやマグネット、バッグ、中国服など、香港アイコン雑貨から中華雑貨まで、大量の品揃え。まとめ買いだと割安になる料金設定なので、ばらまきみやげ探しにぴったり。

▶Map P.142-A3

ヴィクトリア・ピーク／山頂 住山頂山頂道128山頂凌霄閣P1/F Shop P106-110號、繍Shop P106-110, P1/F, The Peak Tower, 128 Peak Rd., The Peak TEL2849 7076 営11:00〜21:30 休無休 Card A M V 交ピークトラム山頂駅から徒歩約1分

1 キーホルダーは1個 15HK$、7個 100HK$ 2 ピークトラムの山頂駅すぐの店 3 ピークトラムとアイスクリーム販売車の模型（各49HK$）

交通機関をピークトラムorバスorミニバスorタクシー選んで下界へ！

Hong Kong 17

TODO LIST 03

すてきな写真が撮れる！
03 ストリートアートを探してフォト散歩
Street Art

壁画が集中しているのは中環のハリウッド・ロード〜PMQ南側の城皇街周辺〜太平山街周辺。壁画は随時更新されることを念頭にアートとの出合いを楽しもう。

香港の街はアートが花盛り。魅力的な壁画アートは観光スポットになり、街の特色が描かれた壁画には秘められた物語が。気分が上がるお気に入りスポットを見つけに行こう。

奇靈街と忠正街に挟まれた路地一帯がアートレーン。写真は階段と周囲の住宅ビル壁面を立体的に彩る映えスポット

圧巻の壁画ギャラリー
アートレーン（藝里坊）
Art Lane

地区の活性化計画の一環で誕生。MTR西營盤駅B3出口すぐの路地一帯をキャンバスに見立て、地元と海外アーティストによる作品が立体的に彩る。

▶Map P.142-B1
上環・西營盤　MTR西營盤駅B3出口から徒歩約1分

永遠のヒーロー

1 西營盤駅B3出口の目の前が「アートレーン」 2 花に水をやるかわいらしいタッチの壁画は女性アーティスト、Zue Chanの作品 3 フランスの壁画アーティスト、Ceet Fouad作の「ブルース・リー」とカラフルな鳥のパターン

街のアイコンに！

ここも写真スポット

新たなスポットが登場！
湾仔 Wanchai

皇后大道東沿いのビルや、レストラン＆ブティック街の「星街 Star St.」周辺に注目。

星街 ▶Map P.146-B3
灣仔・銅鑼灣　MTR灣仔駅A3出口から徒歩約12分

1 2 皇后大道東沿いに誕生した高層ビル「シックス・パシフィック・プレイス」の外壁を彩るのは、以前のビル「華寶大廈」のノスタルジックな光景（イラストレーター Jonathan Jay Lee作）▶Map P.146-A2 3 海沿いのプロムナード、灣仔臨時海濱花園に設置された郵便受けのアート ▶Map P.147-C1

壁画アートの聖地
ハリウッド・ロード周辺
Around Hollywood Rd.

壁画アートブームの先駆けとなったエリア。中環から上環にかけてのハリウッド・ロードとその1本南の太平山街まで、内外アーティストによる壁画が点在。年々更新され、新作に出合える。

▶ Map P.143-D2

上環・西營盤　✕ MTR上環駅A2出口から徒歩10〜12分

TODO LIST 03 ストリートアート探し

ARで鑑賞できる

1 PMQ（→P.80）前の通りで壁画を制作中　2 華賢坊東の住宅の壁一面に描かれた携帯電話を操作する宇宙服の女性（ドイツ・ベルリンのアーティスト集団Innerfieldsの作品）　3 士丹頓街と中和里の交差点にある壁画は、かつて周辺に印刷所が多かったことを反映して古い印刷機を作画。スペインのアーティストのこの作品は、スマホにアプリをダウンロードしてAR（拡張現実）で見ることもできる

4 5 四方街にあるLauren YSのスプレー画「Mind Temple」はどこか神秘的　6 中和里と寶華街の交差する壁面に描かれた水墨画タッチのキツネと鳥（中国のアーティスト、SATR作）

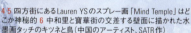

不思議な絵

昔の城皇街の光景

7 8 石段の小道、城皇街には壁画絵巻が連なり、上った先にはカフェがある

隠れアートを発見！
油麻地果欄（Yaumatei Fruit Market）のモザイク画

1920年頃に建てられた果物の卸売市場。市場の様子を描いた渡船街側の長いモザイク画は、見ていて楽しい気分に。　▶ Map P.152-A1

歴史を感じる市場外観

一般客も買い物できる

多彩な文化を表現

✓油尖旺多元文化活動中心（多目的施設）の外壁も色鮮やか

Hong Kong 19

TODO LIST 04

TODO LIST
04
Panorama View

ダイナミックなパノラマ観賞
天空 VS 地上からの美景対決！

ビル群が織りなすダイナミックな眺めは、香港観光の醍醐味のひとつ。天空・地上それぞれのベストスポットから、すばらしい眺めを堪能しよう。

海抜393mの展望台からの眺めは、天候に左右される。入口に現時点の眺めが映し出されているので、展望台に上る前にチェックしよう。

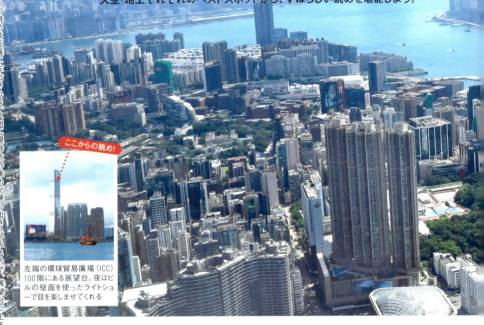

ここからの眺め！

左端の環球貿易廣場（ICC）100階にある展望台。夜はビルの壁面を使ったライトショーで目を楽しませてくれる

スカイ100の注目体験スポット

過去から現在を駆け抜ける
タイムトンネル Time Tunnel

入口を入ると昔の香港の街並みの映像がトンネル状に展開。ここを通り抜けるとエレベーターホールへ。

あっという間に100/Fへ
エレベーター Elevator

2/Fから一気に100/Fまで60秒で到達。昇るにつれてエレベーター天井が上空の映像に移り変わり、臨場感たっぷり。

足元に香港の街並み
サンクン・モデル
Sunken Model

エレベーターを降りてすぐの透明板の床下に、香港の街並みがジオラマで再現されている。

フォトグッズが作れる
写真サービス
Photo Service

プロのカメラマンがスカイラインや夜景を背景に写真を撮影、特別な記念写真にして販売。写真入りのキーホルダー（2つで180HK$）やスノードーム（238HK$）にすることもできる。

QRコードや専用アプリでアクセス
ARの世界を体験

QRコードをスキャン、または専用アプリをインストールすれば、空中を浮遊するAR体験や写真が撮れる。

昼は天空から
Day Time

香港中を360度見渡せる
スカイ100香港展望台（ICCビル内）
Sky 100 Hong Kong Observation Deck / 天際100香港觀景台

香港で最も高いビル、環球貿易廣場（International Commerce Centre〈ICC〉）の100階、海抜393mにある屋内展望台で絶景パノラマを思いのままに満喫！ ヴィクトリア湾を挟んで対峙する九龍半島と香港島、レゴブロックのように並ぶ密集したビル群やかなたの山並みや島々まで、香港の成り立ちが手に取るようにわかる。

▶ Map P.140-B1

香港主要部 住 九龍柯士甸道西1環球貿易廣場100/F
100/F, International Commerce Centre, 1 Austin Rd. West, Kowloon
電 2613 3888 開 10:00〜20:30（最終入場は20:00）休 無休
料 大人198HK$、3〜11歳、65歳以上138HK$ Card A J M V
交 MTR九龍駅C出口から徒歩約5分（ショッピングセンター「エレメンツ」のメタルゾーン2/Fに直結）URL sky100.com.hk

天空 VS 地上からの美景対決！

TODO LIST 04 ☑

1 壁の模型で香港の伝統的な仕事や食べ物、文化を紹介 2 カスタマーサービスカウンターにその日の日没時間を掲示 3 思いおもいに眺めを楽しもう 4 眼下に「西九文化區」（→P.10）が見える 5 北東の方角に広がるビル群

グルメ&ショッピングはココで！

カフェ100　Café 100

同ビルの高層階にあるリッツ・カールトン・ホンコンが運営。軽食やアフタヌーンティーセットがあり、ビールやワインも楽しめる。

1 オープンスペースにある 2 窓際のカウンター席は絶景の特等席 3 セイボリークレープ（手前）とパニーニサンド（後方、118HK$） 4 フレッシュライムソーダとオレンジブレックファストティー（各65HK$）

ギフトショップ　Gift Shop

スカイ100のオリジナルグッズをはじめ、香港をテーマにした雑貨やおみやげ商品を取り揃えている。

1 マウスパッドやマグネット、マグカップなどのオリジナルグッズ 2 オープンスペースに広々と展開。商品の種類も豊富 3 香港アイコンをデザインしたノート（130HK$） 4 ポストカードはその場で書いてここで投函可能

Hong Kong　21

TODO ☑ LIST 04

夜は地上から
Night Time

おすすめ夜景観光スポット

イルミネーションが水面に映える
尖沙咀プロムナード
Tsimshatsui Promenade / 尖沙咀海濱花園

時計塔から東へ延びるヴィクトリア湾沿いのプロムナード。対岸の高層ビル群のパノラマはここから見るのがベスト。特に夜は極彩色の光やネオンサインが水面を彩り、うっとりする美しさ。毎晩光のショーも行われる。

▶ Map P.150-B3

尖沙咀　住 九龍尖沙咀
Tsimshatsui, Kowloon
交 MRT尖沙咀駅E出口から徒歩約5分、連絡通路経由J4出口から徒歩約1分

大晦日のカウントダウン、旧正月や国慶節など特別なイベントや祝日には花火のショーが催される。

夜景観賞のハシゴプラン

19:00頃	尖沙咀プロムナードで夕景ビュー
19:35	オーシャンターミナルへ移動開始
19:45	オーシャンターミナル・デッキ着
20:00	オーシャンターミナル・デッキで「シンフォニー・オブ・ライツ」を観賞
20:15	ショー終了後、オーシャンターミナル（ハーバーシティ）で夕食

香港の夜空を彩る「シンフォニー・オブ・ライツ」を観賞しよう！

ヴィクトリア湾を挟んで毎晩20:00から繰り広げられる光と音楽がシンクロするショー。ビル群が光のアートと化し、ビルの頂上からサーチライトやレーザーが飛び交う。

シンフォニー・オブ・ライツ
A Symphony of Lights /
幻彩詠香江

電 3848 4122〔問い合わせホットライン〕時 20:00 休 無休（悪天候時は中止）料 無
URL www.tourism.gov.hk/symphony/english/details/details.html

Spectacle

1 ビルの壁面も華やかにライティング　2 両岸のビル43ヵ所からサーチライトやレーザー光線が放射され、音楽に同調する

観景台がベストビュー

プロムナードの一角にある観景台（見晴らし台）は視界が一段と開け、最高の眺め。ベンチもある。シンフォニー・オブ・ライツ（→P.22）の際はたいへん混み合う。ここからショーを観賞する場合は最低30分前に行って場所を確保したい。

▶Map P.150-A3

尖沙咀プロムナードで夜景散歩

観景台から東に延びる尖沙咀プロムナードをゆっくり歩いてみると、見る角度によって表情が変わる夜景が楽しめる。夕刻、またはディナーの後にぶらぶら歩いてみたい。

プロムナードは約1.6km続いており、ブルース・リー像（→P.86）のあたりまでがにぎわう

TODO LIST 04 天空 VS 地上からの美景対決！

サンセットも必見！

晴れた日は西の島影に沈む夕日が望める。空も海もオレンジの光に包まれドラマチック

「シンフォニー・オブ・ライツ」の観賞スポット

尖沙咀西端に位置する
オーシャンターミナル・デッキ Ocean Terminal Deck

シンフォニー・オブ・ライツは、尖沙咀プロムナードから見るのもいいが、海に突き出したオーシャンターミナル・デッキのほうがより鮮明にレーザー光線の放射が見られる。

▶Map P.140-B2

香港主要部 住尖沙咀廣東道海港城海運大廈L6
L6, Ocean Terminal, Harbour City, Canton Rd., Tsimshatsui 電2118 8666 開7:00～24:00 休無休 交MTR尖沙咀駅E出口または連絡通路経由でL6出口から徒歩10分 URL www.harbourcity.com.hk/en/explore-hc/services-facilities/ocean-terminal-deck

穴場スポット！

灣仔フェリー埠頭の展望台

香港島サイドの夜景スポットは中環や灣仔のプロムナードが有名。訪れる人が少なくゆっくり楽しめる穴場は、灣仔のスターフェリー乗り場（灣仔渡輪碼頭）の屋上にある展望台。九龍サイドのパノラマが一望できる。

▶Map P.146-B1

開7:00～23:00

1 真正面に尖沙咀のビル群が 2 ヴィクトリア湾沿いに延びる灣仔プロムナード

帆船から夜景満喫

アクアルナのクルーズツアー

伝統の木造帆船「ジャンク船」でヴィクトリア湾を周遊。イブニングクルーズをはじめ、シンフォニー・オブ・ライツに合わせたクルーズも催行。

URL aqualuna.com.hk 
赤い帆船のアクアルナ号

Hong Kong

TODO LIST 05
Renovated Buildings

観光の新定番として注目!
歴史を秘めたリノベスポットで買い物&グルメを楽しむ

歴史建造物再生の動きが盛んな香港。
昔の面影を残しつつモダンな設計で生まれ変わった中環街市と大館は魅力満載。
ここにしかない店を目指して出かけよう。

1/Fのメインエントランスを入って左側の一角に中環街市の歴史資料が展示されている。

香港らしさ満点のおみやげの宝庫
中環街市 CENTRAL MARKET
（チョンワンガイシー）

「落」の表示は下り階段 **DOWN 落**

築85年の歴史ある市場
「中環街市」が、2021年にショッピングモールとして再生。市場にあった看板や標識などを生かしたレトロな風情とトレンドが交錯する館内に、約100店が入居。植物を多用したオープンな造りのモール内でお宝探しを楽しもう。

▶Map P.144-A2

中環・金鐘 住中環皇后大道中93 及德輔道中80 93 Queen's Rd. C. and 80 Des Voeux Rd. C., Central ☎3618 8668 営10:00～22:00（ショップはだいたい11:00、レストランは11:30くらいから）休無休 交MTR中環駅CまたはD2出口から徒歩約7分。MTR香港駅CまたはE出口から徒歩約5分 URL www.centralmarket.hk/en

1 市場のシンボル、赤いカサのランプアートが印象的な中環街市 2 香港トラムストア（→P.25）の入口を飾る電飾付きトラム 3 昔の風情が残る階段は撮影スポットに 4 皇后大道中（クイーンズ・ロード・セントラル）側にあるメインの入口 5 G/Fの中庭ではイベントが開催されることも 6 スナック店が並ぶ「中環食街」に面した通路は24時間通行可 7 店舗はオープンスペースに展開

CHECK! 中環街市ナビ

☑ **館内はこうなっている**
G/F、1/F、2/Fの3フロアあり、中央部のアトリウムを囲む細長い構造。

☑ **2/Fの通路は24時間通り抜けできる**
2/F南側の入口はミッドレベル・エスカレーター（→P.80）、北側の入口は恒生銀行ビルへの連絡通路につながっていて、両入口を結ぶ2/Fの館内通路は24時間通行可能となっている。

☑ **フロアガイド**

G/F	アジア料理中心のレストラン街。バーもあり、食品、ワインやペストリーなどを販売する「シェフズ・マーケット」も。
1/F	香港伝統食品、香港モチーフの雑貨店、スイーツ店など。
2/F	ストリートフード店が並ぶエリアと、生活雑貨やスキンケア、ファッションなどの店が集まるエリアがある。

おすすめショップ

レトロでかわいいグッズの店を巡り、地元スナックやスイーツの食べ歩きを楽しもう。

TO DO LIST 05

リノベスポットで買い物＆グルメ

トラムと市場がテーマの店
香港トラムストア
Hong Kong Tram Store/ 叮叮老香港辦館

乗り物模型をはじめ、古いおもちゃやフィギュア、雑貨、昔ながらのスナック菓子などがところ狭しと並ぶ。「オールド香港」が詰まったおもちゃ箱のような店内は、見るだけでもワクワク！

住 中環街市1樓 117舖　Shop117, 1/F, Central Market　TEL 9852 0500
開 11:00〜21:00　休 無休　Card J M V
URL hktramstore.com

1 昔の2階建てバス、ツアー用トラムの模型（78HK$〜）2 ブラウンクラッカー、グミゼリーなど懐かしのお菓子（15〜25HK$）3 郵便ポスト（左）、レトロキャンディの包み紙（右）をデザインしたポシェット（各98HK$）4 昔のポストや体重計も展示

香港レトロモチーフの雑貨
香港淳記　Seon Hong Kong

縁起物の模様や床を彩るモザイク石、紙コップの伝統柄など、香港の日常シーンを切り取ったモチーフの雑貨がバラエティ豊富。バッグや文房具、食器など味わい深いおみやげが見つかる。

住 中環街市1樓 107舖　Shop107, 1/F, Central Market　TEL 6114 3255
開 11:30〜19:30　休 無休　Card M V
URL www.seon.store

1 おんぶひもの柄を用いたレトロかわいいバッグ（268HK$）2 文房具も種類豊富。ファイル、定規は各20HK$ 3 縁起のよい言葉が入った中国陶器柄のポーチ（各128HK$）4 保温・保冷機能のステンレスボトルは人気商品（500mlサイズ 各268HK$）

チャイナドレスとアクセサリーの店
十八廿二　18 And 22

オールドファッションをテーマにデザイナーが作製したチャイナドレスやチャイナ服、それらに合うアクセサリーを販売。どれも手作りにこだわった一点物だ。数は少ないが雑貨もある。

住 中環街市2樓 P05A舖　P05A, 2/F, Central Market
TEL 6708 2124　開 12:00〜18:00（土・日曜、祝日〜19:00）　休 無休　Card J M V

1 フォーマルな場でも使えそうなバッグ（798HK$〜）2 レトロデザインのピアス（399HK$〜）3 チャイナドレスは3000HK$くらい〜

老舗のココナッツ菓子店
甄沾記　Yan Chim Kee

1915年創業のココナッツ菓子専門店。濃厚なココナッツ風味のキャンディが主力商品で、硬さやフレーバーが10種類ある。ほかにもエッグロールやチップス、アイスクリームなどを販売。

住 中環街市2樓 P05B舖　P05B, 2/F, Central Market　TEL 2522 5306　開 11:00〜19:00　休 祝日、旧正月　Card M V
URL yanchimkee.com

1 ココナッツ（左）とマンゴー（右）のアイスクリーム（各40HK$）2 1960年代のアイスクリームのカップの模型が目印 3 シーソルトやジンジャー入りもあるココナッツキャンディ（35HK$〜）4 ココナッツエッグロール（80HK$）

Column

マーミーガイダンチャイ
媽咪雞蛋仔の焼き菓子でおやつタイム！

1950年代から愛され続ける雞蛋仔は球状集合形の卵風味の焼き菓子。この店のものは滑らかでカリッと、中はしっとりの絶妙な焼き具合で大人気。香港風のワッフル（格仔餅）もある。

媽咪雞蛋仔 Mammy Pancake
住 中環街市2樓 242B舖　Shop 242B, 2/F, Central Market　TEL なし
開 12:00〜20:45　休 旧正月　Card M V　URL mammypancake.com/en

1 人気のチョコチップ入り雞蛋仔（27HK$）2 テイクアウトもできるが、焼きたてをその場で

※P.25に掲載の店：▶Map P.144-A2、交→P.24 中環街市のデータ欄

Hong Kong

1 ❶ブロックの警察總部大樓（旧警察本部）は1919年に創建 2 ❸ブロックの營房大樓は警察官の宿舎だった建物
3 ❶ブロック地下2階のギャラリー「中區警察歲月」では建物や警察署の歴史を展示 4 ❷B倉（B Hall）にある監獄生活の展示 5 中央部の通路「大館里」を彩るネオンインスタレーション

歴史遺産×アートの名所
大館 TAI KWUN
（ダーイグン）

19世紀半ばから20世紀に建てられた警察関連の歴史遺産を10年の歳月をかけて修復。中區警署（中区警察署）、中央裁判所、ヴィクトリア監獄の歴史建築群は、16棟の復元された建物と新設の2棟からなるアートや文化の発信地に生まれ変わった。アート鑑賞、歴史に触れられるギャラリーの見学、食事や買い物と、楽しみ方は思いのまま。

▶Map P.144-A2
中環・金鐘 住中環荷李活道10 10 Hollywood Rd., Central
電3559 2600 開8:00～23:00（ビジターセンター10:00～20:00）休無休 交MTR中環駅D2出口から徒歩約8分 URL www.taikwun.hk ※無料ガイドツアー（英語）：火・土曜の14:00から約45分間。

大館で体験したい5つのコト

☑ **建築遺産を観賞**
➡❶ブロックの警察總部大樓、❸ブロックの營房大樓、㉑ブロックの洗濯場跡地の石階段など。

☑ **歴史を知りたい！**
➡常設の歴史展示ギャラリーは8ヵ所。メインのギャラリーは以下の2ヵ所。
・❶ブロックLG2/F（地下2階）の「中區警察歲月 The Story of Central Police Station」
・❸ブロックG/F（1階）の「探索大館故事 Main Heritage Gallery」
ともに 開11:00～19:00 休無休 料無料。

☑ **アートを鑑賞**
➡⑳、㉑ブロックへ。⑳ブロック「JCコンテンポラリー賽馬會藝方」のギャラリー 開11:00～19:00 休月曜 料無料。

☑ **監獄内部の展示を見たい！**
➡⑫ブロックB倉、⑭ブロックD倉（開11:00～19:00）へ。※⑮ブロックE倉にはかつての監獄（刑務所）スペースを利用したカフェ（→P.27）がある。

☑ **グルメやショッピング**
➡❶、❸ブロックがメインで、レストランやカフェは複数のブロックに点在。⑩、⑬ブロックにはバーがある。

CHECK! 大館の歴史
中国で1851～1864年に太平天国の乱が起こり、香港に大量の難民が押し寄せて人口が急増、治安に不安を与えた。また、イギリスが1860年に九龍を占領したこともあり、警察のパワー強化のため、1864年中環に警察本部を設けた。その後本部は移転しここは地区警察の中區警署に、そして2004年に歴史を閉じた。ヴィクトリア監獄は2006年に閉鎖。

注目したい
レストラン&ショップ

おしゃれなレストランやカフェ、隠れ家バーなど約20店が各ブロックに点在。ショップはアートやライフスタイル関連が中心で、01と03ブロック内にある。

TODO LIST ☑ 05

リノベスポットで買い物&グルメ

上海マダムのサロンを再現
Ⓐ マダム・フー・グラン・カフェ・シノワ
Madame Fù - Grand Café Chinois

ブロック03（營房大樓）の3階を占めるモダンチャイニーズの店。東西融合のインテリアがすてきなダイニングルームとベランダがあり、優雅な食事やアフタヌーンティーを体験できる。平日のみ提供のランチや点心のセットがおすすめ。

🏠大館營房大樓3樓　3/F, Barrack Block, Tai Kwun ☎2114 2118 🕐11:00～23:00（金・土曜～24:00）休無休
💰350HK$～ Card A J M V 予望ましい
URL www.madamefu.com.hk

1 月～金曜（祝日は除外）の11:00～15:00（金曜～16:30、ラストオーダーは30分前）に提供の点心セットランチ（ひとり318HK$）2 アート作品も見もの 3 大館の広場が見下ろせるコロニアル調のベランダ 4 アフタヌーンティーで使用されるピンクルーム

かつての監獄内でコーヒーブレイク
Ⓑ オン・ザ・ヒル・コーヒーバー
On The Hill Coffee Bar

香港に3店あるスペシャルティコーヒーの店が、ヴィクトリア監獄の一部だったE倉（E Hall）内に出店。保存された建物の原形を生かした無機質な空間で、本格コーヒーが味わえる。

🏠大館 E倉 G/F　G/F, E Hall, Tai Kwun ☎9841 4827
🕐9:30～18:30（木～土曜18:00～翌1:00はカクテルを提供）休無休
Card M V

1 独居房が並ぶホールと独居房内に席がある。ハンドドリップのシングルオリジンコーヒーは65HK$ 2 コーヒーのほか紅茶やジュース、マフィンやペストリーもある 3 美容や消化促進によいとされるツバメの巣とコーヒーを合わせたスペシャルメニュー、バードネストラテ（78HK$）4 オーダーはカウンターで

中国茶と点心を堪能
Ⓒ 樂茶軒茶藝館
LockCha Tea House

広東の伝統的な茶室と洋風の要素を組み合わせたティーサロン。種類豊富な中国茶をベジタリアン点心とともに賞味したい。中国茶を用いたカクテルやクラフトビールもあり、新感覚のお茶体験も。

🏠大館01座 G/F, G07　G07, G/F, Barrack 01, Tai Kwun ☎2276 5777 🕐11:30～21:00（金・日曜は～22:30）休旧正月 💰150HK$～ Card A J M V URL www.lockcha.com

1 大豆ミートの揚げ団子2種（各58HK$）2 隣に中国茶専門のショップを併設 3 バーカウンターの背後には古いスタイルの茶缶が並ぶ 4 シュウマイやショーロンポーなどの点心メニュー（32HK$～）は毎週変わる

香港発の陶磁器ブランド
Ⓓ ラブラミクス
Loveramics

東洋と西洋、伝統と現代をミックスしたデザインが特徴の陶磁器は内外の注目を集め、香港のレストランやカフェでも多用されている。使い勝手も考慮されたシンプルで多色展開の食器が代表作。

🏠大館營房大樓1樓 Shop104　Shop104, 1/F, Barrack Block, Tai Kwun ☎2884 0003 🕐11:00～19:00（金・土曜～20:00）休旧正月3日間 Card A J M V URL www.loveramics.com

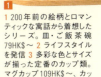

1 200年前の絵柄とロマンティックな寓話から着想したシリーズ。皿・ご飯茶碗79HK$～ 2 ライフスタイルを発信 3 多彩な色とサイズが揃った定番のカップ類。マグカップ109HK$～、カップ&ソーサー90HK$～

※P.27に掲載の店：Map P.26、P.144-A2、交→P.26大館のデータ欄

Hong Kong 27

TODO LIST 06

「エアサイド」とは旅客と空港関係者のみが立ち入り可能な空港内のエリアのことで、旧空港へのオマージュが込められている。

エアサイド
AIRSIDE

九龍城・啟徳・土瓜灣
住 啟徳協調道2 2 Concorde Rd., Kai Tak
TEL 2686 0333
営 10:00～22:00（ショップやレストランは店によって異なる）
交 MTR啟徳駅C出口から徒歩約1分
URL www.airside.com.hk/en

▶ Map P.154-B1

1 エアサイドは高さ207mのオフィスビルとショッピングモールを併せもつ複合施設 2 オープンスペースを贅沢に有する館内。吹き抜けから下がる綿毛を模したインスタレーションアートは定時に光をまとって上下する 3 入口にある「アーバンキャンバス」はグラフィックデザインと動画が一体化したアート

モール内はペット同伴可能

TODO LIST 06 AIRSIDE

旧カイタック空港跡地に誕生

アートと緑がいっぱいのS.C.「エアサイド」をゆるりと散策

注目のショップ&レストラン

香港デザイナーのコンセプトストア
FM＋

受賞歴のある地元デザイナー、ケニー・リーがオーナー。彼が生み出すウエアは、環境に配慮した生地の組み合わせやカッティングが特徴。1着1着ていねいに作られている。メンズアイテムやアクセサリー、雑貨も販売。

住 AIRSIDE 2樓 226舖 Shop226, 2/F, AIRSIDE TEL 9163 9710 営 12:00～21:00 休 旧正月1～3日間 Card A J M V

1 トップス1198HK$、ハンドステッチがアクセントのバルーンスカート1500HK$

2 かぎ針編みのキュートなピアスは地元デザイナー作（258HK$～） 3 洋服作成時に余った生地で手作りした付け衿もおしゃれ（499HK$～）

香港のかわいい雑貨が一堂に
B'IN セレクト B'IN Select

中環のPMQ（→P.80）や西營盤など、香港内に4店舗を有する人気店。デザイン性の優れたインテリア、文房具、バッグ、アクセサリーなどを世界中からセレクト。エアサイド店は香港デザイナーの雑貨がメインで、センスのよいおみやげが見つかる。

住 AIRSIDE 2樓 L215舖 L215, 2/F, AIRSIDE TEL なし 営 12:00～21:00（土・日曜11:30～） 休 旧正月1日 Card A J M V URL binselect.com.hk

1 ローカルフードやドリンクのキーホルダー各48HK$ 2 中国語の単語や言い回しをイラスト解説したちょっとためになるA4ファイル18HK$ 3 香港気分がよみがえるタクシー表示灯を模したライト450HK$

館内のアート

27人のアーティストの作品が館内を彩り、館内のギャラリーでは展示会も開催される。

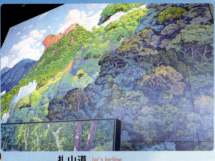

啟獅 Enlighten Lion
コンテンポラリーアーティストの杜煥(To Wun)作の獅子頭のキネティックアート(4/F)。

扎山道 Jat's Incline
香港の風景画家、黃進曦(Wong Chun Hei)の絵画、エアサイドから見た獅子山(ライオンロック、6/F)。獅子山は香港を象徴する岩山だ。

織夢人 The Weaver
カイタックの変遷を表現した織物を模した光のアート(G/F)。

癒やしのグリーンスポット

モールの周辺は緑豊かな公園、館内にもリラックスできるスポットが点在。

エアサイドガーデン AIRSIDE Garden
6/Fにあるガーデンでは周辺の眺めを楽しめる。テラス席のあるレストランや屋内サーフィン施設もある。

エアファーム Air Farm
2/Fに農園があり、50種以上の野菜やハーブ、花などを栽培。

TODO LIST 06

「エアサイド」をゆるりと散策

旧空港跡地に2023年にオープンしたショッピングモール「エアサイド」。70万㎡の巨大モールは、トレンド最先端のショップやグルメが満載。香港とは思えない開放感あふれるモールで買い物や食事を満喫しよう。

中国茶のアフォガートはいかが

老舗提案の中国茶の新魅力
 工夫茶舍 Gong Fu Teahouse

1961年創業の普洱茶や工夫茶(潮州地方独特の烏龍茶の喫茶法)の専門店、劉裕發茶莊が母体。エアサイド店では、お茶にアイスクリームと潮州の魚の皮のから揚げを添えた工夫茶炸魚皮雪糕(88HK$)や、各種中国茶(45〜98HK$)など、現代生活に即した楽しみ方を提案。

住 AIRSIDE B1/F B1-31舗 Shop B1-31, B1/F, AIRSIDE ☎6232 8881 営 11:30〜20:30 休 旧正月1日 Card AMV URL www.teahouse.com.hk

1 特製容器入りの茶葉製品(各180HK$) 2 店奥に喫茶コーナーがある 3 テイクアウトのお茶はアイスとホットがある 4 カリッと揚げた魚の皮がアイスと合う工夫茶炸魚皮雪糕

熟成肉とシーフードが有名
シェフズ・カッツ・レストラン＆ベーカリー Chef's Cuts Restaurant & Bakery

加工肉の工場をもつ食品会社が開いたレストランだけあって、高品質の熟成肉のステーキが看板料理。人気の仔豚のローストやロブスター料理など、どれもボリュームがあるのでシェアしたい。自家製サワードウをはじめパンは購入可能。

1 ロフトデザインの約180席を有する大きな店 2 手前はボリューム満点の熟成ブラックアンガスリブアイのステーキ300g388HK$ 3 ロブスターや生ガキ、ホタテなど7種のシーフードプラター2人用558HK$

住 AIRSIDE 2樓201舗 Shop201, 2/F, AIRSIDE ☎5965 0594 営 12:00〜22:00 (ラストオーダー21:00、ベーカリー8:00〜19:00) 休 無休 料 350HK$〜 Card AJMV URL www.chefs-cuts.com.hk

※P.28〜29に掲載の店。▶Map P.154-B1、⊗→P.28エアサイドのデータ欄

Hong Kong 29

TODO LIST 07
Retro Spot

香港ならではの料理やドリンクを満喫！

"レトロ"がキーワードの レストラン、カフェ、バーで 非日常を楽しむ

古き香港をテーマにした食スポットに注目。
昔の建物を用いたり、遊び心あふれる装飾を施したりと
趣向を凝らした空間に心躍る。

レトロモダンをテーマにした店は、カフェをはじめレストランや飲茶店、バーまで、幅広いジャンルに及んでいる。

1 レトロポップなインテリア
2 ビル2階の扉を開けると異空間

Restaurant
隠れ家で味わう変わり種火鍋
龍鳳呈祥雞煲火鍋
ロンフォンチェンチョンガイボウフォーウォー
Lung Fung Chickenspot

1970〜80年代の香港をテーマに、幸運のシンボルの龍と鳳凰の飾りや調度品などでレトロムードを演出。店の名物は「雞煲火鍋」。甘辛いたれでマリネした鶏肉を野菜や香草と炒め合わせて食べたのち、残ったたれにスープを注いで具材を投入し火鍋にして楽しむ趣向で、2度おいしい鍋料理。

▶Map P.150-B2
尖沙咀　住尖沙咀加拿分道16 金輝大廈2樓全層 2/F, Golden Glory Mansion, 16 Carnarvon Rd., Tsimshatsui　☎2819 8881　営12:00〜翌1:00　休無休　料500HK$〜　CardM V　予望ましい　交MTR尖沙咀駅B2出口から徒歩約3分
URL www.lungfungchickenspot.com

まずは鶏肉の甘辛炒め煮
香辛料がたっぷり入った招牌無骨鳳翼釀雞煲（小サイズ）298HK$

次は火鍋で
鶏肉を完食後、鍋にスープを足して肉や魚介をくぐらせ「火鍋」に

3 雞煲のベースの鍋と追加注文の具材。中央は極上牛肉盛り合わせ。自家製のエビ団子（8個108HK$）、ウズラの卵のシュウマイ（8個128HK$）はおすすめ　4 雞煲に合うドリンク、塩漬けレモンのセブンアップ割（38HK$）　5 甘酸っぱい風味が雞煲の濃厚味に合う原隻鳳梨火焰雞煲

パイナップル入りの雞煲は炎の演出あり！

> **CHECK!** 火鍋のオーダー ＆食べ方指南

1 スープ（湯底）を選ぶ
四川の麻辣スープ、ピータンとパクチー入りのスープ、鶏スープ、サテスープなどが定番。変わり種もあり種類豊富。

2 鍋に入れる具を選ぶ
具材には①魚団子など練り物や豆腐、②魚介、③肉類、④野菜、⑤麺や餃子がある。②、③をメインにしてチョイス。

3 具を入れる順番
2の①〜⑤の順で鍋に入れる。すぐに煮える練り物を先に食べよう。

4 好みのつけだれで食べる
醤油ベースに豆板醤やニンニク、トウガラシやネギなどを加え、好みのたれを作ろう。

Bar
「オールド香港」がテーマのバー
キンスマン Kinsman/建民號

2023年のオープン以来、古き香港を再現した空気感と独創的なカクテルで話題の店。1960年代の香港を舞台にした映画『花様年華』からインスピレーションを得た店内はノスタルジーに包まれ魅惑的。香港の伝統的な蒸留酒や薬膳酒などを用いた「広東風カクテル」の斬新で複雑な味わいに新たな発見が。

▶Map P.144-A2

中環・金鐘 住中環卑利街65 G/F　G/F, 65 Peel St., Central 電2865 5011 営18:00～翌1:00（金・土曜～翌2:00) 休日曜、旧正月 料250HK$～ CardM V 交MTR上環駅E2出口、中環駅D2出口から徒歩10～12分 URL www.singularconcepts.com/kinsman

07 "レトロ"がキーワードのレストラン、カフェ、バー

ふくよかな香りのスイーツのようなカクテル

1 バーカウンターのウォールアートは古き香港 2 風味豊かな「サツマ・スノー」（120HK$）。薩摩焼酎、コーヒー焼酎、黒糖を用いたカクテルに甘酒のような発酵食品、酒醸をトッピング 3 人気の軽食、エビトースト（128HK$） 4 内装やインテリアは昔の冰室（喫茶店）をモダンにアレンジ 5 映画『花様年華』の美しい世界観を投影した店内 6 2000年に制作され大ヒットした『花様年華』のポスター

Cafe
約90年の歴史ある漢方薬店がカフェに
大和堂咖啡店
Tai Wo Tang Cafe

香港映画のロケ地としても使われた古い造りの漢方薬店がカフェとして復活。薬材の箪笥や道具の一部がそのまま残る店内は、芳醇なアロマの香りに包まれている。こだわりのコーヒーでゆったりブレイク。

▶Map P.154-A1

九龍城・啟德・土瓜灣 住九龍城衙前塱道24 G/F　G/F, 24 Nga Tsin Long Rd., Kowloon City 電2623 2006 営8:00～18:00（ラストオーダー17:30) 休旧正月 料100HK$～ CardA M V 交MTR宋皇臺駅B3出口から徒歩約3分 URL www.taiwotang1932.com

カフェラテにアールグレーティーとハチミツを配合

小腹がすいたなら

1 豆選びから抽出までこだわったコーヒーが自慢 2 スモークサーモンとイクラのスクランブルエッグトースト（98HK$） 3 つい長居してしまう落ち着いた空間 4 金色の文字の屋号は昔のまま 5 フォアグラを挟んだ自家製パイナップルパン（自家製菠蘿包、68HK$） 6 漢方薬店時代の看板や家具、装飾品の多くを残す店内

Hong Kong 31

TODO LIST 07

氷室や茶餐廳は11時30分頃までは朝食メニューしか提供しない店もある。いろいろなメニューを試したいなら昼以降に行こう。

Cafe ビンテージ愛にあふれた不思議議空間

フルカップ・プラネット・カフェ
Fullcup Planet Cafe/呼吸星球

閉店した冰室の窓飾りやインテリアを生かし、新たなオーナーが趣味のアンティーク雑貨をディスプレイ。遊園地の木馬や古いレコード、書籍などが詰まった店は骨董店の趣だ。日本の料理をアレンジしたメニューがメイン。

▶Map P.154-B3

九龍城・啟德・土瓜灣 住土瓜灣馬頭角道91 G/F　G/F, 91 Ma Tau Kok Rd., To Kwa Wan ☎2771 7775 開11:00～21:00 休木曜、旧正月後の2週間 料50HK$～ Card不可 交MTR土瓜灣駅A出口、または宋皇臺駅D出口から徒歩約10分

フルーツたっぷりのサンデー

日本風の定食も！

1 前身の1950年代創業の「白宮冰室」の内装の一部を残す店内 2 床のタイルも木製の椅子も年代物 3 店主いち押しのアイスグリーンティーラテ（緑茶冰拿鐵、69HK$）とソルトブラウンシュガーラテ（海鹽黒糖拿鐵、56HK$）4 日本産メロンと自家製アイスのサンデー（日本産蜜瓜乳酪手工雪糕小杯、79HK$）5 宮崎牛260gのボリューム満点の焼肉定食（牛肩芯大切燒肉、568HK$）

Cafe 昔ながらのローカル料理をフィーチャー

保頓冰室
Bolton Cafe

香港の伝統的な喫茶店「冰室」（→P.33）の文化を若い世代にも体験してほしいと、2024年に開業。直角の背もたれの椅子や床タイルで冰室を再現し、グレードアップした食堂料理で人気上昇。朝食セットからパン、麺、ご飯もの、ステーキセットまでメニューは多彩で、どの時間帯でも楽しめる。

▶Map P.150-B2

尖沙咀 住尖沙咀亞士厘道20A G/F　G/F, 20A Ashley Rd., Tsimshatsui ☎2668 5222 開7:30～22:00（ラストオーダー21:30）休旧正月1～2日間 料80HK$～ CardM V 交MTR尖沙咀駅A1出口または連絡通路経由L5出口から徒歩約5分

シンプルだけどおいしい。ネギがアクセントの卵サンド

甘〜いスイーツパン

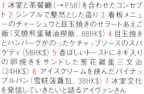

1 冰室と茶餐廳（→P.58）を合わせたコンセプト 2 シンプルで整然とした造り 3 看板メニューのチャーシュウと目玉焼きのセラートあえご飯（叉燒煎蛋豬油撈飯、88HK$）4 目玉焼きとハンバーグがのったケチャップソースのスパゲティ（58HK$）5 香ばしいトーストにネギ入りの卵焼きをサンドした葱花雞蛋三文治（24HK$）6 アイスクリームを挟んだパイナップルパン（雪糕菠蘿包、38HK$）7 冰室文化を発信していきたいと語るアイヴァンさん

Cafe 牛乳ブランドがプロデュース
十字冰室 Cross Cafe
サップチャービンサッ

香港の牛乳ブランド「十字牌」が営むカフェ。創業時の1960年代の香港をイメージした店内で、牛乳を贅沢に使ったデザートやドリンクが味わえる。皇牌餐の黒トリュフのスクランブルエッグなど、料理の隠し味にも牛乳が活躍。銅鑼湾と旺角にも支店がある。

▶**Map** P.142-B2

上環・西營盤 住 西營盤高街48-78 恒陞大樓G/F Shop 12　Shop 12, G/F, Hang Sing Mansion, 48-78 High St., Sai Ying Pun 電 2887 1315 開 7:30～18:00 休 旧正月3日間 料 50HK$～ Card 不可 交 MTR西營盤駅B2出口から徒歩約5分

1 イチゴのミルクシェイク（十字士多牌梨奶昔、48HK$）に牛乳ソフトをトッピング（＋10HK$）2 名物のアイスミルクティー（冰鎮濃滑奶茶、28HK$）3 店内の壁画は飛び跳ねる牛乳をイメージ 4 人気のセットメニュー皇牌餐（72HK$、提供は11:00～）5 レトロなネオンも魅力

牛乳瓶に入ったミルクティー

CHECK! 「冰室」がブームに！

冰室は1960年代から香港に登場した喫茶店。当時は洋風の軽食と飲み物を出すハイカラな店で、箸ではなく「フォーク、ナイフ、スプーンの世界」だったという。日本のレトロな「純喫茶」に通じるところも。今では食事メニュー充実の茶餐廳（→P.58）とミックスしたような冰室も多数あり、内装やメニューを工夫したレトロな冰室ブームに沸いている。

TODO LIST 07

"レトロ"がキーワードのレストラン、カフェ、バー

Cafe 老舗中国菓子店のカフェ
奇華茶室 Kee Wah Tearoom
ケイワーチャーコイ

1938年に油麻地で創業した菓子メーカー「奇華餅家」。その旗艦店の1/Fにカフェスペースがある。スイーツはもちろん、ローカル＆アジア色豊かな軽食やランチのおいしさにも定評がある。3階建ての歴史的建造物を改装した、ノスタルジックな雰囲気もグッド。

▶**Map** P.146-B3

湾仔・銅鑼湾 住 湾仔皇后大道東188 1/F 1/F, 188 Queens Rd. East., Wanchai 電 2148 3388 開 11:00～22:00（ラストオーダー21:30）休 旧正月1日 料 70HK$～ Card J M V 交 MTR湾仔駅D出口から徒歩約2分

1 エビトースト（馳名大蝦多士、72HK$）2 床タイルは1930年代製 3 手前はチャーシュウバン（烤洋葱叉燒包、51HK$）4 海南チキンライス（無骨海南雞飯、115HK$）5 アイスクリームのせアズキミルク（雪糕紅豆冰、47HK$）

地元で愛されるアズキミルク

Hong Kong 33

TODO LIST 08

Point 美形スイーツと絶景ビューの無敵のコラボレーション！

TO DO LIST 08
Afternoon Tea

優雅な時間をお約束♡

香港だから愉
極上アフタヌ

イギリス統治時代に広まり、人々を魅了
伝統の味わいから、創意工夫を凝らした
一度は訪れたい味もプレゼンテーション

アフタヌーンティーは、プラス料金でシャンパン付きにできる店もある。

感動の絶景ハーバービュー **2**
ロビー・ラウンジ
（リージェント・ホンコン内）
The Lobby Lounge／大堂酒廊

ヴィクトリア湾の水際に位置し、全面ガラスの外に広がるパノラマビューは息をのむすばらしさ。優雅な午後のひとときを彩ってくれる宝石のようなスイーツと、美しくデザインされたサンドイッチは、どれも繊細で上品な味わい。

1 ティーセットは季節やイベントなどによって内容が変わる 2 素材の組み合わせも絶妙、彩りもきれいなサンドイッチ 3 香港島のスカイラインをバックに船が行き交う光景は絵画のよう 4 レモン・グァバのコンフィチュール、生チョコムース仕立てのひと口サイズのケーキ

▶Map P.150-B3

尖沙咀 住尖沙咀梳士巴利道18 香港麗晶酒店大堂 Lobby Floor, Regent Hong Kong, 18 Salisbury Rd., Tsimshatsui ☎2313 2313 営10:00〜24:00（アフタヌーンティーは15:00〜18:00〈土・日曜、祝日12:00〜〉）休無休 料アフタヌーンティーセット1人用499HK$、2人用998HK$（セット内容によって料金が変わる）Card A M V 予要予約 服スマートカジュアル 交MTR尖沙咀駅連絡通路経由、尖東駅J2出口から徒歩約3分 URL hongkong.regenthotels.com

---

アイスやワッフルが食べ放題
ティフィン
（グランド・ハイアット・ホンコン内）
Tiffin／茶園

フランス菓子が彩る3段トレイに加え、デザートステーションのアイスクリームやその場で焼いてくれるワッフルやクレープが食べ放題。大きな窓から自然光が降り注ぎ、ピアノの生演奏も心地よい。

Point アイスクリーム食べ放題はうれしいサービス！

1・2 9種類あるアイスクリーム。トッピングは好みでチョイス 3 アイスとチョコのカスタムスイーツのできあがり 4 季節の素材を用いたケーキやタルトは時期によって内容が変わる 5 テーブルもゆったりと配置 6 写真は2人用のセット。1人用のセットも提供可能

▶Map P.146-B1

湾仔・銅鑼湾 住湾仔港湾道1 香港君悦酒店閣樓 Mezzanine Floor, Grand Hyatt Hong Kong, 1 Harbour Rd., Wanchai ☎2584 7722 営12:00〜22:00（アフタヌーンティーは15:15〜17:00）休無休 料アフタヌーンティー1人用368HK$（土・日曜、祝日398HK$）Card A D J M V 予週末は予約をしたほうがよい 服スマートカジュアル 交MTR會展駅B3出口または湾仔駅A1出口から徒歩約8〜12分 URL www.hongkong.grand.hyattrestaurants.com/restaurants-and-bars/tiffin

34　Hong Kong

めるンティー

るアフタヌーンティー。
ィーセットまでさまざま。
抜群の店をご紹介！

1 クラシックを中心に生演奏がBGM（月曜は除く） 2 愛らしいプチケーキは季節替わり 3 スコーンやケーキはザ・ペニンシュラ・ブティック＆カフェ（→P.88）でも買える

Point コロニアル建築の風格と優雅な雰囲気は香港随一。

CHECK!
アフタヌーンティー Q&A

①予約は？
有名＆人気店は早めの予約がベター。予約は電話のほか、ウェブサイトやメールでも可能。

②服装は？
高級ホテル内の店は、スマートカジュアルの場合が多い。ちょっぴりドレスアップをして訪れたい。

③ひとりでもOK？
若干、割増価格になるが、ひとりでも楽しめる店は多い。不安なら予約時に確認をしておこう。

TODO LIST 08 香港だから愉しめる極上アフタヌーンティー

1928年創業の格調が香る
ザ・ロビー（ザ・ペニンシュラ・ホンコン内） The Lobby / 大堂茶座

「東洋の貴婦人」と名高い老舗ホテルで英国領時代から続く人気を誇り、現在も行列が絶えない。純英国スタイルの3段トレイにのった自家製スコーンやサンドイッチなどを、ホテルオリジナルの紅茶で味わいたい。

▶Map P.150-B3
尖沙咀 住尖沙咀梳士巴利道22 香港半島酒店大堂 G/F G/F, The Peninsula Hong Kong, 22 Salisbury Rd., Tsimshatsui ☎2696 6772 営7:00～11:00、11:30～17:30、18:30～22:00（金・土曜～22:30、ティータイムは14:00～17:30） 休無休 料アフタヌーンティーセット1人用528HK$、2人用918HK$ Card A J M V 予予約をしたほうがよい 服スマートカジュアル 交MTR尖沙咀駅E出口から徒歩約3分 URL www.peninsula.com

鳥かご風のケーキスタンドでサーブ
ロビー・ラウンジ
（カオルーン シャングリ・ラ ホンコン内）
Lobby Lounge / 大堂酒廊

香港の伝統モチーフでもある鳥かごでサーブされるティーセットは、とてもキュート。こだわりは見た目だけでなく、吟味した素材を使い砂糖や塩分、添加物を抑えて自然の風味を重視。季節やクリスマスなどのイベントごとにテーマを設けたセットが提供される。

▶Map P.151-C2
尖沙咀 住尖沙咀東部麼地道64 九龍香格里拉大酒店大堂 Lobby Level, Kowloon Shangri-La Hotel, 64 Mody Rd., Tsimshatsui East ☎2733 8740 営8:00～24:00（アフタヌーンティーは15:00～18:00） 休無休 料1人用328HK$、2人用638HK$ Card A D J M V 予要予約 服スマートカジュアル 交MTR尖沙咀駅連絡通路経由、尖東駅P1出口から徒歩約1分 URL www.shangri-la.com/jp/hongkong/kowloonshangrila

Point キュートなスイーツもサンドイッチもヘルシー。スコーンもおいしい。

1 リモンチェッロやブッラータチーズを使ったイタリアをテーマにした期間限定2人用セット 2 アラカルトメニューの人気商品。ニンジンとホウレンソウを練り込んだブラウニー、アイスクリーム付きで175HK$ 3 ミックスベリー添えチーズケーキ（アラカルトメニュー） 4 重厚で落ち着いた雰囲気。明るい窓際の席もある

Hong Kong 35

TODO LIST 09 Special Bar

カクテル&夜景に感動
眺望抜群のバーで夜景に酔う

エキサイティングな香港の夜の主役は美しい夜景。夜景を眺める一等地にあるバーはぜひチェックしたい。スペシャルなバーでちょっと贅沢な香港ナイトを。

ユニークなカクテルや斬新なインテリアの個性派バーが香港には数多い。なかでも中環エリアは注目のバーが集まっている。

夜景バー攻略の3大ポイント

☑ **日没時刻**
事前に日没時刻（→P.16）を調べよう。昼〜夕暮れ〜夜と移りゆく情景を観賞できる。

☑ **ハッピーアワー**
ドリンクがお値打ち価格でお得。平日の夕方早めの時間に実施している店が多い。

☑ **予約**
比較的すいている平日夜も含め、予約をしたほうが確実。屋内店は窓側の席をリクエストしてみよう。

©Cardinal Point

旅情をそそるロマンティックなムード
ウオーターマーク Watermark

2024年9月、中環スターフェリー埠頭にリニューアルオープン。270度のハーバービューが楽しめる。東西クロスオーバーの料理からデザートまで充実したメニューを揃えており、食事を兼ねて訪れたい。

▶Map P.145-C1
中環・金鐘 住中環7號天星碼頭平台L號舖 Shop L, Level P, Central Pier 7, Star Ferry, Central TEL 2167 7251 営12:00〜22:00（ラストオーダー21:30）休イベント開催時 CardA M V 予望ましい 交MTR香港駅B2出口から徒歩約7分、または中環駅A出口から徒歩約10分。中環スターフェリー乗り場から徒歩約1分 URL www.cafedecogroup.com/en-us/brand/WATERMARK

夜景CHECK！
ヴィクトリア湾に突き出した埠頭の突端にあり、海上にいるような気分。間近に船が行き交う光景が見られる。

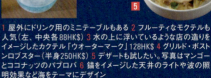

1 屋外にドリンク用のミニテーブルもある 2 フルーティなモクテルも人気（左、中央各88HK$） 3 水の上に浮いているような店の造りをイメージしたカクテル「ウオーターマーク」128HK$ 4 グリルド・ボストンロブスター（半身250HK$） 5 デザートも試したい。写真はマンゴーとココナッツのパブロバ 6 錨をイメージした天井のライトや波の照明効果など海をテーマにデザイン

TODO LIST 09 眺望抜群のバーで夜景に酔う

2 香港を象徴するスカイラインを一望
カーディナル・ポイント Cardinal Point

中環駅の真上に立つ商業施設「ランドマーク」最上階に立地。スカイテラスからはオフィスビル群からハーバーのかなたまで絶景が思いのまま。世界各地の旅から着想を得た創作カクテルも秀逸。毎晩DJが音楽で雰囲気を演出。

▶Map P.144-B2

中環・金鐘 住中環皇后大道中15置地廣場中庭告羅士打大廈Forty-Five,45/F 45/F, Forty-Five, Gloucester Tower, LANDMARK ATRIUM, 15 Queen's Rd., C., Central 電3501 8560 営12:00～翌1:00（日曜～22:00）休無休 Card A M V 予望ましい 交MTR中環駅G出口から徒歩約3分
URL www.cardinalpoint.com.hk

3 夜景CHECK！
香港島西側から東の北角あたり、さらに対岸の九龍東端までぐるりと見渡せる圧巻のハーバービュー。

1 S.C.ランドマーク・アトリウムにつながるビルのルーフトップにある 2 目の前にライトアップされた高層ビルが 3 左のカクテルはスイカ、トマト、タイチリなどを用いたマルガリータ、右端は看板カクテルのパンダン・ハイボール（ともに160HK$）。手前はスパイシーツナクラッカー（150HK$） 4 スカイテラスはテーブル席やソファシートを設置 5 スカイテラスのバーカウンター 6 屋内スペースもある

尖沙咀にある人気夜景バー
アイバー Eyebar

ネイザン・ロード沿いのショッピングモール、アイ・スクエア30/Fにあるカジュアルなバー。併設する中国料理店「南海一號」の本格的な広東風海鮮料理も賞味できる。毎日20:30～21:30は、ハッピーアワーで全ドリンク半額に。

▶Map P.150-B2

尖沙咀 住尖沙咀彌敦道63 國際廣場30/F 30/F, iSQUARE, 63 Nathan Rd., Tsimshatsui 電2487 3988 営15:00～24:00（金・土曜、祝日～翌1:00）休無休 Card A M V 予不可 交MTR尖沙咀駅H出口から徒歩約3分 URL www.elite-concepts.com/our-concepts/hong-kong/eyebar

夜景CHECK！
ヴィクトリア湾の向こうに香港島のビル群がきらめく。シンフォニー・オブ・ライツのショーも見える。

1 迫力ある眺めを満喫するなら屋外のカウンター席へ 2 大きなガラス窓を設えた屋内エリア 3 カクテルは148HK$～

九龍サイドのパノラマ夜景が見事
クルーズ・レストラン・アンド・バー
Cruise Restaurant and Bar

香港島北角の海沿いに立つホテルのルーフトップバー。広々とした屋内とダイレクトに夜景が楽しめるテラス席がある。独創的なカクテルとひねりを効かせたスパイシーなアジア料理が味わえる。

▶Map P.148-B1

大坑・北角 住北角北角邨里1 香港維港凱悅尚萃酒店西座23樓 23/F, West Tower, Hyatt Centric Victoria Harbour Hong Kong, 1 North Point Estate Lane, North Point 電3896 9898 営15:00～24:00（金曜～翌1:00、土曜12:00～翌1:00、日曜12:00～）休無休 Card A M V 予望ましい 交MTR北角駅A1出口から徒歩約3分 URL hyatt.com/hyatt-centric/hkgct-hyatt-centric-victoria-harbour-hong-kong

夜景CHECK！
ヴィクトリア湾越しに九龍サイドのパノラマ夜景を、さまざまな角度から楽しめる。

1 人気カクテルのレインボー＆ユニコーン（138HK$） 2 ゆったり食事が楽しめるシックな屋内スペース 3 海風が心地よいテラス席 4 ヒラマサの刺身、ライム＆ハーブドレッシング（218HK$） 5 イベリコ豚バラ肉のグリル、葉野菜包み（188HK$）

Hong Kong 37

10 パワースポットで運気アップ！

寺院に参拝&風水詣で

風水都市と呼ばれる香港のパワーを発する寺院や開運スポットをご案内。

Power Spot

本殿に当たる黄大仙師宝殿（大殿）。精緻な装飾や彩りが映える

廟にお参りして願掛け&開運

山門にある麒麟は中国故宮のものを模した像。御利益にあやかろうと像をなでる人も

嗇色園黃大仙祠の本殿向かって右（東）側に願掛け祈願ができる縁結びの神 月下老人の像がある。

廟ってどんなところ？

廟とは道教の寺院や、神話の神々や歴史上の人物を祀った祠を含めた宗教施設の呼び名。香港の人々は願い事があると廟に詣で、かなえれば お礼参りをする、まさに心のよりどころ。参拝者の邪魔にならないよう、また写真撮影禁止の寺院もあるので気をつけたい。

【運気全般アップ】

霊験あらたかな道教寺院
嗇色園黃大仙祠 Sik Sik Yuen Wong Tai Sin Temple
シクシクユンウォンダイシンジー

4世紀の仙人・黄初平（黄大仙）を祀り、観世音菩薩、孔子も合祀する道教寺院。もとは病気治癒を願うお寺だったが、「有求必應（求めれば必ず願いがかなう）」と称され、あらゆる願いを受け止める懐の深い寺に。金色の屋根と朱塗りの柱、五行（水・金・地・火・木）思想を表した建築デザインも見どころ。

▶Map P.139-D2

香港全図 住九龍黃大仙竹園村2 2 Chuk Yuen Village, Wong Tai Sin, Kowloon ☎2327 8141 開7:30～16:30 休無休 料無料 交MTR黃大仙駅B2出口から徒歩約3分 URLwww.siksikyuen.org.hk

【運気変転】【病気平癒】

金色の風車で運勢変転！
沙田車公廟 Che Kung Temple, Shatin
シャーティンチェーコンミュ

新界の大囲にある車大元帥（車公）を祀る廟。車公は南宋（1127～1279年）の将軍で文武両道に秀でた功績から神聖視される。伝説によると流行していた疫病の沈静祈願でこの寺を建てたところ、完成直後に鎮まったとか。建立年は不詳、現在の建物は1994年に改築されたもの。

風車は大小さまざまある

▶Map P.139-D2

香港全図 住新界沙田車公廟路 Che Kung Miu Rd., Shatin, New Territories ☎2603 4049 開8:00～18:00 休無休 料無料 交東鐵綾/屯馬綾の大囲駅B出口から徒歩約10分 URLwww.ctc.org.hk

お参りの仕方

①入口付近の売店で線香や風車を販売しているので必要に応じて購入。

②本殿前で火をつけた線香を押しいただいて、拝む。

③本殿に入る。線香は3本のみ持参可能。車公に頭を下げて自分の名前と願い事を伝えて線香を供える。

④風車を回す。よい運勢に変えたいなら時計回りに逆境を転じる。現状保持を望むなら反時計回りに回して良運をとどめる。

⑤かたわらの太鼓を3回たたき、参拝が済んだことを車公に伝える。

38 Hong Kong

お参りの仕方

❶ 大門を入り、左へ進むと線香置き場があるのでピックアップ（9本を目安に）。無料だが隣の香料箱（賽銭箱）に気持ち次第で心付けを。

❷ すぐそばの線香点火場所で、線香に火をつける。

❸ 本殿の前で、線香を掲げて3礼、心の中で自分の姓名、生年月日、住所、願い事を唱える。

❹ 道教の三大理念を表す3つの線香台にそれぞれ3本ずつ線香を立てる。

"おみくじ"にトライ！

漢詩が書かれたピンクの紙（籤紙）は日本でいうおみくじに近いもので、「神様の助言をいただく」という趣旨。

❶ 本殿脇の窓口で竹の棒が入った筒「籤筒（チムトン）」を借りる。

❷ 神様におうかがいをたてたい内容を心の中で唱えながら筒を振り、1本のみ振り落とす。

❸ うかがい事項（仕事、恋愛、健康など）ごとに出た番号を紙に控えておこう。

❹「籤筒」（竹の棒が入った筒）を窓口に戻す。窓口に張られた二次元コードを読み込み、番号を入れれば大まかな意味がわかる。詳しく読み解いてほしい場合は占い師のいる店へ。

❺ 境内向かって左側の建物内に並ぶ解籤檔（占い師が解読してくれる店）で、くじ番号を読み解いてもらう。店は約160軒ある。開 10:00頃～17:00頃

参道の売店

1 日本語のできる占い師もいる
2 出た番号とうかがい事項を伝えると、番号に該当するピンクの籤紙に書かれた内容を解説してくれる。1案件につき広東語、英語は30HK$、日本語は40HK$が相場。別料金で占いも行っている

1 金運によさそうな飾り物　2 お守りは20HK$～

こちらも有名寺院

1 緑の瓦、赤い壁に金色の装飾が映える本殿　2 本殿の巨大な車公像はインパクト大

合格（必勝）祈願／商売繁盛

観光地になっている古廟
文武廟　Man Mo Temple
1847～1862年の間に中国人富豪が建立。知恵と学業をつかさどる文昌帝、公正と忠義の関羽を神とする關聖帝君の2神が祀られている。

天井からつるされた巨大な渦巻き状の線香は燃え尽きたときに願い事がかなうといわれる

▶Map P.143-D2
住 上環荷李活道124　124 Hollywood Rd., Sheung Wan　TEL 2540 0350　開 8:00～18:00（旧暦の1日、15日、および生誕祭の日は7:00～）　休 無休　料 無　交 MTR上環駅A2出口から徒歩約8分　URL www.man-mo-temple.hk

家内安全

造りの美しさは香港随一
蓮花宮　Lin Fa Kung
観音様を祀る寺。ハスの花を模した八角形のお堂、漆喰のレリーフや天井に舞う龍の絵が見事。旧暦8月14日から3日間行われる「大坑舞火龍」の祭りが盛大。

▶Map P.148-A3
大坑・北角　住 大坑花蓮街・蓮花宮西街　Lily St. & Lin Fa Kung St. West, Tai Hang　TEL 2578 2552　開 7:30～17:00　休 無休　料 無料　交 MTR天后駅B出口から徒歩約10分　URL www.ctc.org.hk

外壁の装飾がかわいらしく、内部も独特の造り

パワースポットで運気アップ！ TODO LIST 10

TODO LIST 10
風水スポットでパワーチャージ

九龍側の山から下りてきたよい気は、ネイザン・ロードから海へ。気の通り道にあるペニンシュラホテルやリージェント・ホンコンは風水の運気よし。

風水と香港

風水とは古代中国思想で「気」の流れを利用し、自然と人間の調和を図る環境学のこと。香港では山脈のうねりを龍にたとえ、その放出するパワフルなよい気(エネルギー)を生かすように街作りやビルの設計が行われてきた。

1 1985年建造で地上42階、高さ180m。蟹ビルと呼ばれるユニークな外観も風水に基づくデザイン 2 つり構造という橋造りの技術を取り入れたモダンで斬新な空間

よい気の龍脈が通るビル
香港上海滙豐銀行總行大廈
ヒョンゴンションホイウイフォンガヌホンチョンホンダーイハー
HSBC Main Building

イギリス人設計家ノーマン・フォスターにより設計された香港上海滙豐銀行(HSBC)の総本店ビル。よい気の道「龍脈」の上に立ち、龍(気)の通り道としてグランドフロアをすっぽり開け放ち、龍のうねりに合わせて地面も微妙に変化をつけている。

▶ Map P.144-B2
中環・金鐘　住中環皇后大道中1
1 Queen's Rd. C, Central
交MTR中環駅K出口から徒歩約1分
URL www.hsbc.com.hk

Let's try!
獅子と一緒に記念撮影

ビルの前で神社の狛犬のように対をなす2頭の銅製の獅子像は、口を開けたステファンと口を閉じたスティッド。歴史を経て強力な運気を吸い込んでおり、獅子に触れながら一緒に写真を撮ると金運がアップ。

運気を吸い込んで / 口を閉じて逃さないぞ

滝、小川、池と運気を運ぶ水が流れる
香港公園　Hong Kong Park

自然の地形を生かし、風水によって設計された公園。ここも龍脈の上に位置し、龍が通る際に運気を循環させるため水を用いた施設を多数配置している。

▶ Map P.145-C3
中環・金鐘　住中環紅棉路19
19 Cotton Tree Drive, Central　☎2521 5041
開6:00~23:00　休無休　料無料　交MTR金鐘駅C1出口から徒歩約5分

1 滝は園中央の温室の近くにある 2 池のハスがきれい 3 カメがひなたぼっこ 4 カエルの像も

Let's try!
人工滝の裏へ行ってみよう

人工岩で作られた滝は園内で最も重要な風水スポット。山から下りてきたよい気を滝の水で公園内に行き渡らせる、まさに気の噴射口。特に滝の裏側は心を浄化してくれる作用あり!? 真偽のほどはともかく水しぶきのマイナスイオンを受けるだけでも気持ちいい。

滝の裏側へ続く歩道がある。滝は落差10mほど

香港最強の気が流れる
ヴィクトリア・ピーク
Victoria Peak / 太平山頂

香港島で最も高い山。山の中腹にある展望台からの眺めは"100万ドルの夜景"と称され、香港で最も有名な観光名所。ここには龍脈(よい気の通り道)が張り巡らされており、香港島の各風水スポットにつながる、いわば香港のパワーの源。ここに登るだけでもエネルギーがもらえる!

▶ P.15

1 山の中腹に立つ展望ビル「ピークタワー」 2 絶景を楽しみながらよい気も取り込める(太平山獅子亭)

幸運の神像が集まるテーマ公園
鎮海樓公園 Kwun Yam Shrine

香港島の南側、レパルスベイにある。1970年代半ばに造られた公園で、高さ10mの天后像と観音像、海龍王（竜神）、河伯（水神）、麻姑（仙女）、壽星公（寿老人）、鰲魚獻壽（シャチホコ）など、中国の神像のオンパレード。

▶Map P.149-D2
淺水灣　淺水灣 Repulse Bay
6:00～18:00　無休
無料　→P.96の交通メモ

10mほどの高さの観音像

笑いと幸運の神 布袋像

TO DO LIST ☑ 10
パワースポットで運気アップ！

縁起のよい神さま

1「萬寿無彊（健康で長寿なこと）」にちなんだ萬壽亭　2 萬壽亭脇のカラフルな獅子像　3 仙女「西王母」は不老不死の象徴

シャチホコは長寿と出世の象徴

竜神「海龍王」の像

「三羊」は万事好調の意味をもつ

Let's try!

寿命が延びる橋を渡る

赤く彩られた長壽橋を渡ると寿命が延びるといわれる。ただし、渡ったあと振り返ると効果がなくなるので注意。

姻縁石をなでる

縁結びの石で恋愛成就も期待できる。参拝時には6回礼をすると御利益がある。

山の稜線に築かれた経文の道
ハート・スートラ Wisdom Path / 心經簡林

ランタオ島の天壇大佛（→P.99）付近に、仏典『般若心經』を刻んだ38本（うち1本は経文なし）の木柱が、無限大を表す8の字を描くように並んでいる。文字を書いたのは中国のダヴィンチと称された、学者で芸術家の饒宗頤（ユー・チョンイー）。柱は釘で、山の守護神「鳳凰」を鎮めているという説がある。悪運を流す、エネルギーチャージ、浄化の作用があるとされる。

▶Map P.155-C3
ランタオ島　大嶼山昂坪昂坪奇趣徑
Ngong Ping Fun Walk, Ngong Ping, Lantau Island
2810 2770
MTR東涌駅近くの乗り場からケーブルカー（所要約30分）、または昂坪行きバス（所要約60分）を利用。終点の昂坪で降車後、徒歩20～25分

1 登山道に沿って8の字を描く経文の柱
2 道標が整備されている　3 天壇大佛から森の中の道を約15分歩くとある

旺角の街なかで運気アゲ
金魚街（通菜街） Tung Choi St.

金魚店が集まる一画が旺角の繁華街にある。金魚や熱帯魚は「風水魚」と呼ばれる風水によい生き物。水＝お金に関係するので、特に金運をアップできる。金魚店の色とりどりの金魚を眺めるだけで運気アップ。

▶Map P.153-C1

1 ビニール袋に入った金魚が一面に並ぶ。人々の金魚に注ぐ視線が熱い　2「水族」と看板が出ているのが金魚・熱帯魚店

Hong Kong　41

COLUMN 01

Column

移動しながら香港見物♪
トラム、フェリー、バスで乗り物観光を楽しむ！

縦横無尽に海と街を巡れば、気分爽快。香港がぐんと身近に感じるはず。

オープントップ席から街を見物
ホンコン・トラムオラミック・ツアー
Hong Kong TramOramic Tour

タイムスリップしたような1920年代のレトロな復刻版トラムに乗り、トラム駅の上環（西港城）〜銅鑼湾間を約1時間かけて優雅に観光。ビルの谷間を抜け、下町の商店街を頭上から見物。音声ガイドで街の歴史を聞けば香港ツウになった気分。ツアー参加日から2日間のトラム乗り放題乗車券付きだから、散策にも役立つ。

[トラム乗降場所]
▶ Map P.143-D1 上環・西營盤
▶ Map P.147-D2 灣仔・銅鑼灣
TEL 2548 7102（月～金曜 9:00～18:00）
開 上環発10:00、13:45、16:15、銅鑼灣発11:15、15:00、17:30※10分以上前に集合を 休 無休 料 150HK$（4～11歳95HK$）
Card A M V（当日は現金のみ） 予 ホームページから可。空席があれば直接乗車もできる URL www.hktramways.com

1 灣仔付近は商店の並ぶ下町を走行 2 出発駅の看板 3 トラムの1階席 4 スタッフの皆さん 5 復刻版トラム

トラムツアーのココがすごい！

❶ **街のど真ん中を通る**
上環、中環、灣仔、銅鑼灣の繁華街を通り、ハッピーバレー競馬場へも回る。

❷ **1920年代のトラムを再現**
復刻版の車体は記念撮影にもぴったり。眺望を満喫するには、2階最前席へ。

❸ **日本語の音声ガイド**
建物や香港の街の歴史におもしろ雑学を織り交ぜた内容を日本語で聞ける。

ヴィクトリア湾を周遊クルーズ
スターフェリー・ウォーターツアー
Star Ferry's Water Tour／天星海港遊

シックな1920年代のオールドスターフェリーで約1時間の湾内クルーズ。チケットは3種類あり、いずれもドリンクチケットが渡され、船内のカフェで飲み物1杯、スナックと交換できる。チケット販売は出発時間の10分前まで。

おもちゃのような船

1 ツアーで使用される船 2 香港のスカイラインが一望できる

[チケット]
● スターフェリー・ウォーターツアー
Star Ferry's Water Tour
開 14:45、16:45、17:45（サンセットツアー）に尖沙咀から出港 料 230HK$（3～12歳、65歳以上160HK$）
● スターフェリー・ウォーターツアー：シンフォニー・オブ・ライツ
Star Ferry's Water Tour：A Symphony of Lights
開 19:45に尖沙咀から出港 料 280HK$（3～12歳、65歳以上200HK$）。所要時間約45分間

[ツアー乗り場]
▶ Map P.150-A3 尖沙咀
TEL 2118 6208 開 11:30～19:45
Card A M V 予 ホームページから可 URL www.starferry.com.hk

船内もレトロ
船から20:00のショーも見られる

オープントップバスを観光の足に使う！
ビッグバスツアー
Big Bus Tours

観光スポットを結んで走る循環バスで、設定の場所で乗り降り自由（ルートは3本）。チケットは1日券、2日券がある。また、廟街などのナイトマーケットを回るナイトツアーも実施。

オープン仕様の2階席へ

[インフォメーションセンター] 中環・金鐘 住 中環7號碼頭（天星碼頭）上層ATM2號 ATM2, Upper Deck, Central Pier 7(Star Ferry Pier) TEL 2167 8995 開 9:00～20:30 休 無休 尖沙咀 住 尖沙咀天星小輪碼頭1樓KP-38號店 Shop KP-38, 1/F, Tsimshatsui Star Ferry Pier TEL 3102 9021 開 9:00～17:00（30～60分間隔で運行）休 無休 料 1日券52HK$（5～15歳46HK$）、ナイトツアー42HK$ Card A M V
URL www.bigbustours.com/en/hong-kong/hong-kong-bus-tours

[おもな乗降場所]
▶ Map P.145-C1 中環・金鐘
▶ Map P.151-C3 尖沙咀

ビッグバスツアーのルートは、香港島北部のレッドルート、香港島南部のグリーンルート、九龍半島のブルールートの3本。

HONG KONG
GOURMET & SHOPPING

Dim Sum, Local Gourmet,
Cantonese Cuisine, Noodle & Porridge,
Souvenirs, Cosmetics, Supermarket

香港　必食グルメ＆買い物ナビ

グルメ天国香港では、飲茶をはじめとする広東料理、麺、お粥、スイーツ、スナックなど、一度の旅行で多種多様な味を楽しめる。
かわいい香港モチーフの雑貨や銘菓など、香港ならではのおみやげも外せない！

GOURMET 01

老舗から新進気鋭の店まで
本場の飲茶を満喫！

香港グルメの王者「飲茶」。伝統を守る老舗はもちろん、創作点心の人気店も見逃せない！

伝統的な広東料理店の点心は小點・中點・大點・特點に値段分けされている。最も安い小點は23HK$くらいから。

定番点心リスト

食事系

鹹點
ハムディム

必食点心3選！

燒賣 シウマイ
ポークシュウマイ。卵黄入りの黄色い皮が特徴

蝦餃 ハーガウ
エビ入り蒸し餃子。浮き粉で作る薄い皮の中はプリプリのエビ

腸粉 チョンファン
つるつる食感の米粉のクレープ。中身はエビやチャーシュウなど

蘿蔔糕 ロウバッゴウ
ダイコン餅。米粉にダイコン、干しエビ、中華ハムを混ぜて蒸し、油で焼いたもの

叉燒包 チャーシーパーウ
チャーシュウまんじゅう。中身のチャーシュウは濃厚甘辛味

叉燒酥 チャーシーソウ
チャーシュウパイ。こちらはパイ皮仕立てでお菓子感覚

牛肉球 ンガウヨッカウ
クワイのシャキシャキ感と香菜がアクセントの牛肉団子

豉汁蒸肉排 シーチャップチンヨッパーイ
豚肉のスペアリブのトウ豉蒸し。ニンニク風味のものもある

CHECK! 飲茶を楽しむには

どこで食べられる？
ホテル内や街なかの広東料理のレストラン。最近はチェーン展開する点心専門店もある。

飲茶タイムは？
基本は12:00～14:30頃のランチタイム。店によっては早茶(7:00頃～)や下午茶(14:30～17:00頃)にも点心を出す店もある。点心専門店は終日点心を提供。

注文方法は？
オーダーシート方式とワゴン方式がある。前者は点心名が列挙されたシートに自分で印をつける。後者はワゴンで運ばれる点心を見て食べたい点心を選ぶ。

一度は行きたい
人気店&老舗

「香港エレガンス」を体現
ハウス・オブ・オリエント
House of Orient／福和軒

東西貿易で栄えた古き香港をイメージした優雅な店。コロニアルな風情が漂う店内で、見た目も味も上品でおいしい点心を堪能できる。看板点心の酥皮焗叉燒餐飽（チャーシュウパン）と軟殼蝦多士（エビトースト）はぜひ試したい。

▶Map P.144-B2
中環・金鐘 住中環皇后大道中30娛樂行2樓C及D舖 Shop C & D, 2/F, Entertainment Bldg., 30 Queen's Rd. C., Central ☎2123 9263
開月～金曜8:30～20:30(点心～17:30、ラストオーダー20:00)、土・日曜8:30～17:30
休旧正月3日間 料200HK$～ CardA M V
交MTR中環駅D1またはD2出口から徒歩約3分

手前は葡萄絲酥餅（細切りダイコンのパイ）。点心は53HK$～

クリスピーなパンの中にチャーシュウたっぷり

オフィスビル2/Fの吹き抜け沿いにある

GOURMET 01 本場の飲茶を満喫！

潮州粉果 チウチャウファンクォ
潮州地方のもっちりした蒸し餃子。中身は豚肉や干しエビ、ピーナッツ、セリなど

豉汁鳳爪 シーチャップフォンチャウ
鶏の爪先をトウチとオイスターソースで味付けして蒸したもの

お茶にまつわるあれこれ

席についたらまずお茶選び
最初に聞かれるのが「お茶の種類」。ポピュラーなのはプーアル茶「普洱（ポウレイ）」やウーロン茶「鐵觀音（ティックンヤム）」、ジャスミン茶「香片（ヒョンピン）」など。飲みたいお茶を伝えよう。

お湯足して！のサイン
お茶はティーポットで出てくる。おかわりには、フタをずらしておくのが「お湯を注いで！」のサイン。

フタをずらすのが合図

糯米雞 ロウマイガイ
ハスの葉でもち米、鶏肉、シイタケなどの具を包んで蒸したもの

魚肚滑雞扎 ユートウワッガイチャツ
魚の浮き袋、シイタケ、ハムなどのゆば巻き。鶏のエキスが具材にしみ込んで味わい深い

デザート
甜點 ティムディム

蛋撻 ダーンダッ
エッグタルト。生地に卵液を流し込んでオーブンで焼き上げる。生地はサクサク

芒果布甸 モングォボウディン
マンゴープリン。甘酸っぱくてクリーミーな代表的デザート

春巻 チュンギュン
春巻。豚肉やタケノコ、シイタケ、エビなどの具材入り

蜂巣芋角 フォンチャウウーコッ
タロイモと豚肉で作ったコロッケのような点心。揚げるとネバネバ成分がサクサクに

炸煎堆 チャーチントイ
黒ゴマあんの揚げ団子。仕上げにゴマをまぶしてある

馬拉糕 マーライゴウ
中華蒸しパン。ブラウンシュガーのほのかな甘味と香りがよい

ハーガウ、シウマイはいかが〜？

大ホールにワゴンが巡る
倫敦大酒樓 ロンドンダイチャウラウ
London Restaurant

点心とお客の熱気あふれる飲茶の醍醐味が味わえる店。15:00までワゴンで売り歩くスタイル。ワゴン内の点心を見せてもらって選ぼう。100以上ある点心は、比較的リーズナブルな値段設定。11:00までは28HK$〜（土・日曜、祝日29HK$〜）。

▶Map P.153-C2
旺角・太子 住旺角弼敦道612 好望角大廈3/F-5/F Good Hope Bldg., 612 Nathan Rd., Mongkok ☎2771 8018 営7:00〜23:00（15:00以降はオーダーシート方式）休無休 料120HK$〜 CardM V 交MTR旺角駅E2出口から徒歩約5分

ツバメの巣入りココナッツミルクプリン

手前は人気の焼賣、後方右は豉汁鳳爪

広々とした店内は熱気いっぱい

時を超えて昔の茶樓を体験
蓮香樓 リンヒョンラウ
Lin Heung Lau

1927年開業、約100年の歴史をもつ遺産的存在の茶樓。創業時の店の造りや調度品を維持し、ワゴンで点心を売り歩く店内は熱気にあふれている。昔のスタイルの点心が供され、大ぶりのまんじゅうの雞球大包や蒸しパンの馬拉糕がおすすめ。

▶Map P.144-A2
中環・金鐘 住中環威靈頓街160-164 G/F&1/F G/F&1/F, 160-164 Wellington St., Central ☎2116 0670 営6:00〜16:00、18:00〜22:00 休旧正月3日間 料120HK$〜 CardA M V 交MTR上環駅A2出口から徒歩約7分

古いテーブルや椅子は修理して使い続けているそう

---

1 点心は25HK$〜。手前はレトロ点心のウズラの卵入りシュウマイ 2 常連客や観光客でにぎわう店内

GOURMET 01

センスも味も抜群!
飲茶のニューウェイブ

点心専門店が増え、香港の飲茶は進化の一途。カクテルとマリアージュさせる試みや、斬新な点心を出すユニーク店が続々登場!

レストランや食堂は全般的に、オフィスの昼休み（13〜14時頃）は混み合うので、避けたほうがよい。

LUNG DIM SUM

#ひとりでも多種類楽しめる点心セット

心ときめくサプライズな点心
ロンディムサム 龍點心

新鮮素材を無添加で手作りするユニークな点心で人気上昇。彩りやプレゼンテーションにもこだわり、点心の新境地を見せる。特別な点心を1個ずつ盛り合わせた「一龍大満足」はマストトライ。ユニークな素材を組み合わせた腸粉（米粉のクレープ）もおすすめ。

▶Map P.150-B2
尖沙咀 住尖沙咀海防道38-40中達大廈1樓 1/F, Zhongda Bldg., 38-40 Haiphong Rd., Tsimshatsui 電2338 6666 営7:00〜24:00 休無休 料120HK$〜 CardM V 交MTR尖沙咀駅A1出口から徒歩約2分

4個セットの小サイズもあり

1 ポップなインテリアが随所に 2 六角形の器は特製の持ち手で運ばれる 3 手前がカニ肉入り餃子やイカ焼売など6種の盛り合わせ「一龍大満足」（70HK$）。後方左は世界各地の食材を用いた「ワールドトラベラー・シュウマイプラター」 4 オレンジとグリーンを基調にしたカジュアルな店 5 点心作りの様子をのぞけるオープンキッチン 6 エビとポークを巻いた腸粉（脆脆富貴紅米腸粉、52HK$）

T'ANG COURT

#洗練を極めた至福の味わい

ミシュラン3つ星の精巧さにうなる
タン・コート 唐閣

2009年からミシュランの常連となり、9年連続3つ星に輝く。オーセンティックな広東料理の神髄は点心にも継承され、極上の素材と技術を用いた秀作揃い。なかでも看板点心はアワビと魚の浮き袋のタルト（原隻鮑魚花膠酥）とホタテ入り炒めライスロール（豉油皇帯子炒腸粉）。

▶Map P.150-A2
尖沙咀 住尖沙咀北京道8 香港朗廷酒店1/F-2/F 1/F-2/F, The Langham Hong Kong, 8 Peking Rd., Tsimshatsui 電2132 7898 営12:00〜15:00（土曜11:00〜、日曜、祝日11:00〜16:00）、点心はランチタイムのみ、18:00〜23:00 休無休 料400HK$〜 CardA M V 予予約をしたほうがよい 服スマートカジュアル 交MTR尖沙咀駅C1出口から徒歩約5分 URLlanghamhotels.com/en/the-langham/hong-kong

1 高級感のあるシックな店内 2 アワビと魚の浮き袋のタルト（1個110HK$） 3 手前はエビとタケノコの蒸し餃子（筍尖鮮蝦餃、118HK$） 4 気品漂うテーブルウエア

エビ蒸し餃子もおすすめ

GOURMET 01 本場の飲茶を満喫！

遊び心あふれるキュートな秀作
ヤムチャ 飲茶
YUM CHA

▶Map P.144-A1

中環・金鐘 住中環德輔道中173南豐大廈2樓1-2號舖 Shop 1-2, 2/F, Nan Fung Place, 173 Des Voeux Rd. C, Central ☎3541 9710 閏11:30～15:30、17:30～22:00 休無休 料200HK$～ Card M V 予予約をしたほうがよい 交MTR上環駅E3出口から徒歩3分 URL www.dwhk.com.hk/yum-cha

思わず写真を撮りたくなる愛らしい点心（49HK$～）が根強い人気。伝統の基本を大切に、うま味調味料（MSG）を使わず、新鮮な食材にこだわって作られた味は地元の人のお墨付きだ。点心だけでなく肉や魚料理、麺、ご飯物もおいしい。キュートなデザートも必食！

中からトロ～リ

#かわいくて食べるのがもったいない!?

1 店の造りもユニーク 2 濃厚カスタードのまんじゅう（睇住流奶、49HK$） 3 手前は犬の形のソーセージロール（狗不理腸）、中央右はブタのチャーシュウまんじゅう（一籠八戒、49HK$）

DIM SUM LIBRARY

創作意欲みなぎる斬新さに脱帽
ディムサム・ライブラリー

一流ホテルで研鑽した気鋭のシェフが、見た目も味わいも斬新な点心（68HK$～）を提供。点心とマッチするカクテルも提案しており、飲茶の新境地を体験できる。シノワズリーなデザインを取り入れた店内はスタイリッシュで、流行に敏感な香港人で連日にぎわう。

▶Map P.145-C3

中環・金鐘 住金鐘金鐘道88太古廣場L1, Shop 124 Shop 124, L1, Pacific Place, 88 Queensway, Admiralty ☎3643 0088 閏11:30～22:00（土・日曜、祝日10:30～） 休無休 料300HK$～ Card A M V 予予約をしたほうがよい 交MTR金鐘駅C1またはF出口から徒約5分 URL dimsumlibrary.com.hk

中国茶を用いたカクテル

#新感覚の点心を中国茶カクテルとともに

1 手前はヒメマツタケ風味のまんじゅう（松茸冬菇包、78HK$） 2 バーを思わせる小粋なカウンター席もある 3 ナスのクリスピーロースト（魚香脆茄子、148HK$）

カクテルと味わう点心！

カクテルとともに点心を楽しむスタイルの店が増えており、ただのカクテルではなく、茶葉や香草を用いるなど趣向を凝らしたカクテルが創意工夫されている。ディムサム・ライブラリーをはじめ、気鋭のレストランやバーで点心＆カクテルのペアリングが楽しめる。

手前はディムサム・ライブラリーのワンサウザンズイヤーズソング 100HK$

Hong Kong 47

GOURMET 02

グルメ天国の逸品ラインアップ！

目指せ全制覇★必食グルメ 10

香港でこそ食べたいうまいもの10品をセレクト。
味わうべき名店とともにご紹介。
お気に入りメニューを見つけよう！

香港のパワーご飯「叉燒飯（チャーシューのせご飯）」(60HK$くらい〜)

チャーシューは「半肥瘦（プンフェイサウ）」と呼ばれる赤身7：脂身3の割合の肉が人気かつおすすめ。

MUST EAT 1 GOURMET

豪快なのに繊細な味わいにハマる！

ロースト 燒味

広東料理に伝わるロースト（燒味）は、独特の窯で焼き上げるバーベキュー料理。神様へのお供えにしたり、宴会や行事にも欠かせない歴史ある料理だ。職人の技と経験がものをいう料理なので、ぜひ専門店で試したい。香ばしく焼き上がったローストにはそれぞれ味がつけてあり、ご飯との相性もバッチリ。

WHERE? 燒臘店と呼ばれる専門店。広東料理のレストランにもある。

WHERE?：その料理が食べられる店

ローストメニュー

① 叉燒（チャーシュウ）
ローストの代表格。日本のチャーシューとは違い、甘辛い叉燒醬で下味をつけた豚の肩ロース肉を串に刺し、直火で炙り焼きにする。

② 燒鵝（シウゴー）
ガチョウに香料で下味をつけ、窯の中につるして丸焼きにしたもの。皮も身も香ばしくて肉も味わい深い。
調味料 冰梅醬（梅ジャム）

③ 燒肉（シウヨッ）
豚の丸焼きを切り分けたもので、油を塗りながら焼くため気泡ができてカリカリになっている。塩だけのあっさりした味で日本人の口にもよく合う。
調味料 好みでカラシ

④ （豉）油雞
醬油だれに香料や香味野菜を入れて熱し、鶏をまるごと浸したもの。皮に醬油の味がしみ込んでいて身はジューシー。
調味料 ネギとショウガと油を混ぜた「薑蓉（キョンヨン）」

⑤ 白切雞（パッチッカイ）
ゆで鶏。香料や調味料は入れず、鶏をそのまま熱湯に浸したもの。身も皮もジューシーで、鶏の味が楽しめる。④と⑤は焼いてはいないが、どちらもロースト店の定番商品。
調味料 ④と同様の薑蓉

ロースト＋ご飯の絶品コンビ！

単品メニューのほか数種類のローストを組み合わせたメニューがある。大勢ならローストの盛り合わせと各自ご飯というオーダーがおすすめ。ひとりならご飯にローストをのせた皿飯タイプを。

ガチョウのローストが名物
甘牌燒鵝 Kam's Roast Goose
カムパイシウンゴー

有名老舗の伝統の味を受け継ぐロースト専門店。ミシュラン1つ星を獲得し、行列が絶えない人気ぶり。ジューシーなガチョウのロースト、肉厚で食べ応え満点のチャーシューがおすすめ。

▶Map P.146-B2
灣仔・銅鑼灣 住 灣仔軒尼詩道226寶華商業中心G/F　G/F, Po Wah Commercial Center, 226 Hennessy Rd., Wanchai ☎2520 1110
営 11:30〜21:30 休 旧正月3日間 料 70HK$〜 Card M V (250HK$以上使用可) 交 MTR灣仔駅A4出口から徒歩約5分

新進気鋭のロースト店
粤派燒味專門店 Yue Pai
ユーパイシウメイチュンムンディム

2023年にロースト職人が独立して開いた店。下ごしらえから焼き上げまで店内で行っているので、比較的焼きたてが味わえる。甘辛いたれの味がほどよいチャーシューは地元で好評。

▶Map P.154-A1
九龍城・啓德・土瓜灣 住 九龍城福佬村道5-9 G/F, D舖　Shop D, G/F, 5-9 Fuk Lo Tsun Rd., Kowloon City ☎2121 0188 営 10:00〜20:00 休 無休 料 60HK$〜 Card 不可 交 MTR宋皇臺駅B2出口から徒歩約7分

48　Hong Kong

永合成馳名煲仔飯の窩蛋免治
牛肉煲仔飯(手前)。牛肉ミンチを入れて蒸らした後、仕上げに生卵を割り入れて供する(90HK$)

GOURMET 02 目指せ全制覇★必食グルメ10

具材	食べ方
肉、シイタケ、鹹魚(塩漬け魚)など。冬には中華ソーセージが人気。	醤油ベースの合わせ醤油をかけて、よくご飯と混ぜ合わせて茶碗に取り分けて食べる。ひと鍋をふたりくらいでシェアできる。

半熟状の卵をミンチ、ご飯とよく混ぜ合わせる

合わせ醤油をかけて、さらに混ぜる。牛肉ミンチと卵が甘めの醤油を介しておいしくなる!

MUST EAT 2 GOURMET
香港の名物ご飯
土鍋炊き込みご飯
煲仔飯(ボウチャイファン)

土鍋で米を炊き、途中から具材を入れて炊き上げ、甘めの合わせ醤油をかけて食べる。もとは炭火だったが、今はガスを使う。店によっては1年中扱うが、おもに冬場に食べる。

WHERE? 広東料理のローカルな食堂。茶餐廳やホテル内のレストランにあることも。

醤油がウマい!

パッグーワーッカイボウチャイファン
北菇滑雞煲仔飯
下ごしらえした雞肉と戻した干しシイタケをのせたもので、比較的クセのない味。

シーチャップパイグァッボウチャイファン
豉汁排骨煲仔飯
豚肉のスペアリブにトウチを混ぜてのせたメニュー。トウガラシが効いていることも。

シウラップボウチャイファン
臘味煲仔飯
中華ソーセージや塩漬けアヒルなどを入れたもので、冬季限定とする店もある。

店のオリジナル醤油。たまり醤油、生醤油などにラードや氷砂糖などを混ぜ合わせたもので、煲仔飯の引き立て役

1年中煲仔飯が食べられる
ウィンハップセンキーメンボウチャイファン
永合成馳名煲仔飯 Wing Hop Sing
煲仔飯も特製醤油もおいしい。牛ミンチご飯の窩蛋免治牛肉煲仔飯が有名。広東の総菜も豊富なので、炊き込みご飯1品におかずやサイドメニューを数品オーダーしたい。

▶ Map P.142-A1

上環・西營盤 西營盤徳輔道西360 360 Des Voeux Rd. West, Sai Ying Pun 2850 5723 7:00〜16:00 日曜、旧正月3〜4日間 90HK$〜 不可 MTR香港大學駅B1出口から徒歩約5分

煲仔飯がおいしい広東料理店
ションヘイボウチャイシウチョイ
嚐囍煲仔小菜 Sheung Hei
地元人気の高いローカルレストラン。遠赤外線効果がある溶岩石を用いて炊く煲仔飯は、おこげがきれいにできご飯はふっくら、食材のうま味が詰まっている。

▶ Map P.139-D2

香港全図 西環北街25 25 North St., Western District 2819 6190 11:00〜15:00、18:00〜23:00 無休 150HK$〜 M V MTR堅尼地城駅B出口から徒歩約3分

干しエビと豚肉の煲仔飯

Hong Kong 49

GOURMET 02

鳳城酒家の点心、上湯炸粉果（スープにつけて食べる揚げ餃子）は手間がかかり、めったに見られなくなった名品。機会があればぜひ試してみて。

鳳城酒家の炸子雞
（300HK$。半羽なら150HK$）。注文を受けてから揚げるので25分くらいかかる。スパイス塩＆レモン汁をつけると味わいが引き立つ

MUST EAT 3 GOURMET

パリッ、ジュワ〜の食感が命！
若鶏の丸揚げ 炸子雞 チャーヂーガイ

下味をつけた鶏をまるごと油で揚げる豪快な料理。パリパリの皮の香ばしさと、肉のしっとり感のコラボがたまらない美味。シンプルながら広東の3大鶏料理のひとつで、宴会に欠かせない。微妙な油の温度や揚げ時間で食感が左右され、料理人の技量が試される一品。きれいな飴色のものがよし。

WHERE? 広東料理のレストラン

鳳城酒家、譚シェフの調理法

① 内臓や脂身を取り除き、きれいに洗って塩、砂糖、ショウガ汁、五香粉、ニンニクで下味をつけて冷蔵する。

② 鶏のスープで湯通しするので、素材の味が逃げないのだそう。

①の鶏を沸かしたスープに入れ、さっと加熱する。

③ 麦芽糖に白酢、赤酢、酒を混ぜたものを皮の表面にまんべんなく塗る。こうすることで皮がパリッと仕上がるという。

④ 風通しのよい場所につるし、最低4時間乾燥させる。

⑤ 最初は熱した油をかけるように、途中からは油の中に放ち、泳がせるように揚げていく。

広東料理の真髄が味わえる
鳳城酒家 Fung Shing Restaurant
フォンセンチャウガー

1978年創業の北角にある店。広東料理発祥の地、順徳地方の料理を扱う正統派。熟練の職人技が鶏肉のうまみを最大限に引き出した炸子雞はぜひここで。値段も比較的リーズナブル。

▶ Map P.148-B1
住 大坑・北角 北角渣華道62-68 高發大廈 G/F & 1/F G/F & 1/F, Goldfield Mansion, 62-68, Java Rd., North Point
電 2578 4898
開 9:00〜15:00、18:00〜22:00（ラストオーダー21:00） 休 旧暦12/31、旧正月3日間 料 250HK$〜 Card A M V 交 MTR北角駅A1出口から徒歩約5分

MUST EAT 4 GOURMET

香ばしいピリ辛風味がたまらない
カニのスパイシー炒め
避風塘炒辣蟹 ヘイフォントンチャウラッパイ

ニンニク、ショウガ、トウチ（豆豉）、トウガラシを油で煎った「沙」と呼ばれる辛い薬味で炒めた香港独特のカニ料理。避風塘は台風シェルターのことで、台風を避ける湾内に住んでいた水上生活者の間で伝えられてきた家庭料理。

WHERE? 避風塘炒辣蟹の専門料理店、一部の海鮮料理店

船上で創業し、陸の人気店に
喜記避風塘炒辣蟹
ヘイゲイベイフォントンチャウラッパイ
Hee Kee Fried Crab Expert Ltd.

厳選されたカニと、カニにからめるピリ辛の薬味がうまさの秘訣。カニを揚げた油とニンニクで炒めた麺料理の蟹油炒麺もおいしい。

▶ Map P.147-C2
住 灣仔・銅鑼灣 灣仔謝斐道379-389 G/F 1-4號舖 Shop 1-4, G/F, 379-389 Jaffe Rd.,Wanchai
電 2893 7565
開 12:00〜24:00 休 無休 料 600HK$〜 Card J M V 予 週末は予約をしたほうがよい 交 MTR銅鑼灣駅C出口から徒歩約7分

カニやニンニクの香ばしい香りが食欲をそそる（780HK$〜）。カニはまるごと用いる

Hong Kong

MUST EAT 5 GOURMET

潮州の名物料理
ガチョウのたれ煮
滷水鵝
<small>ロウソイゴー</small>

醤油ベースに各種香料を加えたたれ（滷水）に、特産の特大サイズのガチョウをまるごと入れて浸し煮にし、たれの味をしみ込ませた料理。たれ煮は潮州料理独特の調理法。手間暇かけて繰り返し使い続けられる滷水は、店の宝のような存在。

WHERE? 潮州料理のレストラン・食堂

滷水の魅力を堪能できる肉・肝・腸の珍味盛り合わせ、鵝三寶（298HK$）

伝統に忠実な潮州料理の数々
陳儀興 尚潮樓
<small>チャンイーヒン ションチウラウ</small>
Chan Yee Hing Sheung Chiu Lau

50年の歴史を誇る老舗が開いた、手工菜と呼ばれる潮州の宴会料理に特化した店。歴史的建築物を改装した店内は趣があり、精緻な料理は長い歴史をもつ潮州料理の奥深さを感じさせる。

▶ Map P.153-C1
旺角・太子 住太子太子道西179號 G/F-1/F　G/F-1/F, 179 Prince Edward Rd. West, Prince Edward ☎2683 1678 開11:00～21:45 休旧正月3日間 ¥400HK$～ Card A M V 予要予約 交MTR太子駅B2出口から徒歩約3分
URL chanyeehinghk.com

滷水のメニューは種類豊富

たれ煮はガチョウだけでなく、豚の大腸やイカ、ソーセージなどさまざまなものがある。鶏の手羽先やゆで卵もおすすめ。

MUST EAT 6 GOURMET

カキのだしスープがやみつきに！
オイスター雑炊
蠔仔粥
<small>ホウチャイチョッ</small>

潮州の海で取れるミニサイズのカキを使った雑炊で、こちらも潮州の美食。ぷっくりとふくらんだカキのうま味を大地魚のだしが絶妙に引き出した、磯の香りいっぱいの濃厚スープが至福の味。あっさりサラサラっと食べられるので、締めにもいい。

WHERE? 潮州料理のレストラン・食堂

壁のメニューやオープンキッチンの料理を見てオーダー

潮州料理店では食前・食後に工夫茶（濃い鐵觀音茶）が出る

創發潮州飯店の蠔仔粥（45HK$）。カキのうま味と干し魚やセリなどの香菜が絶妙にマッチ

指さしオーダーOK！

潮州料理の醒酲味が味わえる
創發潮州飯店
<small>チョンファッチウチャウファンディム</small>
Chong Fat Chiu Chow Restaurant

1930年代に潮州の汕頭で屋台を起こし、2代目の今も屋台の野趣を残す店。店内のオープンキッチンには毎日60種以上の総菜が並び、ここにしかない料理もある。夕食時は活気が充満。

▶ Map P.154-A1
九龍城・啟德・土瓜灣 住九龍城城南道60-62　60-62 South Wall Rd., Kowloon City ☎2383 3114 開11:00～15:00、17:30～23:00 休旧正12/31、旧正月3日間 ¥200HK$～ Card不可 交MTR宋皇臺駅B3出口から徒歩約5分

GOURMET 02

広東の薬膳スープも絶品。滋味深い味わいは体の芯までしみわたる。広東料理のレストランや食堂で見かけたら、ぜひ。

北京ダックは1羽まるごとか半羽でオーダーできる。写真の北京樓のダックは1羽598HK$

食べ方

店のスタッフがダックをスライスしてくれる。

↓

薄餅（小麦粉のクレープ）の上にダック、ネギ、キュウリをのせ、甘味噌をつける。

薄餅を左右からきつめに折りたたみ、下部を上に向けて折り返す。

↓

巻き終えたら端からほおばる
※残った肉は別のメニュー（炒め物など）にすることが多い。

MUST EAT 7 GOURMET

素材も焼きも本格的

北京ダック
北京填鴨（パーキンティンカプ）

香港の北京料理店で人気ナンバーワンの料理。もとは宮廷料理で、餌をたくさん与えて大きく育てたアヒルを窯で焼き、パリパリに焼けた皮の部分を中心に味わう。本場、北京から進出する店も。

WHERE? 北京料理のレストラン

洗練された料理の数々
北京樓（ペキンラウ）
Peking Garden Restaurant

1978年に開業し、香港に9店舗を展開。北京料理をメインに四川や上海料理の要素を取り入れたメニューもある。看板料理の北京ダックはつややかに飴色に輝く焼き上がり。

▶Map P.144-B2
中環・金鐘 住中環遮打道16-20 歴山大廈B1/F B1號舖 Shop B1, B1/F, Alexandra House, 16-20 Chater Rd., Central 電2526 6456 営11:30～15:00（ラストオーダー14:30）、18:00～23:00（ラストオーダー22:00）休無休 料500HK$～ CardA J M V 交MTR中環駅H出口から徒歩約1分 URLwww.pekinggarden.com.hk/en/about

---

MUST EAT 8 GOURMET

海の幸満載の麺料理

4種の潮州名物入りスープ麺
紫菜（魚）四寶河

ハモに似た白身魚のすり身で作る魚団子やカマボコ、魚のすり身を皮にした餃子、イカ団子といった潮州独特の4種の具入りの麺。あっさりしたスープに海苔がほっこりする味わいで、旅先の胃に優しい一品。

WHERE? 潮州系の麺専門店

4種の具が入った紫菜魚四寶麺（58HK$）。麺は米製のツルツル麺「河粉」を使用

手作りの魚団子の名店
夏銘記（ハーメンゲイ） Ha Ming Kee Noodle Shop

"魚団子の名人"と呼ばれた初代店主の技を受け継ぐ老舗。店舗は数回移転したが、今も魚蛋（魚団子）や魚片（揚げカマボコ）などの具材は自家製にこだわる。特に魚片のフワフワ食感は唯一無二。

▶Data P.57

店は小さく、昼食時は順番待ちとなるので要注意

麺なしの4種の具入りスープもある

常連客の推しメニュー

新鮮な魚のすり身を四角い棒状に成形し、揚げたものが魚片（カマボコ）。これを細く切ったものが麺のトッピングに使われるが、この店では揚げたての棒状のまま1本を注文でき、隠れ人気メニューに。

鮮炸金黄魚片（1條）60HK$

52 Hong Kong

妹記生滾粥品の魚腩粥（手前）と牛肉粥（後方左、ともに49HK$）。ショウガとネギの千切りがいいアクセントに

MUST EAT **9** GOURMET

とろとろ、クリーミー
広東のお粥
プォンドンチョッ
廣東粥

豚骨やアヒルの骨から取ったスープで、米粒がふわトロに溶けるまで煮込む広東粥は、ほかでは味わえない。粥をアツアツに沸かし、生の肉や魚、内臓などを入れて、具材のうま味を粥に溶け込ませる「生滾粥」が主流。揚げパンの油炸鬼（油條）と一緒に。

WHERE? お粥専門店（粥と麺を出す粥麺専家が多い）、広東料理店

お粥のサイドメニュー

揚げパン（油條）を腸粉（ライスクレープ）で巻いた「炸両」。外は滑らか、中はサクサク。甘めの醤油やゴマだれ、辛味噌などをつけて。

鯇魚の皮をゆがいた爽脆鯇魚皮はショウガとあえ、醤油だれで食べる。コリコリした食感のオツな箸休め。

GOURMET 02
目指せ全制覇★必食グルメ10

絶品魚粥が味わえる
ムイゲイサンワンチョッバン
妹記生滾粥品
Mui Kee Congee

市場の上階という地の利を生かし、早朝市場で仕入れた新鮮な具材を使用。なかでも淡水魚の鯇魚（ソウギョ）の切り身を惜しみなく入れた魚腩粥は、魚の脂とお粥のだしが見事に調和。

▶Data P.57

こだわりのごちそう粥を考案
カウダッチュー
靠得住 Trusty Congee King

▶Map P.146-B2

灣仔·銅鑼灣 住灣仔克街7 7 Heard St., Wanchai 電2882 3268 営11:00〜21:00 休無休 料80HK$〜 CardM V 交MTR灣仔駅A5またはA3出口から徒歩約8分

揚げパンをお粥に入れると味わいに変化が

熱伝導性が高い銅の鍋を使ってお粥を調理

こちらもおすすめ

何洪記の料理長から「これもぜひ味わって！」と紹介されたのがエビと卵の米麺炒め（滑蛋蝦仁炒河）。ふわとろの卵あんに大ぶりのエビが包まれている。

広東伝統の味を貫く
ホーホンゲイ
何洪記
Ho Hung Kee

点心から広東料理、デザートまで幅広いメニュー構成が魅力。雲呑麺は頭付きの干しエビで取るだしが深みを生み、大ぶりのワンタンも食べ応えあり。お粥もおいしい。

▶Map P.147-D2
灣仔·銅鑼灣 住銅鑼灣軒尼詩道500 希慎廣場12樓 1204-1205號舖 Shop 1204-1205, 12/F, Hysan Place, 500 Hennessy Rd., Causeway Bay 電2577 6060 営11:00〜22:00 休旧正月2日間 料120HK$〜 CardM V 交MTR銅鑼灣駅F2出口から徒歩約3分

MUST EAT **10** GOURMET

シンプルなのに極上！
ワンタン麺
ワンタンミン
雲呑麺

1940年頃に中国広州から伝わった麺。日本のラーメンのごとく、香港を代表する料理のひとつに。だしは大地魚、エビの卵などで取り、羅漢果を入れる店もある。スープ、かん水の強い細麺、エビが入ったワンタンの三位一体で楽しむ。

WHERE? 麺の専門店、広東料理店

プリプリのエビが詰まったワンタンと黄ニラを添えたシンプルな麺（鮮蝦雲呑麺、50HK$〜）。スープ麺とあえ麺があるが、スープ麺で味わいたい

Hong Kong 53

GOURMET 03

至高の広東料理は香港にあり！

世界の美食家が絶賛

食材の豊富さ、手間暇かけた料理の洗練度は
世界最高クラス。熟練シェフがしのぎを削り、
日々進化する広東料理を堪能あれ。

広東料理は海鮮、土鍋煮込み、麺やお粥も得意とするところ。また、漢方薬材を用いたスープも絶品！

気品あふれる美食を体験
麗晶軒
Lai Ching Heen

由緒あるリージェントホテルの名の復活にともない原点回帰の意味を込め、レストラン名も麗晶軒に戻しリスタート。目の前に広がるハーバービューを存分に楽しめる店内は、玉や翡翠を用いた格調高い雰囲気。名シェフによるミシュラン2つ星獲得の精緻な料理と、ティーソムリエが厳選した名茶の調和を堪能したい。

▶Map P.150-B3
尖沙咀 住尖沙咀梳士巴利道18号香港麗晶酒店G/F　G/F, Regent Hong Kong 18 Salisbury Rd., Tsimshatsui 電2313 2313 開12:00～14:30（日曜、祝日11:30～）、18:00～22:00 休無休 料900HK$～ CardA D J M V 予要予約 服スマートカジュアル 交MTR尖沙咀駅連絡通路経由、尖東駅J2出口から徒歩3分 URLhongkong.regenthotels.com

この逸品に注目！
カニ味噌入りロブスターの蒸し物（蟹皇白玉蒸龍蝦球、380HK$）。滑らかな豆腐入り蒸し卵白にロブスターあんがマッチ

1 ナマコと真珠貝のスープ（手前）と仔豚の皮のロースト（後方）2 オリジナルのスパークリングティーもある 3 シェフの劉耀輝さん（右）と鄭文生さん（左）

伝統料理にひねりを効かせた
營致會館
Ying Jee Club

過去10年で24のミシュランの星を獲得、"星とりシェフ"の異名をもつ蕭顯志氏が率いる店。広東料理の伝統を重んじつつ、大胆な発想、厳選した食材、美味を最大限に引き出す技の調和に食通も感嘆。300種以上ある世界のワインやカクテルとともに堪能しよう。

▶Map P.144-B1
中環・金鐘 住中環干諾道中41 盈置大廈G/F-1/F G05, 107, 108　Shop G05, 107, 108, G/F-1/F, Nexxus Bldg., 41 Connaught Rd. C, Central 電2801 6882 開11:30～15:00、18:00～23:00（ラストオーダー閉店30分前、バー11:30～23:00）休旧正月 料500HK$～ CardA M V 予要予約 服スマートカジュアル 交MTR中環駅AまたはB出口から徒歩約5分 URLyingjeeclub.hk

この逸品に注目！
ロブスターの香り炒め（香蔥爆乳龍、手前）1人前 380HK$。ネギの香りとプリプリの身が秀逸

1 モダンで優雅な雰囲気
2 エビとカニの卵の卵白蒸し（珊瑚芙蓉蝦球皇、1人前400HK$）

COLUMN　広東料理の神髄

香港を含め中国南部で発展した4大中国料理のひとつ。「不時不食、不鮮不食（旬の素材と鮮度を大切にする）」を基本に、海鮮から乾物、薬膳素材まで豊富な食材を取り入れ、その持ち味を生かす。世界屈指の水準を誇る香港の広東料理は、中国の地方料理や外国の料理にまで発想を広げ、優秀な料理人も多数輩出している。

一度は訪れたい名店
家全七福
Seventh Son Restaurant

広東料理の名門「福臨門」の元オーナー、徐維均氏が設立した店。2023年オープンの尖沙咀店は、眼下にヴィクトリア湾を望む瀟洒な空間。伝統を重んじた数々のスペシャリテの美味はもとより、厨房からサービスまですべてに行き届いた価値ある食事時間を楽しめる。

▶ Map P.150-B3

尖沙咀　住尖沙咀中間道15 H Zentre7樓701-702號舗 701 & 702, 7/F, H Zentre, 15 Middle Rd., Tsimshatsui
TEL 2361 3363 営11:00～15:00、18:00～22:30(ラストオーダー21:30) 休無休 料900HK$～ Card A J M V 予要予約 交MTR尖沙咀駅連絡通路経由、尖東駅L1出口から徒歩約1分
URL seventhson.hk

至高の広東料理は香港にあり！

1 皮をパリパリに揚げた七福脆皮雞(1羽680HK$) 2 新鮮なハスの葉に炒飯を包んで蒸し、香りをつけた七福荷葉飯 3 店内は明るく端然とした雰囲気 4 シェフの呉さん

この逸品に注目！
カニ肉の甲羅詰めオーブン焼き(釀焗鮮蟹蓋、1個320HK$)はたっぷりのカニ肉にタマネギの甘さがアクセント

広東の美食を存分に！

CHECK！　広東料理の名脇役「XO醬」

香港で考案された調味料。干し貝柱、干しエビ、金華ハム、トウガラシなどのうま味が凝縮されていておいしい。点心やお粥、麺の薬味に、野菜炒めなどの炒め物にもよい。スーパーで買えるほか、広東レストランでも各店の特製品を販売。

地元の食通が通う人情味あふれる店
生記飯店
Sang Kee Restaurant

1976年灣仔で創業、通算11年ミシュランのビブグルマンに輝いた人気店。おいしさへのあくなき追求を先代から受け継ぎ、奇をてらわない本物の伝統料理を2代目当主の黃さんは「家族の味」と語る。高級食材から家庭料理、珍しいレトロメニューまで幅広いメニュー構成なので、リピートしたくなる。

▶ Map P.147-C2

灣仔・銅鑼灣　住灣仔駱克道353三湘大廈3樓　3/F, Sunshine Plaza, 353 Lockhart Rd., Wanchai TEL 2575 2236、2575 2239
営12:00～15:00、18:00～22:30(ラストオーダー閉店30分前) 休無休
料400HK$～ Card A M V 予要予約 交MTR銅鑼灣駅C出口または灣仔駅A1出口から徒歩8～10分 URL www.sangkee.com.hk

この逸品に注目！
ツバメコノシロの蒸し魚(雞油鹹肉蒸海馬友、後方左)368HK$。脂ののった魚に鶏油や塩漬け肉のうま味が移り美味

1 香ばしいエビの炒め揚げ、豉油皇中蝦(時価,写真が450HK$) 2 2024年1月から現在の場所で営業 3 手前は人気メニューの古法鹽焗雞(塩鶏のまる焼き,1羽390HK$)

GOURMET 04

香港で進化を遂げた
麺&お粥は最強ローカルフード

街中いたるところにあり、活気づく麺やお粥の専門店。
安くてうまいご当地食を食べ歩き!

CHECK! どこで食べられる?
麺、お粥それぞれの専門店がある。「粥麺専家」と店名にある店では両方を出す。お粥は一部の広東料理店の早朝メニューにあることも。

P.56～57の麺のほかに上海系のうどんに似た麺やスパイシーな雲南米線などもある。刀削麺など中国各地の麺、フォー、ラクサなどアジアの麺も人気。

香港の3大麺メニュー

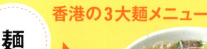

麺

★広東麺

★広東麺

★潮州麺

魚蛋河 (ユーダンホー)
牛や豚の骨、魚類の白濁スープに、魚のすり身団子や揚げカマボコなどの練り物を入れる。麺はきしめんに似た河粉が定番。D

調味料
辣椒油
練り物系の具はトウガラシやニンニク入りラー油につけて食べる。スープに少量入れてもいい。

雲呑麺
香港が誇るワンタン麺。大地魚(干しヒラメ)や干しエビの香りの澄ましスープに、黄色いちぢれ麺とプリプリのエビ入りワンタンのハーモニーが絶妙(→P.53)。A

牛腩麺 (ンガウナムミン)
牛骨スープに牛バラの煮込みを入れた麺。スープは店により澄まし系と醤油系がある。写真の麺はビーフン。B

┌バリエーション┐

咖哩筋腩麺 (ガーレイカンナムミン)
牛腩麺に特製カレーを加えたカレー麺。牛骨スープとカレーはよく合う。B

┌バリエーション┐

紫菜四寶河 (チーチョイセイボウホー)
魚団子、イカ団子、揚げカマボコ、魚のすり身を皮に使った餃子の4種の具をのせた豪華版(→P.52)。C

浄水餃 (チェンソイガウ)
麺なしのスープメニューもあり、写真はスープ餃子。D

麺の食べ方は2タイプ

それぞれの麺にスープ麺(湯麺)とあえ麺(撈麺)がある。スープのおいしさ、麺の食感との調和を堪能するなら前者、麺と具をがっつり食べたいときは後者を。

┌あえ麺2種┐

京都炸醬撈麺 (キントウヴァーチョウロウミン)
ジャージャー麺。甘味噌や豆板醤などで甘辛く炒めた豚肉をトッピングしてある。A

蠔油牛腩撈粗麺 (ホウヤウンガウナムロウチョウミン)
牛バラ肉をのせた太麺のオイスターソースあえ麺。あえ麺はスープ付き。B

麺のサイドメニュー

油菜 (ヤウチョイ)
青野菜のオイスターソースがけ。野菜は菜心(菜の花の茎)、芥蘭(カイラン)、韮菜花(ニラの花芽)、生菜(レタス)などがある。麺のゆで汁でゆがくので色鮮やか。A

究極のカスタムメイド麺「車仔麺」(チェーチャイミン)

昔は屋台食、現在は専門店で食べられる。具、麺の種類、スープを選んでオーダー。具は練り物や臓物、イカ、ダイコンやシイタケの煮物など数十種類ある。調味料もお好みで。

文記車仔麺 (マンゲイチェーチャイミン)
Man Kee Cart Noodle
▶Map P.155-D1
深水埗 住深水埗福榮街121 G/F
G/F, 121 Fuk Wing St., Sham Shui Po ☎9059 5104
営11:00～翌1:00 休旧正月4日間 Card MV
交MTR深水埗駅D2出口から徒歩約3分

Column

1 車仔麺(写真は豪華版)。具は1品10～16HK$。麺は12～13HK$、油麺がおすすめ 2 オーダーシートで注文する店がほとんど 3 オープンキッチンに具材がズラリと並ぶ

規模の大きな人気店

営業時間は？
麺店は11:00頃～21:00頃（深夜まで営業の店もある）、粥店は朝7:00頃～18:00頃まで。

値段は？
食堂なら麺は35～50HK$、お粥は40～50HK$（ショッピングセンター内のレストラン形式の店は若干高い）。

おもな麺の種類

全蛋麺（チュンダーンミン）
水を使わず、卵と粉だけで打ったかん水入りの高級麺。

幼麺（ヤウミン）
細い麺。雲呑麺に使う、かん水入りのちぢれ麺など。

粗麺（チョウミン）
幅広、または太い麺。雲呑麺に使う、かん水入りの麺など。

油麺（ヤウミン）
ゆでて油をまぶしたスパゲティのような麺。車仔麺の定番。

河粉（ホーフン）
きしめんに似た白い米粉の麺。潮州麺などに使う。

米綫（マイシン）
つるつるした食感の細めのうどんのような麺。

米粉（マイファン）
ビーフン。潮州麺に使ったり、炒めたりする。

お粥

香港の粥とは
おもに豚や鶏の骨、海産物（干した魚介、貝柱）のだしで米粒が見えなくなるほどトロトロに煮込む広東粥がメイン（→P.53）。

作り方は2種類

1 アツアツの粥に生の具を入れ、粥の熱で具に火を通す生滾粥（サングワンチョッ）と呼ばれ、具材のうま味を逃さずそのまま粥に溶け込ませる手法。具は魚、ミンチ肉、レバー、カニなど。

2 粥と具材を一緒に煮込む
大鍋で炊いた粥を小鍋に取り分け具材と煮る。ピータン粥や荔湾艇仔粥（→右記）や及第粥（モツ粥）などがこれ。

※そのほか日本の粥と同じく米と水だけで作る潮州白粥がある。

お粥メニュー

魚腩粥（ユーナムチョッ）
鯇魚という淡水魚の切り身の粥。生滾粥の代表格。 **E F**

鯇魚球粥（レンユーカウチョッ）
鯇魚という淡水魚の肉団子が入った粥。 **E**

皮蛋痩肉粥（ペイダンサウヨッチョッ）
ピータンと塩漬け豚肉の粥。 **E**

荔湾艇仔粥（ライワンテンチャイチョッ）
スルメ、豚皮、ピーナッツ、ミンチ肉などの五目粥。 **G**

お粥のサイドメニュー

油炸鬼（ヤウチャークワイ）（油條）
棒状の揚げパン。そのまま食べたり、ちぎって粥に入れて食べる。 **F**

SHOP LIST

秘伝のスープがたまらなく美味

A 麥奀雲呑麺世家（マッガンワンタンミンサイガー）
Mak's Noodle 
▶Map P.144-A2
中環・金鐘 住中環威霊頓街77 G/F
G/F, 77 Wellington St., Central 電2854 3810
開11:00～21:00 休無休 Card不可 交MTR中環駅D2出口から徒歩約8分

行列必至の店
牛バラ麺の店

B 九記牛腩（ガウゲイガウナーム）
Kau Kee Restaurant 
▶Map P.144-A2
中環・金鐘 住中環歌賦街21 G/F
G/F, 21 Gough St., Central 電2850 5967 開12:30～22:30 休日曜、祝日、旧正月15日間 Card不可
交MTR上環駅A2出口から徒歩約8分、または中環駅D2出口から徒歩約10分

潮州名物麺の店

C 夏銘記（ハーメンゲイ）
Ha Ming Kee Noodle Shop 
▶Map P.152-B3
佐敦・油麻地 住佐敦加士街5 G/F G/F, 5 Parkes St., Jordan 電3460 4578 開11:00～22:00 休旧正月5日間 Card不可 交MTR佐敦駅C2出口から徒歩約5分

自家製の具材が自慢

D 江仔記（コンチャイゲイ） 
▶Map P.147-C2
湾仔・銅鑼湾 住銅鑼湾堅拿道東2 G/F G/F, 2 Canal Rd. East, Causeway Bay 電2893 5617 開10:00～21:30 休旧正月2日間 Card不可 交MTR銅鑼湾駅A出口から徒歩約3分

具材豊富な伝統粥店

E 生記粥品專家（サンゲイチョッバンチュンガー）
Sang Kee Congee Shop 
▶Map P.143-D2
上環・西營盤 住上環畢街7-9 G/F
G/F, 7-9 Burd St., Sheung Wan 電2541 1099 開6:30～20:30 (祝日も) 休日曜、一部の祝日、旧正月7日間 Card不可 交MTR上環駅A2出口から徒歩約3分

1979年創業の市場食堂

F 妹記生滾粥品（ムイゲイサングワンチョッバン）
Mui Kee Congee 
▶Map P.153-D2
旺角・太子 住旺角花園街123A 花園街街市3樓熟食中心11-12號舖
Shop11-12, 3/F, Cooked Food Centre, Fa Yuen Street Market, 123A Fa Yuen St., Mongkok 電2789 0198 開7:00～15:00 休火曜、旧正月3～4日間 Card不可 交MTR旺角駅B2出口から徒歩約3分

麺もお粥もおいしい

G 何洪記（ホーホンゲイ） ▶P.53

GOURMET 05

茶餐廳ってどんな店？

ぶっかけご飯から香港式洋食、パンに麺類、ドリンクと、メニューが豊富でボリューム満点。営業時間が長い、スピーディ、経済的、自分好みにカスタマイズ可能とあって、香港人にこよなく愛されている。
1950年代以降、それまであった飲み物と軽食を楽しむ「冰室」（→P.33）が、食事メニューを出すようになり茶餐廳が誕生。人々の要望を取り入れていった結果、現在の形に。茶餐廳の「茶」は香港式ミルクティーの奶茶のこと。奶茶は年間1億杯も消費される国民的ドリンク！

茶餐廳のコーヒー、ミルクティーはエバミルク入り。テーブルに用意された砂糖を入れて飲もう。

1 老若男女が利用するファミレスのような店 2 シンプルな内装。メニューは各テーブルに 3 香港式ミルクティーはブレンドした茶葉をきめが細かい布袋で何度もこして入れる。これがスムーズな口当たりの秘訣

安い、早い、何でもアリ！
ローカル食堂 茶餐廳
チャーチャンテン

メニュー数は優に100以上。
迷いながらあれこれ注文するのが楽しい。
なぜか通いたくなる食のワンダーランド。

茶餐廳の代表的メニュー

魚香茄子飯
ユーヒョンケーチーファン
マーボーナスのぶっかけご飯。適度なピリ辛味

豉椒排骨飯
シーチウパイグァッファン
骨つき豚バラ肉とピーマンのトウチ（豆豉）炒めぶっかけご飯

干炒牛河
ゴンチャウンガウホー
牛肉入り炒めきしめん。米の麺とネギ、モヤシを合わせ醤油で炒めてある

星州炒米
シンチャウチャウマイ
カレー味の炒めビーフンは野菜たっぷり

火腿燴意粉
フォートイウイーファン
スパゲティナポリタン。フライパンで炒めたケチャップ味がどこか懐かしい

おすすめ茶餐廳

味のよい王道茶餐廳
金華冰廳 Kam Wah Cafe
カムワーピンテン

素材にこだわり、質のよいものを安価で提供するのがモットー。1973年の創業以来、揺るぎない人気を保持。自家製パイナップルパンや蒸しご飯などが人気。

▶Map P.153-C1
旺角・太子 住旺角弼街45-47
45-47 Bute St., Mongkok 電2392 6266
営6:30〜22:00 休旧正月3日間 Card 不可
交MTR旺角駅B3出口から徒歩約5分

1・2 手前のチキンチョップのパイナップルパンサンド（雞扒菠蘿包、25HK$）は、店主の奥さんのおすすめ 3 店舗は隣どうしで2店ある。観光客の利用も多い

エッグタルトやパンがおいしい
祥香園 Cheung Hong Yuen
チョンヒョンユン

1967年に香港島の西環で創業、一旦閉店した後、2023年に灣仔で再開。蓮蓉雞尾包（雞尾包→P.65、ハスの実あん入りカクテルパン）とエッグタルトが有名。

▶Map P.146-B2
灣仔・銅鑼灣 住灣仔灣仔道128-150明豐大廈1樓B號鋪 Shop B, 1/F, Ming Fung Bldg., 128-150 Wan Chai Rd., Wanchai 電3188 0906 営7:00〜18:00 休旧正月2日間 Card 不可
交MTR灣仔駅A3出口から徒歩約5分

1 インスタント麺とパイナップルパンの朝食セット（49HK$）
2 人気のエッグタルト（9HK$）

GOURMET 05 ローカル食堂[茶餐廳]

CHECK!
利用法はカンタン

❶ 自分で空席を見つけて座る(店員に指示された席に座る場合も)。混んでいれば合席。

❷ メニューを決める。メニューに英語付記の店もあるが、ローカル店は中国語のみ。漢字を頼りに解読するか、英語のわかるスタッフに聞こう。

❸ 英語はあまり通じないので、指さしで注文。セットメニューの場合は飲み物も選ぶ(冷たい飲み物は数HK$高くなる)。

❹ お勘定は伝票をレジに持っていって支払い。チップは不要。

安さがウリ
朝食は38〜50HK$、昼・夜の食事は50〜70HK$。コーヒー、紅茶は20HK$前後。

1 壁に掲げた本日のエクスプレスセット 2 店の入口付近のレジでお勘定

お得なセットメニューが狙い目

早餐(ジョウチャン)	朝食セット	早朝〜11:30頃まで。パンと麺類、飲み物を好みで組み合わせる(→P.60)。
午餐(ンーチャン)	昼食セット	ご飯もの+飲み物または本日のスープ。
下午茶餐(ハーチャーチャーチャン)	アフタヌーンティーセット	14:00〜17:00くらい。スイーツ(スナックや麺もある)と飲み物のセット。
晩餐(マンチャン)	夕食セット	鍋や鉄板ステーキ、中華のおかずを出すところもある。
常餐(ションチャン)	オールデイセット	スピーディな軽食メニュー

チキンソテーライス、本日のスープにドリンク付きのセット

セットがこんなにたくさん!

レトロなドリンクに挑戦!
茶餐廳発祥の今やレジェンドと化すドリンクが「忌廉溝鮮奶」。シュウェップスのクリームソーダと牛乳を混ぜたものだ。コツは半々の割合になるように同時にグラスに注ぎ、かき混ぜずに飲むこと。甘いミルクソーダのような味。

公司三文治 (コンシーサンマンチー)
クラブサンドイッチ。具がたっぷりでどことなくおしゃれ

豬扒包 (チューパーバウ)
ポークチョップバーガー。小ぶりのフランスパンのようなパンを使用

奶油豬仔包 (ナイヤウチューチャイバウ)
フランスパンに似た丸いパンのトースト、コンデンスミルクがけ。表面はカリッ

奶茶 (ナイチャー)
香港式ミルクティーは濃厚で、口当たり滑らか。コーヒーと紅茶をミックスした鴛鴦茶も試したい

檸檬茶 (ンンモンチャー)
レモン多めが香港式。アイスがおすすめ

ミルクティーが名物の老舗
蘭芳園 Lan Fong Yuen (ランフォンユン)

1952年の創業時の屋台が今も店の前で調理場として使われている。この店の名を一躍有名にしたのが、滑らかこの上ないミルクティー。

▶Map P.144-A2

中環・金鐘 住中環結志街2
2 Gage St., Central ☎2544 3895
営7:30〜18:00 休日曜、旧正月3日間
Card 不可
交MTR中環駅D2出口から徒歩約7分

1 手前はトッピングのネギ油がおいしい「出前一丁」の麺炒め(68HK$)。奥はトマトソースマカロニ(62HK$) 2 歴史を感じさせる素朴な店

麺料理はカスタムオーダーも可能
華嫂冰室 Waso Cafe (ワーソウビンサッ)

看板メニューの目玉焼きとトマト、バターを挟んだパイナップルパンをはじめ、選べる具が種類豊富な麺料理が人気。

▶Map P.150-B2

尖沙咀 住尖沙咀加連威老道10加威中心 G/F G/F, Grandmark, 10 Granville Rd., Tsimshatsui ☎2259 9318 営8:00〜22:00 休旧正月3〜4日間 Card 不可
交MTR尖沙咀駅B1出口から徒歩約3分

1 手前がパイナップルパンの目玉焼きとトマトサンド(招牌菠蘿包、24HK$) 2 観光客に人気の店 3 チキンウイングとポークチョップのせマカロニトマトスープ(73HK$)

Hong Kong 59

GOURMET 06

活気みなぎる茶餐廳の朝食タイム

1 地元の定番
茶餐廳(チャーチャンテン)の朝食セット

手軽、安価、ボリュームと三拍子揃った朝食セット(早餐)。街なかにある茶餐廳(食堂、→P.58)で早朝〜11:30頃まで提供している。麺・パン・ドリンクの選択肢から選んでオーダー。インスタント麺やマカロニスープは香港らしさ満点!

食べられる店
P.58〜59で紹介の茶餐廳をはじめ、どこの茶餐廳にもある。

ローカルグルメでエネルギーチャージ♪
香港朝食メニュー セレクション!

朝から多彩な食が街にあふれる香港。会社員御用達のローカル店からブランチの有名店まで、朝食メニューを一挙リストアップ!

カフェやレストランでオールディブレックファストを出す店が増えている。

朝食セットの組み合わせパターン

麺類	+	パン(卵付き)	+	ドリンク	締めて 40〜50 HK$ほど
インスタント麺、(公仔麺、出前一丁)、マカロニスープ(通粉)、ビーフン(米粉)、スパゲティ(意粉)など		食パントースト、丸いパン(豬仔包)、ロープブレッドなど。卵はオムレツ、スクランブルエッグ、目玉焼き		コーヒーか紅茶。ホットかアイスも選ぶ(アイスは割増料金)	

インスタント麺
サテソース味の牛肉入りインスタント麺に、トーストとスクランブルエッグ&ソーセージ付き

2 香港の醍醐味
朝飲茶

朝から飲茶ができるのも香港ならでは。朝飲茶はワゴン販売が店内を行き交う活気のある店がおすすめ。

食べられる店
P.44〜45で紹介の店をはじめ、広東料理店や点心専門店。

蝦餃(エビ餃子)や焼賣(シュウマイ)が定番。1品25HK$〜

3 体にしみ入る
お粥

脂っこい料理で胃が疲れたときは、お粥でヘルシーな朝ご飯。寒い季節は、アツアツ粥をハフハフすれば体の芯から温まる。

食べられる店
P.53、57で紹介の店をはじめ、粥専門店。

お粥の具は魚の切り身やピータン、塩漬け豚肉、牛肉など

4 朝はパン派!の人は
パン&コーヒー(カーフェー)or 奶茶(ナイチャー)

茶餐廳や冰室(→P.33)の多くは店頭でパンを販売しており、自家製を出す店も。そんな店ではパンとコーヒー(咖啡)かミルクティー(奶茶)という組み合わせもいける。香港名物のパイナップルパン(菠蘿包)はぜひトライ。

食べられる店
パンの販売コーナーがある茶餐廳や冰室。パイナップルパンのみならP.58〜59の茶餐廳や冰室にある。

1 人気のおやつパン13HK$〜。手前はクリームホーン(忌廉條)、後方はココナックリームパン(椰絲奶油包) 2 パイナップルパンはバター入りもある 3 1977年創業のパン屋「快樂餅店」が開いたカフェ「快樂. 順景」に並ぶ自家製パン

快樂. 順景(ファイロッ・ソンギン) Happy Cafe
Map P.147-D2
灣仔・銅鑼灣 / 銅鑼灣蘭芳道3號 G/F、G/F, 3 Lan Fong Rd., Causeway Bay / 6711 9298 / 7:00〜21:00 / 旧正月 / Card 不可 / MTR銅鑼灣駅F1出口から徒歩約5分

香港朝食メニューセレクション！

サンドイッチ

サンドイッチ（三文治）の単品メニューもある。具材はハム、チーズ、卵焼き、ランチョンミートなど

白身魚のフライ＆トースト

白身魚のフライ（炸魚柳）が付いた朝食セットもポピュラー

マカロニスープ

丸パンを用いたサンドイッチ。写真は四季常餐のふわとろ卵とチーズ、コンビーフ入りの四季厚蛋出 39HK$

朝食セットの選択肢にマカロニスープ（湯通粉）は定番。通常はチキンスープで、人気があるのはトマトスープ。写真は四季常餐の四季茄牛通は牛肉のせ

四季常餐 Cafe Seasons ▶Map P.144-A1
中環・金鐘 住中環德輔道中88 G/F, 88 Des Voeux Rd, Central, Central TEL2650 2088 営8:00～20:00
休旧正月3日間 Card不可 交MTR中環駅C出口、上環駅E1出口から徒歩4～6分

Column

極上ベーカリーのスペシャルな朝食メニュー

質の高い正統派のおいしさで大人気のベーカリー「ベイクハウス」。カフェ併設の灣仔店では、パンとコーヒーのよい香りに包まれて1日をスタートできる。看板スイーツのサワードウエッグタルトも試したい。

1 一番人気のブランチメニュー、ブリオッシュフレンチトースト（手前、148HK$）
2 次々焼き上がるサワードウエッグタルト1個 12.5HK$
3 クロワッサンやデニッシュもおすすめ
4 ソルテッドライム・コールドブリートニック 50HK$

ベイクハウス bakehouse ▶Map P.146-A3
灣仔・銅鑼灣 住灣仔大王東街14 14 Tai Wong St. East, Wanchai TELなし 営8:00～18:00（ラストオーダー17:30、ベーカリーは～21:00）
休無休 CardA M V 交MTR灣仔駅A3またはB2出口から徒歩約4分 URL www.bakehouse.hk

ベーカリーの上階(1/F)がカフェ

GOURMET 06 香港朝食メニューセレクション！

上海式おにぎり VS イギリス式ブレックファスト

珍しい朝食の名店と、本格的な英国式朝食の店をご紹介。

上海粢飯と豆漿の名コンビ
上海香港麵家 Shang Hai H.K.Noodle Shop

上海粢飯はもち米の中に揚げパン、干し肉のフロス、榨菜（ザーサイ）を包んでくるっと巻いたおにぎりのようなもの。揚げパン、干し肉の甘味とザーサイの塩気のうま味がご飯と混ざり合って、クセになりそうな味。自家製の豆乳と合わせて超ローカルめし！

▶Map P.147-D2
灣仔・銅鑼灣 住銅鑼灣渣甸街29 29 Jardine's Bazaar, Causeway Bay TEL2576 1343 営7:00～翌1:30 休無休 Card不可 交MTR銅鑼灣駅F1出口から徒歩約3分

1 上海粢飯はボリューム満点。もち米と豚の甘い脂すが味に変わる
2 左が甘い豆乳（甜豆漿）、右が豆乳にネギ、榨菜、醬油、酢を入れたスープのような豆乳（咸豆漿）
3 店頭で粢飯を調理
4 深夜まで営業の店

英国風の朝食が1日中楽しめる
ブリック・レーン・ギャラリー BRICK LANE Gallery

ロンドン東部のおしゃれな街、ブリック・レーンの雰囲気や伝統的な英国料理を再現。ボリューム満点の英国式朝食や黄身がトロリとあふれるエッグベネディクトなどを味わおう。店内では不定期で地元芸術家の作品を展示。

▶Map P.151-C2
尖沙咀 住尖沙咀棉登徑17-23 G/F G/F, 17-23 Minden Ave., Tsimshatsui TEL2721 0628 営10:00～22:00（金・土曜～23:00）休旧正月1日 CardA M V 交MTR尖沙咀駅N3出口から徒歩約3分 URL www.bricklane.com.hk

1 手前はスモークサーモンなどが付くフルイングリッシュブレックファスト（158HK$）、後方はエッグベネディクト
2 ラベンダーレモネード
3 テラス席もある

Hong Kong

GOURMET 07

食べ歩きが楽しい!
スイーツ、街角スナック大図鑑

フルーツ尽くしのひんやり系に、体に効く伝統甘味、ローカルのおやつまで、スイーツ&スナック総さらい!

香港では1年中マンゴーが食べられる。糖度が高く質もよいフィリピン産が多い。

南国フルーツ系

ヨンチーカムロウ
楊枝甘露
ポメロ入りマンゴータピオカ
甘酸っぱさとミルキーな味わいが絶妙に混ざり合う人気のスイーツ。35HK$〜 **A B C**

編集部イチオシ!

ウォンパーイミンミンビン
皇牌綿綿冰
マンゴー尽くしのスイーツ
マンゴーのスノーアイスの上にマンゴー果肉、マンゴージュースボール、チーズクリーム、アイスクリームをのせたボリューミーな一品。88HK$ **E**

モングォリョンファンシウエンチー
芒果涼粉小丸子
マンゴーのせ仙草ゼリー
シソ科の植物から作るやや苦味のある仙草ゼリーは体の熱を取ってくれる。写真のメニューはマンゴーのほか、ミニ餅団子もトッピング。33HK$ **A**

ダーイエトン
大椰凍
ココナッツの殻入りココナッツゼリー
くり抜いたココナッツの中にココナッツミルクとココナッツウオーターで作ったゼリーが入っている。トッピングはココナッツフレーク。48HK$ **F**

スイーツ
SWEETS

モングォボウディン
芒果布甸
マンゴープリン
香港の定番スイーツ。店によって見た目や味が異なるので食べ比べてみよう。29HK$ **B**

南国ドリンク

モングォリョンチャーソン
芒果涼茶爽
マンゴー&ココナッツジュース
マンゴーにココナッツのジュースとココナッツミルクを合わせたドリンク。写真は仙草ゼリー入り。42HK$ **E**

パンダンゼリーやマンゴー入り

ココナッツドリンク各種
ココナッツ専門店「茶大椰」(→P.63)のココナッツミルクやココナッツティーをベースにしたトロピカルなドリンク。32HK$〜 **F**

創作系

ポートーイエキッピン
菠多野結冰
パイナップルスノーアイス
パイナップルの器に入ったふわふわ食感のかき氷。別皿でパイナップル入りタピオカミルク付き。70HK$ **D**

モングォウーフープンシュッコウ
芒果窩夫伴雪糕
マンゴーワッフル&アイスクリーム
マンゴー風味のワッフル、チョコソースがけ。マンゴー果肉とアイス付き。50HK$ **D**

暑いときにおすすめ

ロッチョンサイ
洛重西
ローゼルのスノーアイス
美容と体によい植物、ローゼルの甘酸っぱいスノーアイス(かき氷)がベース。スイカやイチゴジュースボール、ゼリーなどをトッピングし、ミニスイカの器でサーブ。70HK$ **D**

Hong Kong

GOURMET 07 スイーツ、街角スナック大図鑑

伝統甘味

杏仁露 ハンヤンロウ
卵白入りアーモンド汁粉

杏仁をすりつぶして裏ごしし、ペースト状にして水と砂糖を加え加熱した杏仁露（杏仁の汁粉。→右のカコミ）に卵白を入れた甘味。美顔効果がある。30HK$ **B**

杏仁って何？
杏仁豆腐で知られる杏仁（あんにん）は一般にアーモンドと訳されているが、実はアンズの種子の中のさねがその正体。漢方薬の材料で呼吸器に効くほか、抗酸化や血液循環の促進など美顔作用があるとされる。

椰汁紫米露 イエチャプチーマイロウ
紫米の汁粉

紫米を煮込んでココナッツミルクをかけたお汁粉はナチュラルな甘さ。写真は小粒の団子をトッピングしたもの。25HK$ **A**

編集部イチオシ！

芝麻糊配湯丸 チーマーウーペイトンユン
白玉団子入りゴマ汁粉

黒ゴマをすりつぶして作ってあり風味豊か。美髪効果がある。36HK$～ **B C**

団子の中は香ばしい黒ゴマがたっぷり！

冰糖燉木瓜 ピントンダンモックワー
パパイヤと白キクラゲの甘いスープ

広東伝統の「糖水（甘いスープ）」は漢方の素材も使われている。29HK$ **C**

寧波薑汁湯圓 ニンポーキョンチャプトンユン
白玉団子入りショウガの甘いスープ

体の芯からポカポカに。寒い日におすすめ。白玉団子は中国の寧波名物。27HK$ **C**

ローカル系

芒果班戟 モングォパンケッ
マンゴーパンケーキ

クレープのような皮に包まれているのは、軽い食感のクリームと大ぶりマンゴー。37HK$～ **A B**

甘酸っぱいマンゴーとクリームのマッチング

糯米糍 ロウマイチー
もち米団子

もち米で作った生地でアズキあんを包み、ココナッツファインをまぶしたものが定番。写真のようにピーナッツやゴマ、ピスタチオなどのアレンジ系もある **G**

さまざまな食感が楽しめる

仙草芋圓 シンチョウウーユン
イモ団子のせ仙草ゼリー

仙草ゼリーをベースに、台湾九份名物のもちもちのイモ団子（芋圓）と黒タピオカをたっぷり。42HK$ **B**

SHOP LIST

A 地茂館甜品 テイマウグンティムバン
Tei Mou Koon Dessert
▶Map P.154-A1
九龍城・啟徳・土瓜灣 住九龍城福佐村道47 47 Fuk Lo Tsun Rd., Kowloon City 電2382 5004 営12:00～24:00 休旧正月3日間、不定休 Card不可 交MRT 宋皇臺駅B3出口から徒歩約5分

B 滿記甜品 ムンゲイティムバン
Honeymoon Dessert
▶Map P.143-D1
上環・西營盤 住上環徳輔道中323 西港城 G/F 4-6 號舗 Shop 4-6, G/F, Western Market, 323 Des Voeux Rd., Sheung Wan 電2851 2606 営12:00～22:00（金・土曜13:00～22:30）休無休 CardM V 交MTR上環駅B出口から徒歩約5分 URL www.honeymoon-dessert.com/en

C 佳佳甜品 ガーイガーイティムバン
Kai Kai Dessert
▶Map P.152-B2
佐敦・油麻地 住佐敦寧波街29 29 Ning Po St., Jordan 電2384 3862 営12:00～翌0:30 休旧正月5日間 Card不可 交MTR佐敦駅A出口から徒歩約5分

D 糖宮甜品専門店 トンコンティムバンチュンムンディム
Dessert Palace
▶Map P.151-C1
尖沙咀 住尖沙咀金巴利道88 G/F & 1/F G/F & 1/F, 88 Kimberley Rd., Tsimshatsui 電6513 3130 営14:00～翌1:30（ラストオーダー翌1:00）休旧正月3日間 Card不可 交MTR尖沙咀駅B2出口から徒歩約8分

E 甜道 ティムドウ
Sweet Dose
▶Map P.147-C2
灣仔・銅鑼灣 住銅鑼灣耀華街31 G/F, 31 Yiu Wa St., Causeway Bay 電6971 1418 営13:00～24:00 休旧正月5日間 Card不可 交MTR銅鑼灣駅A出口から徒歩約3分

F 茶大椰 チーダーイエエ
Teadaye
▶Map P.150-B2
尖沙咀 住尖沙咀彌敦道36-44 重慶大廈 heath 慶方 B/F S11C & D 舗 S11C & D, B/F, heath, Chungking Mansions, 36-44 Nathan Rd., Tsimshatsui 電5583 2830 営11:00～20:30（金～日曜は～21:00）休旧正月 CardM V 交MTR尖沙咀駅E出口から徒歩約2分 URL www.teadaye.com

G 糕點時光 ゴウディムシークォン
Time To Gold
▶Map P.148-B1
大坑・北角 住北角錦屏街26 幸福大樓 G/F & D 號舗 Shop D1, G/F, Fortuna Bldg., 26 Kam Ping St., North Point 電8093 7042 営11:30～18:30 休旧正月3日間 CardM V（250HK$以上使用可）交MTR北角駅B2出口から徒歩約3分 URL timetogold.org

Hong Kong

GOURMET 07
SNACK & BREAD
街角のスナック&パン

冬場は通り沿いに焼きイモの屋台が出没。

ストリートフード

スナック(小食)店は繁華街、学校や市場の近くなどにある。店が多いのは旺角の登打士街、西洋菜南街、花園街周辺。
▶ Map P.153-D2～D3

魚蛋 魚のすり身団子
魚団子を揚げて、カレー風味のたれで味つけした定番スナック。10HK$～ **H**

煎釀三寶（チンヨンサーンボウ）
揚げ物・鉄板焼き
ピーマンやナス、トウガラシ、ソーセージなどに魚のすり身をつけて揚げたり、焼いたりしたもの。5個20HK$ **H**

燒賣 シュウマイ
小ぶりで皮が黄色。小麦粉メインで少量の豚肉を練り込んだもの、または魚肉を使ったものがある。10HK$ **H**

醤油やチリソースをつけて

司華力腸（シーワーレッチョン）ウインナー
大ぶりのウインナーを鉄板で焼いたもの。好みでマスタードやケチャップをつけて。1本15HK$ **H**

炸魷魚鬚（ジャーヤウユイソウ）イカゲソ揚げ
イカゲソをから揚げにしたもの。串に刺して販売。1串25HK$ **H**

人気商品!

中国菓子、パン

ローカルなパン屋（餅店）には香港の特色のあるパンをはじめ、中国菓子やクッキーもある。

椰絲奶油包（イエーシーナイヤウバーウ）
ココナッツクリームパン
プレーンなパンにココナッツクリームを挟み、ココナッツファインを振りかけたもの。13HK$ **L**

老婆餅（ロウポーベン）
砂糖漬け冬瓜のあん入り焼き菓子
素朴な伝統菓子。あんはほんのり甘くもっちり。「老婆」は奥さんのことで、夫が妻のことを思って作ったお菓子という意味合いのネーミング。10HK$～ **K L M**

香港の名物パン

菠蘿包（ボーローバーウ）
パイナップルパン
ふわふわのパンを覆うカリカリのクッキー生地が絶妙なおいしさ。日本のメロンパンのようなパン。写真はバター入りの菠蘿油。10HK$～ **J L O**

編集部イチオシ!

蛋撻（ダンタッ）エッグタルト
フィリングは濃厚なカスタードプリンのよう。クッキー皮が主流だが、パイ皮もあり。8HK$～ **K L O**

香港が誇る人気No.1ローカルスイーツ

忌廉筒(奶油筒)（ゲイリムトン／ナイヤウトン）
クリームホーン
パイ生地を円錐形の型に巻いて焼き上げ、内部にクリームを詰めたパン。製造する店が減っているので、見かけたらぜひトライ。15HK$ **L**

椰撻（イエタッ）ココナッツタルト
生地にココナッツフレークがたっぷり入っていて、食感はサクサク。10HK$～ **K O**

芋頭麻薯酥（ウータウマーシューゾウ）
タロイモのパイ
サクサクのパイ生地の中にタロイモのあんと餅が入っていて食べ応え満点。18HK$ **L**

沙翁（サーヨン）揚げ菓子
見た目はドーナツだが、中がしっとりふかふかでシュー生地に近い。10HK$～ **K L**

64 Hong Kong

GOURMET 07 スイーツ、街角スナック大図鑑

格仔餅（夾餅） ガッチャイベン（ガッベン） ワッフル
ピーナッツバターやコンデンスミルク、マーガリンを挟むのが香港風。23HK$〜

> ピーナッツバターたっぷり

> 編集部イチオシ!

雞蛋仔 ガイダーンチャイ 卵風味の焼き菓子
焼き器に卵液を流し入れて作る。表面はカリカリ、中はモチモチ。20HK$〜

香港名物、ソフトクリーム移動販売車

赤とネイビーの派手なミニトラック。1970年代から人々に愛されるソフトクリーム販売車（富豪雪糕 Mobile Soffee）だ。日本の物に比べるとさらっとさっぱり系。尖沙咀の時計塔のそば、中環の観覧車の近く、深水埗などに出没。

1 いつも人だかりができている
2 ひとつ13HK$

> ビタミン補給に！

腸粉 チョンファン 米のクレープ
飲茶の腸粉のシンプル版。米のクレープを巻いた腸粉に、甘いソース、ピーナッツソース、ゴマをかけて食べる。佐敦の廟街近辺、旺角の登打士街近辺のスナック店で。10HK$前後

その場で果汁を搾ってくれるジュース店も街角に点在。スイカやオレンジが人気。中央は体の熱を取るニガウリとユキナシのジュース。20HK$くらい〜

雞批 ガイパイ チキンパイ
鶏肉やハムの入ったホワイトソース味のフィリング。小腹がすいたときのおやつに。10HK$〜 **K M**

雞尾包 ガイメイバーウ カクテルパン
生地にバター、ココナッツファイン、砂糖で作ったあんを入れて焼いたパン。8HK$〜 **J L O**

砵仔糕 ボッチャイゴウ 蒸し菓子
きび砂糖と粉類で作った素朴な伝統菓子。ういろうに似た食感。8HK$〜 **K**

漢方茶・カメゼリー

街角で漢方が体験できる店が「涼茶舗」。漢方茶（涼茶）やカメゼリーを飲食できる。

> 店先で立ち飲みしていく人が多い

涼茶舗は歴史のある通りや下町に多い

涼茶 リョンチャー 漢方茶
苦味が強い廿四味やほのかな甘味がある五花茶、風邪の症状を緩和する感冒茶などがある。1杯12HK$〜

龜苓膏 グウリンゴウ カメゼリー
カメの腹の板状の部分と漢方薬を煎じて作る。蜜やシロップをかけると苦味が和らぐ。解毒や解熱、便秘にもよい。35HK$〜

SHOP LIST

H 威威小食 ワイワイシウセッ
▶Map P.153-D3
旺角・太子 住旺角登打士街43 G/F B舗 ShopB, G/F, 43 Dundas St., Mongkok TELなし 開9:00〜翌4:00 休無休 Card不可 交MTR油麻地駅A2出口から徒歩約5分、旺角駅E2出口から徒歩約7分

I 百寶堂 パッポウトン
▶Map P.152-B2
佐敦・油麻地 住油麻地廟街134 G/F G/F, 134 Temple St., Yaumatei TEL2332 8916 開10:30〜23:30 休旧正月3日間 Card不可 交MTR佐敦駅A出口から徒歩約8分

J ABC餅屋 エービーシーベンゴッ ABC Cake House
▶Map P.146-B3
湾仔・銅鑼湾 住湾仔皇后大道東255 G/F G/F, 255 Queen's Rd. East, Wanchai TEL2544 0301 開8:00〜18:00 休日曜、祝日、旧正月1週間 Card不可 交MTR湾仔駅A3出口から徒歩約7分

K 泰昌餅家 タイチョンベンガー Tai Cheong Bakery
▶Map P.144-A2
中環・金鐘 住中環擺花街35 G/F G/F, 35 Lyndhurst Terrace, Central TEL8300 8301 開9:30〜19:30 休無休 Card M V 交MTR中環駅D2出口から徒歩約8分

L 快樂・順景 ファイロッ・ソンゲン Happy Cafe
▶P.60

M 奇華餅家 ケイワーベンガー Kee Wah Bakery
▶P.68

N 媽咪雞蛋仔 マーミーガイダーンチャイ Mammy Pancake
▶P.25

O 金華冰廳 カムワービンテン Kam Wah Cafe
▶P.58

Hong Kong 65

SHOPPING 01

香港アイコン
HONG KONG ICON

靴下ブランド「Pair Pair Full」(K11ミュシーア(→P.88)]にも注目。

香港を象徴するトリコロールカラーのビニール生地で作ったミニトート25HK$。生地の卸と小売り業を営む「華藝帆布」はこの手のバッグの元祖 **D**

ネイザン・ロードのネオンサインをデザインしたスマホポーチ 480HK$ **A**

ミニバスの行き先表示板のキーホルダー(1個60HK$〜)は種類豊富 **K**

香港の看板と地元文化がテーマのブランド「李漢港楷」のキーホルダー&マグネット 60〜80HK$ **B**

香港の名物的なソフトクリーム販売車(雪糕車)の車体の模様をデザインしたバッグ 268HK$ **I**

ローカルフードのイラストが楽しいミニサイズのトートバッグ 168HK$ **F**

レトロな喫茶店「冰室」やミニバス看板職人を描いたポストカード 各25HK$ **K**

街じゅうで目にする赤白青の3色のビニール生地(右)、質屋の看板(左)をモチーフにしたパスポートカバー 各138HK$ **F**

HONG KONG GOODS
定番からトレンドまで大集合
香港雑貨コレクション

伝統グッズ
TRADITIONAL PRODUCTS

手作りのデザインマージャン牌 各128HK$ **F**

1940年創業の魔法瓶ブランド「駱駝牌(CAMEL)」の「花様年華(花のような美しい時期)」シリーズの魔法瓶 各339HK$ **J**

刺繍がかわいい香港製スリッパ 95〜149HK$。サイズも豊富で男性・女性・子供用が揃っている **E**

SHOP LIST

A G.O.D.
Goods of Desire / 住好啲
Map P.144-B2
中環・金鐘 住中環德己立街6 G/F & M/F G/F & M/F, 6 D'Aguilar St., Central TEL2890 5555 開10:00〜20:00 休旧正月1日 Card A M V 交MTR中環駅D2出口から徒歩約2分 URLgod.com.hk

B HKTDCデザインギャラリー
HKTDC Design Gallery / 香港・設計郎
Map P.146-B1
湾仔・銅鑼湾 住湾仔港湾道1香港会議展覧中心 G/F, Hong Kong Convention & Exhibition Centre, 1 Harbour Rd., Wanchai TEL2584 4146 開10:30〜19:30 休旧正月3〜4日間 Card J M V 交MTR會展駅B3出口から徒歩約5分 URLhkdesigngallery.hktdc.com/en/main/index.aspx

C ブッカジン
Bookazine
Map P.144-B2
中環・金鐘 住中環遮打道10太子大厦2楼 Shop 221-226 Shop 221-226, 2/F Prince's Bldg., 10 Chater Rd., Central TEL2522 1785 開9:30〜19:30(日曜、祝日10:00〜19:00) 休無休 Card A M V 交MTR中環駅K出口から徒歩約1分 URLbookazine.com.hk

66 Hong Kong

SHOPPING 01 香港雑貨コレクション

香港で定番のピリ辛イワシの缶詰を模したニット製ペンケース 259HK$ **H**

おなじみ香港モチーフのトリコロールカラーも、ニットになるとぐっとクラッシーに。サイズやデザインは数種ある。 399HK$ **H**

ファブリック＆ニット
FABRIC & KNIT

ローカル食堂の茶餐廳フード柄のポシェット 89HK$ **G**

生地問屋が集まる深水埗(→P.92)にある香港モチーフの生地を扱う店で作成されたキュートなバッグに注目。伝統的なおんぶひもの柄を用いたバッグ 108HK$ **G**

ニットのメーカーとデザイナーがタッグを組んだ「フープラ」が香港の風物や文化を織り込んだバッグを作成。トートバッグ各 299HK$ **J**

「香港製造」や「香港アイコン」にこだわったアイテムが最近のトレンド。おみやげにも自分用にも持ち帰りたい香港らしさ満点のグッズをゲット！

ばらまきみやげによいカード入れ各15HK$。滞在中はオクトパス(交通ICカード)入れに **G**

キッチンウエア
KITCHEN WARE

トラムと質屋の看板のパターン柄ティータオル各 140HK$ **C**

香港のシンボルの刺繍がすてきな「Zest of Asia」のティータオル各 139HK$ **A B**

歴史あるプラスチック製品メーカー「紅A」の赤いランプやシャッターの絵柄シリーズ。タンブラー各88HK$、カトラリーセット各58HK$ **B**

D ワーンガイファンボウ
華藝帆布
Wah Ngai Canvas
Map P.155-C1
住 深水埗欽州街22
Yen Chow St., Sham Shui Po
電 2748 7311
開 8:00～17:00
休 日曜、一部の祝日、旧正月、不定休
Card 不可
交 MTR深水埗駅C2出口から徒歩約10分

E インウォントーハイコンシー
英皇拖鞋公司
King's Slippers Company
Map P.148-A1
住 大坑・北角 北角英皇街315麗宮大廈 G/F
G/F, Majestic Apartment, 315 King's Rd., North Point
電 2570 3560
開 10:30～18:30
休 旧正月1週間
Card 不可
交 MTR北角駅A2出口から徒歩約5分

F B'IN セレクト
B'IN Select
▶P.28

G ヤッタイホン
溢泰行
Sunrise Garment Accessories Co Limited
▶P.92

H フープラ Hoopla / 合拍

▶P.93
I ヒョンゴンソンゲイ
香港淳記 Seon Hong Kong
▶P.25

J コモン・グラウンド
The Common Ground
▶P.89

K リストア REstore
▶P.91

Hong Kong 67

SHOPPING 02

伝統の品から最旬スイーツまで
とっておきの
グルメみやげ

贈って喜ばれるフードみやげを厳選。
自宅で味わえば香港の思い出がよみがえる格別の品に。

アート性の高い缶デザインが特徴の「上稀園」。自然の素材を大事にし、マカオやポルトガルの風味をアレンジしたクッキーなど多彩。写真はピスタチオやナッツのクリスプクッキーなど Ⓐ

98HK$～

SWEETS
お菓子

筒状の焼き菓子がエッグロール（蛋巻）。この店はアヒルの卵を用いた濃厚卵風味の鴨蛋巻がウリ。写真はニワトリの卵バージョンとアヒルの卵使用のミックス缶 Ⓐ

上稀園のクッキー

香りもよい
各98HK$

ポルトガル製のオイルサーディンを粉末にして生地に練り込んだクッキー類はピリッとチリが効いた甘じょっぱい味。杏仁餅（→P.68欄外）やミニエッグロールなど Ⓐ

128HK$

各88HK$

マカオ伝統菓子の杏仁餅のニューウェイブもラインアップ。ウーロン茶やアールグレーの茶葉、バラの花などを加え新感覚に Ⓐ

レイカズ・チョコレートの
ピーントゥバー

カカオの風味を
五感で満喫

各国のカカオ農園から取り寄せたカカオをローストから包装まで家族で行う香港のチョコブランド。写真は看板商品の生チョコ Ⓓ

158HK$

各78HK$

シングルオリジンのダークチョコレートバー「星座チョコ」。12星座の特徴を表現すべく、カカオ産地と配合量を調整 Ⓓ

398HK$

ブランデー、梅酒、ウイスキー、日本酒入りのチョコレート。チョコは甘さを抑えてあり、お酒にマッチ Ⓓ

上水爆谷の
ポップコーン

ローカルフードのフレーバーのポップコーンが全7種。味は工夫されていて、人気はピーナッツバター、コーンクリーム、醤油ソースの牛肉入り炒め麺風味 Ⓔ

各小サイズ
42〜48HK$

試食を
どうぞ

中環スターフェリー乗り場にあり、わずかだが雑貨も販売

王榮記の
ドライフルーツ

38HK$

永遠のスター、レスリー・チャンが愛し、今も「張國榮梅」と呼ばれる甘酸っぱい干し梅、甜雪花梅はここの名物 Ⓕ

杏仁餅は緑豆の粉に砂糖や脂分、アンズの種の中の杏仁を加えて木型に入れ加熱乾燥した干菓子の一種。通称はアーモンドクッキー

SHOP LIST

Ⓐ 上稀園 SHANGHEE
ションヘイユン
▶Map P.150-B2
尖沙咀　住九龍尖沙咀河内道18 K11購物藝術館B1/F Kiosk No.14, B1/F, K11 Art Mall, 18 Hanoi Rd., Tsimshatsui　TEL なし
開11:00〜21:30　休無休　Card ADJMV
交MTR尖沙咀駅D3またはD2出口から徒歩約3分　URL www.shanghee.com.hk/en

Ⓑ PIN（ピン）
▶Map P.144-B1
中環・金鐘　住中環金融街8國際金融中心商場3樓3022A舗 Shop 3022A, Level 3, IFC Mall, 8 Finance St., Central　TEL 2570 0636
開10:30〜19:30　休無休　Card AJMV
交MTR中環駅A出口から徒歩約10分、中環スターフェリー乗り場から徒歩約5分　URL pin-cookies.com

Ⓒ 奇華餅家 Kee Wah Bakery
ケイワーベンガー
▶Map P.146-B3
灣仔・銅鑼灣　住灣仔皇后大道東188 188 Queen's Rd. East, Wanchai　TEL 2898 3662　開10:00〜20:00　休旧正月　Card AJMV
交MTR灣仔駅D出口から徒歩約3分　URL keewah.com

Ⓓ レイカズ・チョコレート Rayca's Chocolate
▶Map P.151-C1
尖沙咀　住尖沙咀漆咸道南87-105百利商業中心1樓102號舗 Shop 102, 1/F, Bailey Commercial Centre, 87-105 Chatham Rd. South, Tsimshatsui　TEL 9787 6699　開13:00〜20:00　休火曜、旧正月　Card AJMV
交MTR尖沙咀駅B2出口から徒歩約8分　URL raycas-dancingtea.com.hk/zh-hant

SHOPPING 02

とっておきのグルメみやげ

缶入り108HK$
箱入り60HK$

奇華餅家のお菓子

今や香港の定番みやげとなった「パンダクッキー」。サックリとした食感に、ミルク風味とチョコ味がうまくマッチしていておいしい ⓒ

PINの変わり種クッキー

発酵食品の「南乳」やエビ発酵調味料「蝦醬」、陳皮(乾燥ミカンの皮)など地元の調味料や素材を用いたクッキーを創作。写真のXO醬フレーバーはピリリと辛く、干しエビや干し貝柱の風味豊か ⓖ

人気のココナッツシーソルト味
108HK$
保存料不使用なので早めに賞味

甄沾記のココナッツキャンディ

「甄沾記 Yan Chim Kee」は約100年の歴史あるメーカー。独自製法のココナッツ味が濃厚なキャンディはロングセラー商品。味とタイプの違う10種類があり、サイズも大小ある ⓘ

35HK$〜

SEASONING & DRIED NOODLES

調味料 & 乾麺

張榮記の蝦子の乾麵

150g250HK$〜

大地魚(ヒラメ)や蝦子(エビの卵)のだしを麺に練り込んだ乾麺は、ゆでるだけで広東のスープ麺になるスグレモノ。写真はプレーンの蝦子麺のほか、アワビやホタテ入り ⓗ

10個93HK$〜

CHINESE TEA

中国茶

改まったおみやげにもなるシックな茶筒入り茶葉は保存も便利。向かって左が人参烏龍、中央が鐵観音、右がジャスミンの龍珠茶 ⓙ

工夫茶舎のお茶

武俠小説に出てきそうな武道秘伝書をかたどったパッケージがユニークなティーバッグ。龍井、普洱、烏龍など数種類から選べる ⓙ

20包入り
150HK$

余均益の辛味調味料

チリオイル(香辣油)は辛いだけでなく、風味豊か。餃子につけたり、麺に入れたり、ラー油のように使用 ⓖ

250g60HK$
190g45HK$

パンチの効いた辛味調味料は、ちょい足しやつけだれに重宝する。「余均益」の商品はいち押し。うま味、辛味、酸味、香りが絶妙のバランスのチリソースが看板商品 ⓖ

高価だけど価値あり!ペニンシュラ・ブティックの名品

美しいパッケージのホテルメイドの品々は名実ともに逸品。洗練を極めたチョコレートをはじめ、クッキーやお茶が人気。

ザ・ペニンシュラ・ブティック&カフェ
The Peninsula Boutique & Cafe ▶ P.88

グリーンの缶はオリジナルブレンドの紅茶、赤は中国茶

288HK$〜

258HK$

香港の銘菓のひとつ、パルミエパイ

自家製XO醬をはじめ、辣椒豆瓣醬、蒜蓉豆豉醬、八寶醬の4種詰め合わせ

468HK$

ⓔ ションソイバウコッ
上水爆谷 Bewater Popcorn
Map P.145-C1
中環・金鐘 住中環7號B星碼頭上層F舗 Shop F, Upper Deck, No. 7 Central Star Ferrry Pier, Central
℡ 5744 5155 営 9:30〜22:30
休 旧正月2日間 Card A M V
交 中環スターフェリー乗り場から徒歩1分(下船場構内)
URL bewatermart.hk

ⓕ ウォンウィンゲイ
王榮記 Wong Wing Kee
Map P.143-D2
上環・西營盤 住上環蘇杭街52號利基商業大廈G/F G/F, Lee Kee Commercial Bldg., 52 Jervois St., Sheung Wan
℡ 2544 7281、2544 7282
営 9:00〜17:00(日曜、祝日10:00〜) 休 旧正月3日間 Card 不可 交 MTR上環駅A2出口から徒歩約3分
URL wongwingkee.com

ⓖ ユークワンイッ
余均益 Yu Kwen Yick
Map P.142-B2
上環・西營盤 住西營盤第三街66A 66A Third St., Sai Ying Pun ℡ 2568 8007
営 9:00〜17:00(土曜〜13:00) 休 日曜、祝日、旧正月 Card 不可 交 MTR西營盤駅B2出口から徒歩約3分

ⓗ チョンウィンゲイ
張榮記 Cheung Wing Kee
Map P.139-D2
香港全図 住和勵薫湖街70-74號F/C舗 Shop C, G/F, 70-74 Wuhu St., Hung Hom ℡ 2954 0694 営 9:00〜19:30
休 旧正月3日間 Card 不可 交 MTR何文田駅B1出口から徒歩約5分 URL cwkee.com

ⓘ ヤンチムゲイ
甄沾記 Yan Chim Kee

ⓙ ゴンフーチャーセー
工夫茶舎 Gong Fu Teahouse
▶ P.29

Hong Kong 69

SHOPPING 03

ローカルの味を大人買い
スーパーマーケットでおみやげハンティング

地元の暮らしに密着したフードやお菓子がプチプライス。
香港の伝統や味がギュッと詰まった食品や
新テイストのドリンクなど、見て歩くだけでも楽しい!

「ドン・キホーテ」の海外店舗「ドンドンドンキ DON DON DONKI」は、豊富な日本の食材&食品と手頃な価格で、11店舗を展開する人気ぶり。

Noodle

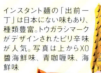

各15HK$

インスタント麺の「出前一丁」は日本にない味もあり、種類豊富。トウガラシマークがデザインされたピリ辛味が人気。写真は上からXO醬海鮮味、青カレー味、海鮮味

各5HK$

2.5～2.78HK$

香港ならではのローカル麺料理のインスタント麺。左はカレー味の魚団子付きあえ麺、右はビーフ&トマトスープの麺

手軽なインスタント麺。左はピリ辛チキン醬油味の卵入り小麦麺、右はゴマ油風味のビーフン

Seasoning

おすすめ

30HK$

25.2HK$

おすすめ

18HK$

55.8HK$

21.9HK$(100ml)

干し貝柱のほぐし身。ピリ辛味で身はしっとり。そのまま酒のつまみに、ご飯や豆腐に振りかけてもいける

李錦記のオイスターソースは瓶入り以外にプラスチックボトルやチューブ入りもある

左は伝統レシピで作られた冠益華記の桂林風味辣椒醤。豆豉とトウガラシが効いたうま味のあるチリソース。炒め物やディップに。右は同社のオイスターソース

李錦記の蒜蓉豆豉醤。広東料理に欠かせない黒豆を発酵させた「豆豉(トウチ)」にニンニクを加えたペースト状の調味料。蒸し物や炒め物の風味付けに

Eco Bag

18HK$

「パークンショップ」のブランドマスコット柄のショッピングバッグ。マチ付きで意外にたくさん入る

スーパーで買える香港クラフトビール

遊び心のあるネーミングやラベル、風味のビールが続々登場。スーパーマーケットでも取り扱っているので滞在中にトライしてみて。

香港を代表するクラフトビールメーカー「ヤングマスター少爺啤」(左)は茶餐廳風味のサワーエールを開発。右の「グウイロー鬼佬」も人気。ともに香港の気候に適した軽やかな飲み口

Tea & Drink

18HK$

19HK$

12HK$

各10HK$

炭酸入りのお茶飲料も話題に。創業80年を超える飲料メーカー「維他奶Vitasoy」のスパークリング菊花茶（低糖、左）とスパークリングレモンティー（右）

おすすめ

2024年登場のウーロンミルクティー。烏龍茶特有の香ばしい香りと独特のコクのミルクティー

9.5HK$

香港式ミルクティー（奶茶）のインスタントパウダー。甘さ控えめで茶葉の香りも立つ

20.9HK$

ボトル（缶）入り香港ミルクティーがヒット商品に。左は茶餐廳のミルクティーに使われるオランダのミルクメーカー「黑白淡奶 Black & White」、右は「KamCha 金茶王」のコンデンスミルク入りの紅茶「茶走（チャーザウ）」

「維他奶Vitasoy」のストロベリー豆乳。低糖でコレステロールゼロでもフルーティで滑らかな口当たり

25HK$（25包入り）

中国茶のティーバッグは香港製造にこだわる「陸羽 Luk Yu」のものがおすすめ。写真は、さっぱりと飲みやすく体の熱の除去や美肌効果もあるとされる壽眉（ソウメイ）茶

SHOPPING 03

スーパーマーケットでおみやげハンティング

Snack

12.5HK$

8.8HK$

カルビーの香港限定、ロブスター風味の焼きもろこし

ビールのおつまみにぴったりのクリスピーフィッシュスキン（BBQ味）。魚の皮をカリッと揚げたチップス感覚のスナック菓子

伝統菓子「牛油蛋卷（バターエッグロール）」。生地を筒状に巻いたサクサク食感の卵風味の焼き菓子

22HK$

25HK$

多くの人から支持される「嘉頓」のクラッカー。ネギ入り（写真）やカレー味がおすすめ

各11HK$

のどによい漢方キャンディ。念慈菴は香港の有名ブランドで各種フレーバーが揃っている。右はオリジナル、左は甘酸っぱいプラム味

20.9HK$

缶入りもある。写真はアップルリュウガン味

主要スーパー

ウエルカム
Wellcome／惠康

1945年創業の香港最大規模のスーパーチェーン。香港内に約280店、24時間営業の店もある。

▶Map P.147-D2
灣仔・銅鑼灣　住銅鑼灣記利佐治街25-29　25-29 Great George St., Causeway Bay　TEL2577-3215　開24時間　休無休　CardA M V　交MTR銅鑼灣駅E出口から徒歩約2分
URL www.wellcome.com.hk

パークンショップ
PARKnSHOP／百佳超級市場

メイン店のほかテーマの異なる8の姉妹ブランドがあり、住宅地を中心に約150店ある。

▶Map P.152-B2
佐敦・油麻地　住油麻地彌敦道363-369,371&373恒成大廈地庫高層B部分　Portion B on Upper B/F, Hang Shing Bldg., 363-369, 371 & 373 Nathan Rd., Yaumatei　TEL2374 6077　開8:30〜22:00　休無休　CardA M V　交MTR佐敦駅A出口から徒歩約7分　URL www.pns.hk/en

マーケットプレイス
Market Place

高級志向のスーパー。ワインやチーズなど輸入食品の品揃えがよい。地元食品の値段はウエルカムやパークンショップとほぼ同じ。全42店。

▶Map P.150-B2
尖沙咀　住尖沙咀彌敦道63 國際廣場LG08-13號舗　Shop LG08-13, iSQUARE, 63 Nathan Rd., Tsimshatsui　TEL2641 4410　開8:00〜22:00　休無休　CardA M V　交MTR尖沙咀駅H出口から徒歩約1分
URL www.marketplacehk.com

シティ・スーパー
City Super

グルメがコンセプト。欧米の商品や日本の物の品揃えがよい。香港に6店舗。

▶Map P.144-B1
中環・金鐘　住中環金融街8國際金融中心商場1樓1041-1049號舖　Shop 1041-1049, L1 IFC Mall, 8 Finance St., Central　TEL2736 3866　開10:00〜22:00　休無休　CardA M V　交MTR中環駅A出口から徒歩10分　URL online.citysuper.com.hk
※尖沙咀ハーバーシティL3、銅鑼灣タイムズ・スクエアB1/Fにも店舗あり。

Hong Kong　71

SHOPPING

屋台街を夜さんぽ
ナイトマーケットで おみやげ探し＆ 食べ歩き

値切り交渉も真剣勝負。熱気みなぎる下町で掘り出し物を探そう！

Tシャツは安いもので5枚100HK$

2大ナイトマーケット

廟街 Temple St.：
佐敦駅と油麻地駅の間の約500mの区間。

通菜街 Tung Choi St.、通称女人街：
旺角駅付近から南へ約600m続く。

※目的やスケジュールを考えてどちらか1ヵ所で満喫できる。気になる人は2ヵ所ハシゴもあり。

女人街 *Lady's Market*

▶Map P.153-D2

旺角・太子　住通菜街
Tung Choi St. 開11:00〜23:30頃　交MTR旺角駅E2またはD3出口から徒歩1〜3分

登打士街と亞皆老街に挟まれた通菜街に昼頃から屋台が並ぶ。その名のとおり女性物の衣料品や小物雑貨が中心。周辺は飲食店やスナック店も多く、屋台散策と食べ歩きを一緒に楽しむのもよい。

路上レストランの海鮮は、特に夏場は要注意。貝類はやめたほうが無難。

女人街（通菜街）周辺にはスナック店多数。写真は西洋菜南街と登打士街の角にある人気店「威威小食」。名物はカレーだれの魚団子と焼売（下）

チャイナ服やバスローブ、子供服なども販売

女人街で見つけたモノ

スーツケースの店が増えている

1 ニット製のバッグや小物がブーム（20HK$くらい〜）　**2** 刺繍入りの大判ショッピングバッグ（100HK$〜）　**3** 合皮製の動物形バッグチャーム（50HK$くらい）　**4** キャップ（80HK$くらい）や、靴の店もある　**5** チャイナドレスは3倍くらいの値段で吹っかけてくることもあるので、じっくり値段交渉を　**6** おみやげの定番、マグネットは1個20HK$。複数買いで割安に

Column 値段交渉の秘訣

●まとめ買いが値切るコツ
ほとんどの商品は値段が明記されていない。適正価格の2〜3倍を吹っかけてくるので値段交渉が必要。その際、「複数買うからこの値段で」と交渉するのが有効。

●値切りは言い値の半額から交渉
言い値が高過ぎで立ち去ろうとすると、必ずといっていいほど、「いくらなら買う？」と電卓を渡される。半額くらいを提示してみて、店側の出方を見て交渉開始だ。

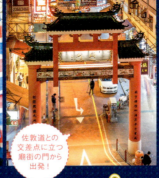

佐敦道との交差点に立つ廟街の門から出発！

「廟街夜市」の海鮮BBQの店

SHOPPING 04 マーケットでおみやげ探し&食べ歩き

廟街（ミウガイ） *Temple St.*

観光客でにぎわう屋台街。以前は男性向けの商品が多く「男人街」と呼ばれた。現在は中国雑貨がメインで、男物の衣類やパソコン・オーディオ関連のグッズがちらほら。2023年、佐敦道にぶつかる入口付近に「廟街夜市」と称する、約30の軽食やスナックの屋台が並ぶ一角が誕生し、にぎわいを見せている。

▶**Map** P.152-B2

佐敦・油麻地 **廟街** Temple St., Yaumatei 営17:00頃〜23:00頃 交南側入口はMTR佐敦駅A出口から徒歩約3分、北側はMTR油麻地駅C出口から徒歩約5分

廟街 TEMPLE STREET

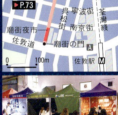

各所にアート標識を設置

わずかに残るネオン看板

「廟街夜市」の約100mの区間にはストリートフードや点心、トルココーヒーなどの屋台が出店

天后廟の近くに占いのブースが並ぶ

廟街で見つけたモノ

1 バッグ用ネームタグ（1個8HK$）。山積みのなかからお宝探し！？ 2 箸と箸置きのセット（20HK$くらい〜） 3 エスニックな雑貨も目を引く 4 ブレスレットはひとつ15HK$〜

散策の注意点　Column

● **スリにご用心**
バッグは常に意識し、体の前でしっかり持っておこう。貴重品はホテルで管理。

● **遅い時間は避けること**
最もにぎわうのは20:00〜21:00頃。22:00を過ぎると閉店する店が増える。安全面も考慮し、早めの時間に訪れたい。

CHECK!
露店のウラにスパイシーな店あり！

屋台街は露店と路面店の二重構造。露店の裏側に並ぶ路面店ものぞいてみよう。このエリアはネパール人やインド人が多く住んでおり、本格的なカレー店もある。

安くておいしいネパール料理店「マナカマナ」
P.73,152-B2
住廟街107

Hong Kong

SHOPPING 05

ナチュラル系 Natural
天然由来の素材が主成分

香港をはじめ亜熱帯から熱帯で育つアオイ科の植物、ローゼル（洛神花）。ビタミンCやクエン酸が豊富でスキンケア用品やハーブティーに用いられる。

キマチャー Kimature
白蘭花のケア用品を中心に展開

2015年設立。東洋の植物をもとにコスメを制作しており、ホワイトジェイドオーキッド（白蘭花→P.75）という香港で自生する花を使った香水が看板アイテム。全製品香港製、100%ビーガンコスメでアルコールフリー。

▶ Map P.150-A3

尖沙咀　住 尖沙咀梳士巴利道3星光行2樓誠品生活L209號專櫃 L209, Eslite Spectrum, Star House, Tsimshatsui 電 3419 1068 開 12:00～21:00 休 無休 Card M V 交 MTR尖沙咀駅E出口から徒歩約10分、連絡通路経由L6出口から徒歩約5分
URL www.kimature.hk

創業者のキム・チャンさん。店は尖沙咀の誠品生活（→P.76）内にある

ホワイトジェイドオーキッドの香水
ホワイトジェイドオーキッドを摘み取ったその日に香りを抽出し製品化。ほんのり甘い花そのものの香りに包まれ、ストレスを和らげてくれる。キンモクセイの香りもあり。

White Jade Orchid Eau Fraiche
998HK$ (100ml)

ボディマッサージオイル
風呂上がりにマッサージすることによって、保湿やリラックス効果を高める。さわやかな花の香りで気分もリフレッシュ。

WJO Body Massage Oil
298HK$ (50ml)

フェイシャルセラム（美容液）
ホワイトジェイドオーキッドから抽出した最高濃度のエッセンシャルオイルを配合。肌を加齢や環境によるダメージから守り、引き締め効果も。

WJO Youthful & Stress-Relief Facial Serum
880HK$ (30ml)

Intensive Eye Contour Cream
798HK$ (30g)

アイクリーム
軽くてべたつかず、素早く深部ląに浸透し、潤いとハリを与えてくれる。優しいホワイトジェイドオーキッドの香り。

エッセンシャルオイル
左からキンコウボク（Magnolia Champaca）、水仙、ホワイトジェイドオーキッド。独特の香りから気品高いものまで全7種類。

Essential Oil
各1328HK$ (10ml)

多機能ローション
保湿化粧水。携帯用ハンドクリームとして手や爪に使うのが店のスタッフのおすすめ。

WJO Multi-Functional Lotion
198HK$ (50ml)

ナチュラル系 メイド・イン・香港
植物由来や漢方の良質成分、研究に基づいて作られたブランドが席巻する香港で、試

平凡媽媽 Soapmum
天然素材の手作りケア用品

2013年の設立以来、天然素材と手作りにこだわり、スキンケアに情熱を注ぐ香港ブランド。ポップでかわいいパッケージの石鹸はおみやげにもぴったり。

▶ Map P.147-D2

灣仔・銅鑼灣　住 銅鑼灣告士打道311皇室堡2樓202號鋪 Shop 202, 2/F, Windsor House, 311 Gloucester Rd., Causeway Bay 電 6444 4270 開 12:00～21:00 休 旧正月3日間 Card M V 交 MTR銅鑼灣駅E出口から徒歩約3分 URL www.soapmum.com

手作り石鹸、全身のケア用品、家庭用品などを販売

カレンデュラソープ
平凡媽媽の石鹸は熱を加えず自然に熟成させるコールドプロセス製法。乳児から大人まで全身＆顔に使える。写真のキンセンカの成分配合の石鹸は保湿効果が高い。

Calendula Soap
88HK$ (100g)

オーガニックゴールデンバーム（左）とナチュラルパープルバーム（右）
左は保湿や肌の新陳対処をよくし、右は漢方の成分配合で、虫刺されやかゆみ、湿疹などに効く。香りも優しい。

Organic Golden Balm, Natural Purple Balm
各168HK$ (30g)

コンスタンスソープ
吹き出物やニキビ、湿疹などに効く細菌感染や炎症を抑える石鹸。

Constance Soap
88HK$ (100g)

テンプル（ペインセイバー）
リラックス、頭痛の緩和などによいとされるロールオンタイプの携帯用ブレンドオイル。こめかみや手首に塗って使用。

Temple Pain Saver
各108HK$ (10ml)

リカバリング・ハンドクリーム
乾燥を防ぎ、抗炎症作用に優れたオイルを配合。看護師や客室乗務員に愛用されているアイテムだそう。

Recovering Hand Cream
88HK$ (30g)～

バスパウダー（入浴剤）
左はショウガやヨモギ配合で保温効果があり、疲労回復に。右はニンニク成分入りで冷え改善によい。

Bath Powder
各29HK$ (30g)

最先端科学で美を追求
サイエンス系
Science

アジア人の肌に合った美容製品を開発
ファクティブ Factiv

バイオテクノロジーの研究者が、研究を美容に応用し肌トラブルを解決したいと創設。アルコールフリーで無香料、効率的に作用する製品を販売。配合される主要成分が商品名として明記されているのが特徴。

▶Map P.153-C2

旺角・太子　旺角亞皆老街8朗豪坊5樓18號舖 Shop 18, L5, Langham Place, 8 Argyle St., Mongkok　なし　12:00～21:00　無休　Card M V　MTR 旺角駅C3出口から徒歩約3分　www.factiv.hk

店内に実験用具をディスプレイ

HYA3
分子サイズの異なる4種類のヒアルロン酸を配合し浸透力強化。保湿、日焼け後のケアに適したエッセンス。
HYA3
235HK$(30ml)

ECT1
近年注目のエクトイン配合の日焼け止めローション。紫外線や化学物質から肌を保護し、ダメージを修復してしわやシミを防ぐ革新的な製品。
ECT1
250HK$(40ml)

CRM3
540HK$(30ml)

セラミドコンプレックスが主成分の滑らかな保湿クリーム。コラーゲンの合成を助け、ハリを与えてくれる。

Intensive Hydrating Restorative Mask
480HK$(10シート)

集中保湿修復マスク
最新の高分子浸透技術を用い、有効成分の肌への浸透率は通常の化粧水の2.3倍。配合の美容液はビタミンCの20倍の高濃度という優れもの。

PHA2
ポリヒドロキシ酸(PHA)とカモミールエキス配合の化粧水。肌を柔らかく整え、ニキビの軽減に効果を発揮。
PHA2
215HK$(150ml)

Discovery Skincare Box Set
428HK$(5品入り)

ディスカバリースキンケア・ボックスセット
スキンケアの必需品5品(クレンジング、化粧水、美容液、クリーム、日焼け止めローション)のお試し用セット。

SHOPPING 05
メイド・イン香港の最新コスメ

イエンス系？
ぷりのコスメに、先端の科学ンスコスメ。どちらも人気ブみたいのはどっち？

プチプラや漢方系なら地元チェーン店へ

街じゅうにあるドラッグストアには、旅行中に重宝するアイテムやおみやげによいものがある。

1 のどの炎症を和らげるスプレー 43HK$　**2** 100年老舗のメディカルオイル 49HK$　**3** サステナブルな竹繊維100%使用のポケットティッシュ(ワトソンズ、10個パック7.9HK$)　**4** タイガーバーム各9.4HK$。赤は筋肉痛、白は頭痛などに　**5** ワトソンズのリップバーム。右はストロベリーシードオイル、左は有機オリーブオイル配合、各18HK$

1841年香港に設立の老舗
ワトソンズ
Watsons／屈臣氏

香港(約180店舗)を拠点に、アジア各地、ヨーロッパにも展開する規模の大きなドラッグストア。自社ブランドの製品もある。

メジャーなドラッグストア
マニングス
Mannings／萬寧

香港内に350店以上と香港最大規模を誇る。薬がメインで、スキンケア用品も充実。

CHECK! 香港人の郷愁誘う「白蘭花」

ホワイトジェイドオーキッドとも称される白蘭花は、夏に花が咲くモクレン科の常緑樹で日本名はギンコウボク。清らかな香りを放ち、香港では昔から香水代わりに使用。シーズン中は花が路上販売されていて、オフィスや衣類にそっとしのばせる女性も。

街角で販売されている白蘭花

Hong Kong

COLUMN 02

> Column
> 文具も雑貨もフードも◎

セレクトが小粋な"誠品生活"でおみやげ探し。

台湾からやってきた「誠品生活」は書店の枠を超えたブックストア。
書籍の充実度もさることながら、文房具や雑貨、コスメなどがコーナー展開しているのが魅力。
香港には尖沙咀店のほか、銅鑼灣のハイサン・プレイス内など系列店が10店舗ある。
おみやげ買いはもちろんのこと、
見て回るだけでも楽しい。

灣仔の「三聯書店」(●Map P.146-B2)もカフェ併設で雑貨コーナーもある。

香港、台湾の本を中心にあらゆる分野の書籍が揃う

Variety goods

・320HK$〜
エリアで色が異なる
・各68HK$
香港タクシーのエナメルピン

・170HK$
楽しげな点心トートバッグはイギリス人デザイナー作

ナチュラルコスメの「キマチャー」(→P.74, 2/F)も入居

香港の写真集。右は「魔窟」と呼ばれた九龍城砦のありし日の記録写真集

・45HK$
香港の街のイラストカード。写真はランタオ島大澳

香港でよくある花の透かし彫りを施した鉄門「通花鐵間」デザインのバッグ
・288HK$

・188HK$
デザイン会社「Hereafter Studio」制作のスターフェリーのパーツをデザインしたスマホケース

・160HK$
ランチボックス入れにちょうどいいサイズのバッグ

Tea

お茶をはじめ、香港や台湾のお菓子も豊富

・10包入り95HK$
手軽に楽しむならドリップバッグを

ヒット商品!

・268HK$

「自家茶房TEADDICT」の香港紅茶セット。缶の中にティーポット、茶こしの布袋、ティースプーン、茶葉が入っており、自宅で本格的な香港式紅茶が楽しめる。写真のレモンティー用茶葉のほか、ミルクティーや鴛鴦茶（紅茶とコーヒーミックス）用もある

海を眺めながらブレイク
店内2/Fにカフェと中国茶店があり、どちらもハーバービューを楽しみつつ休憩できる。

台湾古来の製法で作られた固形茶。砂糖入りでショウガやローゼル、ナツメなど6種あり、お湯を注ぐだけでほっこり温まるお茶が完成

ネコの形がかわいい
・75HK$

Cafe

中国茶葉でお茶を提供する「ユー・ティーハウス」もおすすめ

コーヒーとフュージョン料理が自慢のカフェ「タヌキ・イノベーション」。窓際の席は海が目の前

誠品生活 Eslite Spectrum センパンサンツク
●Map P.150-A3 尖沙咀
住 尖沙咀梳士巴利道3星光行2〜3樓 2/F〜3/F, Star House, 3 Salisbury Rd., Tsimshatsui TEL 3419 6789 營 11:00〜22:00 休 無休 Card A J M V 交 MRT尖沙咀駅E出口から徒歩約10分 URL www.eslitecorp.com/eslite/index.jsp
※銅鑼灣店 ●Map P.147-D2

裏手の入口はS.C.オーシャン・ターミナルに直結

HONG KONG
AREA GUIDE

Central, Tai Hang, Wanchai, Causeway Bay, Sheung Wan, Tsimshatsui, Yaumatei, Mongkok, Sham Shui Po, Kowloon City, To Kwa Wan, Repulse Bay, Stanley, Lantau Island, Hong Kong Disneyland Resort, Ocean Park Hong Kong

香港エリアガイド

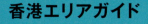

オフィスビルが建ち並ぶ都会の風を感じる場所から、
ローカルの生活を垣間見る庶民的なエリアまで、
香港のディープな魅力を感じながら歩き尽くそう！

AREA GUIDE 01
中環周辺
チョンワン Central

旬のスポットが集まる注目エリア

海から高台へ歴史をたどる坂道散歩

中環の象徴的な石畳のストリート、ポッティンガー・ストリート（→P.80）

ソーホー近くの2大リノベスポット「中環街市」（→P.24）、「大館」（→P.26）にも立ち寄りたい。

林立するオフィスビル街に、昔ながらの通りやしゃれたバー街が混在するのが魅力。海岸線から坂を上るにつれ姿を変える街並みを歩けば、さまざまな発見があるはず。

AREA NAVI

どんなところ？
香港島の中心地。金融や大企業のオフィスが集まるビジネス街だが、歴史ある通りや遺産も多い。ハリウッド・ロード周辺はしゃれた店や壁画アートが注目を集める。

散策のヒント
フェリー乗り場から中心部へは、道路上に整備された連絡通路を利用。高台の見どころへはミッドレベル・エスカレーターを活用したい。

交通メモ
最寄りのMTR駅は中環駅。西側のソーホーへは上環駅が近い。ただし、ミッドレベル・エスカレーターを使えばソーホーは中環駅から徒歩10分くらい。

▶詳細Map P.144〜145

1 ナイスビューも楽しめる
香港海事博物館
ヒョンゴンホイシーボウマッガン
Hong Kong Maritime Museum

香港の海洋史をたどりながら、海と船の役割の重要さを知る。館内は17のゾーンに分かれ、時代ごとに発展していく船舶模型や18世紀中頃から始まった広州貿易の交易品、海賊との攻防、香港の造船業などを展示。

▶Map P.145-C1　中環・金鐘

住 中環八號碼頭　Central Pier No.8　☎3713 2500　開9:30〜17:30（土・日曜、祝日10:00〜19:00。チケット販売は閉館30分前まで）　休 旧正月2日間　料30HK$（60歳以上、学生、18歳以下15HK$）　交 MTR中環駅A出口から徒歩約10分。中環スターフェリー乗り場から徒歩約3分　URL hkmaritimemuseum.org

九龍側からのアクセスはスターフェリーで

スターフェリー乗り場の東隣の埠頭内にある

1 船の操縦室を模した部屋で航海体験ができる 2 明代の武将、鄭和が大航海で宝物を積み込んだ帆船模型

2 海沿いにある観覧車
香港摩天輪
ヒョンゴンモーティンロン
Hong Kong Observation Wheel

中環フェリー埠頭前広場にあるシンボル的存在。8人乗りのゴンドラは冷暖房完備で高さ約60mまで上がる。1回の乗車（所要時間約15分）で、3〜4周する。

▶Map P.145-C1　中環・金鐘

住 中環民光街33　33 Man Kwong St., Central　☎2339 0777　開12:00〜22:00（金〜日曜、祝日、祝前日11:00〜23:00）　休 無休（台風シグナル3以上発令時は運転中止）　料20HK$（3〜11歳、65歳以上10HK$、2歳以下無料）　Card M V　交 MTR中環駅A出口から徒歩約8分。中環スターフェリー乗り場から徒歩約3分　URL hkow.hk

1 ゴンドラから望む夜景も格別 2 最高地点の高さはビルの20階に相当

ゴンドラ内は冷暖房完備！

\Check!/ グラハム・ストリートの路上市場
Graham St.（嘉咸街）

坂道に露店が並ぶ路上市場は風情ある写真ポイント。年々規模は縮小。

\Check!/ 中環フェリー埠頭
Central Ferry Pier

スターフェリーや離島行きフェリー、観光船などが発着。

\Check!/ ランドマーク・アトリウム
The Landmark Atrium

中環駅の真上に立つショッピングモール。

▶▶所要 **6.5時間**

おすすめコース

11:00	香港海事博物館
12:00	香港摩天輪（観覧車）
12:30	IFCモール
13:00	ラ・ランブラ・バイ・カタルーニャでランチ
14:30	G.O.Dで買い物
15:00	ポッティンガー・ストリート
15:15	PMQで買い物
16:15	バリスタ・バイ・ジーヴルで休憩
17:00	ミッドレベル・エスカレーター
17:15	フローレンス・トリッパで軽食タイム

3 ハイセンスな店が集まるモール
IFCモール
IFC Mall／國際金融中心商場

MTR香港駅の真上、インターナショナル・ファイナンス・センター（國際金融中心）のL1～L4にあるショッピングモール。ファッション系の人気ブランド店が充実している。L1にシティ・スーパーが入店。L4の屋外デッキは休憩に最適。

▶Map P.144-B1 中環・金鐘
住 中環金融街8 8 Finance St., Central TEL 2295 3308 営 店によって異なるが、だいたい10:00～21:00 交 MTR中環駅A出口から徒歩約10分、連絡通路経由F出口から徒歩約5分。中環スターフェリー乗り場から徒歩約5分
URL ifc.com.hk/en/mall

1 シンガポール発のコーヒーブランド「バシャコーヒー」（L1）。200を超えるコーヒー豆のセレクションを誇る 2 L1にある「バッシュba&sh」は、フランス人女性デザイナーが立ち上げたブランド

4 本格スペイン料理を絶景テラスで
ラ・ランブラ・バイ・カタルーニャ
La Rambla By Catalunya

IFCモールのL3にあるスペイン料理店。カタルーニャ地方の料理がメインで、シーフードのパエリアがおすすめ。タパスも種類豊富。ハーバービューがすばらしいテラス席でゆったりランチを。

1 手前が手長エビのだしが効いたシーフードのパエリア（650HK$） 2 グラスのサングリア（各125HK$） 3 テラス席は夕刻からにぎわう

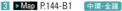

▶Map P.144-B1 中環・金鐘
住 中環金融街8 國際金融中心商場3樓 3071-73號舖 Shop 3071-73, Level 3, IFC Mall, 8 Finance St., Central TEL 2661 1161 営 11:30～24:00 休 無 予 500HK$～ Card A J M V 交 MTR中環駅A出口から徒歩約10分、連絡通路経由F出口から徒歩約5分。中環スターフェリー乗り場から徒歩約5分
URL www.larambla.hk

Column
ソーホー地区ってどこ？

ハリウッド・ロードHollywood Rd.（荷李活道）の南側（South of Hollywood Rd.）が語源で、このエリアのことを指す。ミッドレベル・エスカレーターが1993年に完成した後、周辺の開発が進み、無国籍なバー&レストラン街となった。

レストランやバーが並ぶElgin St.

Hong Kong 79

AREA GUIDE 01

縦書き側書き: ミッドレベル・エスカレーターは『恋する惑星』や『ポリス・ストーリー／香港国際警察』などの映画ロケに使われたことがきっかけで観光名所に。

5 レトロモダンな雑貨ショップ
G.O.D.
Goods of Desire ・ 住好啲

昔ながらの香港の文化にインスパイアされたデザイン雑貨やファッションは、ユーモアのセンスにあふれ、ギフトにも自分用にも欲しくなる品ばかり。

▶DATA P.66

1 陶器のコースター4枚セット268HK$ 2 レディスをはじめ、メンズやキッズのアイテムも

6 趣のある石畳で記念撮影
ポッティンガー・ストリート
Pottinger St. ・ 砵典乍街

クイーンズ・ロード・セントラル（皇后大道中）からウェリントン・ストリート（威靈頓街）まで数10mの石段沿いに、装飾品や手芸用品、パーティーグッズなどの露店がズラリと並び、中環の風物詩となっている。

▶Map P.144-A2　中環・金鐘
交 MTR中環駅D2出口から徒歩約5分

1・2 屋台街の風情を醸す

7 メイド・イン・HKのおみやげ探しに
PMQ
PMQ ・ 元創方

ソーホー地区にあるPMQは歴史建造物を改装した建物に、香港のクリエイターやデザイナーのショップ＆工房約140店が入居。香港の特色あふれるグッズやアートに出合える。

▶Map P.144-A2　中環・金鐘
住 中環鴨巴甸街35 35 Aberdeen St., Central 電 2870 2335 開 9:00～23:00 休 無休（営業時間、休業日は店によって異なる）交 MTR上環駅E2出口、中環駅D2出口から徒歩10～12分 URL www.pmq.org.hk

8 フォトジェニックなジェラート
バリスタ・バイ・ジーヴル
Barista by Givrés

ジェラートで作ったバラの花スイーツが人気のカフェ。コーンやクロッフルなどを選んで、ローズジェラートをトッピングしてもらおう（1フレーバー50HK$）。

▶Map P.144-A2　中環・金鐘
住 中環士丹頓街7 G/F　G/F, 7 Staunton St., Central 電 2697 0728 開 8:00～18:00 休 無休 Card M V 交 MTR中環駅D2またはC出口から徒歩10分 URL www.givres.com

1 アイスコーヒーにトッピングした「フローティング・ローズ」（80HK$）2 ウォールアートにも注目

蒸籠の中にキャンドルが

1 並び建つ2棟の建物からなる 2・3 注目の雑貨店「B'INセレクト」（S101室）。点心を模したキャンドル（260HK$）4・5 マージャンをテーマにしたグッズの店「グローカル・マージャン」（S405室）。デザイン牌は1個（80HK$）から購入できる 6 マージャン牌柄の靴下（各40HK$）

9 ミニトリップが楽しめる！
ミッドレベル・エスカレーター
Central-Mid-Levels Escalator ・ 中環至半山自動扶手電梯

▶Map P.144-A2　中環・金鐘

中環のビジネス街からソーホーを通って住宅地のミッドレベル（半山區）にいたる、全長800m、高低差135m、16基のエスカレーターと3基の動く歩道で構成された世界最長の屋外エスカレーター。ソーホー地区への移動に便利。

開 6:00～10:00は下り運転、10:00～24:00は上り運転 交 MTR中環駅D2出口から徒歩約5分

上り運転の際に利用したいエスカレーター。下りは併設の階段を使う

10 フィレンツェの郷土料理をパクリ！
フローレンス・トリッパ
Florence Trippa

牛の第4胃をパセリやハーブと塩コショウで煮込んだものをパニーニに挟んだランプレドットが看板メニュー。トリッパ（ハチノスのトマト煮）もおすすめ。

▶Map P.144-A2　中環・金鐘
住 半山區堅道39-41 39-41 Caine Rd., Mid-Levels 電 なし 開 11:00～21:00 休 無休 Card M V 交 MTR中環駅D2出口から徒歩約12分

1 右がランプレドット（58HK$）。ハチノスのトマト煮込み、トリッパ（左）もおすすめ 2 テイクアウトの店（店頭にベンチあり）

Column
中環エリアの歴史をひもとくストリート

コンノート・ロード・セントラル（干諾道中）からハリウッド・ロードに上るポッティンガー・ストリート（→上記）は、石畳の坂道が特徴的。中環で最も歴史のある通りのひとつで、1850年代に香港初代総督のヘンリー・ポッティンガーの名前から命名。当時は海岸線だったクイーンズ・ロードを起点に、道沿いには香港初のカトリック教会もあり、主要な通りだった。19世紀になるとヨーロッパ系と中国系の住民の居住地を分ける境となったのがこの通りだそう。

80　Hong Kong

AREA GUIDE 02
大坑
Tai Hang

ハスの花を模した八角形のお堂が特徴の蓮花宮

高感度な店が集まる小さな街で
旬のカフェ巡りを楽しむ

住宅街の1階部分におしゃれなカフェやバーが続々と登場。ハスの花を模した蓮花宮を起点に香港のトレンドをウオッチ！

AREA NAVI

どんなところ？
アパート群が碁盤の目のような通りを形成。レストランやカフェ、スイーツ店が集まる。

散策のヒント
大坑の中心部は徒歩10分圏内。平日は人出も少なく静か。週末になるとカフェを中心ににぎわう。

交通メモ
MTR天后駅が最寄り駅で、大坑へはB出口から徒歩約10分。
▶詳細Map P.148

---

1 コーヒーのアロマに満ちた
オマ・スペシャリティコーヒー
oma speciality coffee

世界中から厳選したシングルオリジンのコーヒー豆を自家焙煎し、最良の状態で抽出した1杯をサーブ。際立つ豆の個性を楽しめる。オールデイブレックファストやパスタ、ケーキなどフードも人気。

▶Map P.148-A3　大坑・北角
住 大坑浣紗街9 G/F, 9 Wun Sha St., Tai Hang　電 なし
開 8:30〜18:00（ラストオーダー17:30）
休 旧正月　料 100HK$〜　Card A M V
交 MTR天后駅B出口から徒歩約10分
URL omacoffeeroaster.com

1 11種類のコーヒー豆をアメリカーノとホワイトコーヒーで味わうomaコンボ（65HK$）　2 シンプルでミニマルな店　3 昔ながらのミルクキャンディをイメージしたチーズケーキ（60HK$）

---

2 サプライズが詰まった感動クッキー
クッキービジョン
Cookie Vission

手作りの創作クッキーで話題の店。外はカリッと中はとろりと滑らかなフィリングが入っていて、生地と中身の独創的な組み合わせが新感覚。

▶Map P.148-A3　大坑・北角
住 大坑浣紗街6 D舖　Shop D, 6 Wun Sha St., Tai Hang　電 5545 5655
開 9:00〜21:00　休 旧正月
Card A M V（現金不可）　交 MTR天后駅B出口から徒歩約10分
URL cookievission.com

1 ベストセラーの抹茶マカダミア（左）とピスタチオカスタード（右）、ともに50HK$　2 白とグリーンを基調にした小さな店

---

3 フランス菓子のベーカリーカフェ
プラムコット
PLUMCOT

フランス人と香港人のふたりのパティシエが営む。ともにパリの有名店で経験を積み実力はお墨付き。おすすめのホットチョコレートとスイーツでひと休み。

▶Map P.148-A3　大坑・北角
住 大坑新村街10A　G/F, 10A Sun Chun St., Tai Hang　電 2573 6293
開 8:00〜18:00　休 月・火曜、旧正月3〜4日間　料 80HK$〜
Card A M V　交 MTR天后駅B出口から徒歩約12分
URL www.plumcot.co

アイスクリームもあります

1 いち押しのクロワッサン（30HK$）とカヌレ。後方はストロベリー＆ルバーブジャムのブリオッシュ　2 ペストリーやケーキ、焼き菓子など、見た目も美形揃い

蓮花宮 ▶P.39
Lin Fa Kung
観音様を祀る古刹。お堂の天井に見事な龍が描かれている。

人気の屋台「炳記茶檔」
ミルクティーがおいしいと評判の店。麺やサンドイッチもある。

Start!　Goal!

徒歩1分　80m

ココもチェック！
大坑火龍文化館
Tai Hang Fire Dragon Heritage Centre

野草で作った67mの龍に1万本以上の線香を刺した火龍と踊り手が通りを練り歩く祭り、「大坑舞火龍」の歴史と詳細を伝える展示館。大坑の客家文化にも触れられる。

▶Map P.148-A3　大坑・北角
住 大坑書館街12　12 School St., Tai Hang　電 2805 0012　開 10:00〜18:00
休 月曜、一部の祝日、旧正月3日間　料 無料　交 MTR天后駅B出口から徒歩約12分
URL www.firedragon.org.hk/en

1 1949年再建の歴史建造物の中にある　2 火龍のオブジェ　3 火龍祭りのミニチュア模型

Hong Kong

AREA GUIDE 03
ワンチャイ／トンローワン
湾仔／銅鑼湾
Wanchai, Causeway Bay

地元っ子気分で街を巡る
パワフルにグルメ＆買い物三昧

湾仔・銅鑼湾は下町パワーと最新トレンドが交錯するおもしろエリア。トラムに乗って、気になる店をチェックしながら街をホッピング！

約50店のレストランやショップがG/Fと地下に入居するリートン・アベニュー

湾仔・アベニューの地下はMTR湾仔駅D出口と連絡通路で結ばれていて、アクセスに便利。

AREA NAVI

どんなところ？
湾仔は中環と銅鑼湾の間に位置する。海沿いは政府関係のビルや会議貿易センターなどのビル街、山側は再開発が進み新旧が交わる魅力的なエリア。銅鑼湾はショッピングセンターや飲食店が密集する繁華街。

散策のヒント
湾仔と銅鑼湾間はトラムが通っており、200～300m間隔で駅があるので、短い距離の移動に便利。

交通メモ
香港故事館から銅鑼湾へはMTRかトラムで移動。MTRなら湾仔駅からひと駅。トラム利用ならジョンストン・ロード（荘士敦道）沿いのトラム駅から乗車し銅鑼湾のパーシバル・ストリート（波斯富街）下車（所要約10分）。

▶詳細Map P.146～147

▶▶所要 6時間
おすすめコース

湾仔エリア
12:00　カポック
13:00　リートン・アベニュー
13:30　ザ・ベーカー＆ザ・ボトルマンでランチ
15:00　香港故事館

銅鑼湾エリア
16:00　N.O.Tスペシャルティコーヒーで休憩
17:30　港設計 by 香港猿創

1 小粋なセレクトショップ
カポック
Kapok

各国レストランやブティックが集まる星街エリアにある店。世界中を回って集めたファッションや生活雑貨など、センスのよいものが揃っている。2フロアあり、自社ライン「Kapok Comforts」のルームウェアなどは1/Fに。

▶Map P.146-A3

湾仔・銅鑼湾
住 湾仔日街8　8 Sun St.,Wanchai
℡2549 9254　営11:00～20:30（日曜～20:00）休12/25、旧正月4日間 Card A J M V 交MTR湾仔駅B2出口から徒歩約10分
URL ka-pok.com

1 外壁にはカラフルなアートが 2・3 ファッションはフランスやイタリア、日本のブランドがメイン 4 メキシコ製の革のメッシュサンダル（1250HK$）

2 高層アパート階下のS.C.
リートン・アベニュー
Lee Tung Avenue　利東街

かつて印刷店や紙製品の店が集中していた利東街。再開発で誕生した高層マンションのG/Fと地下のモールに、もともとあったカード専門店や菓子店をはじめ、レストランが多数入居。

▶Map P.146-B3　**湾仔・銅鑼湾**
住 湾仔皇后大道東200　200 Queen's Rd. East, Wanchai ℡3791 2304　営10:00～22:00（店舗によって異なる）休 無 交MTR湾仔駅D出口から徒歩約1分
URL www.leetungavenue.hk/en/index

縁起のよいシンボルが入口に

1 かつての利東街を彷彿させる造り 2 中国菓子店「奇華餅家」（G/F）のパンダクッキー（→P.68）

3 ベーカリーカフェでランチ
ザ・ベーカー & ザ・ボトルマン
The Baker & The Bottleman

英国人オーナーシェフのサイモン・ローガン氏が手がける注目店。G/Fのベーカリーはペストリーやスイーツを販売し、18:00以降は1/Fでナチュラルワインと英国料理をサーブ。

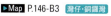

▶Map P.146-B3　灣仔・銅鑼灣
住 灣仔皇后大道東200號利東街G/F,G14-15及1/F, F15A　G14-15, G/F, F15A, 1/F, Lee Tung Avenue, 200 Queen's Rd. East, Wanchai 電なし 開ベーカー 8:00〜19:00 (イートインでまで〜16:45) 休旧正月 料 60HK$〜 Card A J M 交 MTR灣仔駅D出口から徒歩約3分 URL thebakerandthebottleman.hk

1 抹茶ラテ (55HK$) 2 ランチにはサンドイッチ (48HK$) がおすすめ 3 リートン・アベニュー (→P.82) 内の店。簡単なテーブル席がある

4 オールド香港を体感
香港故事館 ヒョンゴン・グーシーグン
Hong Kong House of Stories

鮮やかなブルーで彩色された藍屋 (→下記コラム) にある民間のミニ博物館。古き香港の生活感あふれる日用品や写真を展示しており、往時の暮らしや時代背景が浮かび上がる。

▶Map P.146-B3　灣仔・銅鑼灣
住 灣仔石水渠街72A　72A Stone Nullah Lane, Wanchai 電 2833 4608 開 10:00〜18:00 休水曜、一部の祝日、旧正月 料無料 交 MTR灣仔駅A3出口から徒歩約12分 URL www.facebook.com/SJSHOS

1 涼茶舗 (漢方茶店) で使われていた道具類
2 藍屋は現役のバルコニー付き住宅

5 銅鑼灣の眺めを一望できる
N.O.T.スペシャルティコーヒー
N.O.T. Specialty Coffee

銅鑼灣のショッピングモール「ハイサン・プレイス」内の穴場カフェ。9/Fのオープンスペースにあり、大きな窓からは密集するビル群の眺めを楽しめる。

▶Map P.147-D2　灣仔・銅鑼灣
住 銅鑼灣軒尼詩道500號希慎廣場9樓　9/F, Hysan Place, 500 Hennessy Rd., Causeway Bay 電 2151 3822 開 8:00〜20:00 (土曜10:00〜、日曜10:00〜18:00) 休無休 Card M V 交 MTR銅鑼灣駅F2出口から徒歩約3分 URL www.nothk.com

1 開放的な店内はゆっくりするのに最適 2 アメリカーノは27HK$。ベーグルやケーキもある

6 アイデアいっぱいのデザイン雑貨
港設計 by 香港猿創 ゴンチッガイ ヒョンゴンユンチョン
Hong Kong Design by HONG KONG OAPES

香港の風景やスイーツをモチーフにしたアクセサリーや、ローカルフードから着想したユニークな雑貨はおみやげによい。

▶Map P.147-D2　灣仔・銅鑼灣
住 銅鑼灣告士打道311皇室堡3樓306號舖　Shop306, 3/F, Windsor House, 311 Gloucester Rd., Causeway Bay 電 3520 2460 Card A J M V 開 12:00〜21:00 休旧正月 交 MTR銅鑼灣駅E出口から徒歩約5分 URL www.hkoapes.com/index.php

ロースト店のメニューをデザインしたエコバッグ (199HK$)

機能性抜群のバッグです

オーナー兼デザイナーのRonnoさん

Column
藍屋、黄屋、橙屋

香港故事館が入っている青い建物「藍屋」は1920年代の建造。現在は集合住宅として使われている。同時期建設の「黄屋」(住慶雲街2-4) も歴史遺産で、現在は白くペイント (右上の写真)。藍屋の東隣のオレンジ色の「橙屋」(住景星街8) も約60年の歴史があり、この3つを合わせて「藍屋建築群」と称し、歴史的景観を残している。

質屋の歴史建造物
19世紀末に建てられた質屋の建物。歴史遺産として保存され、レストランとして再生。

路上市場
太原街&交加街
Tai Yuen St. & Cross St.
衣類や日用品、玩具などの屋台がズラリ。

AREA GUIDE 04

上環 (Sheung Wan)

歴史の街に潜む レトロな路地散策

住宅街のおしゃれカフェやショップを目指して、坂道を上ったり下ったり。

▶▶所要 3時間

おすすめコース
- 14:00 林奇苑茶行
- 14:45 朱榮記
- 15:15 キャット・ストリート
- 16:00 太平山街周辺の壁画アート
- 16:30 グース・チョコレート

海産乾物の問屋や商店が多いのは文咸東（西）街、永樂街、德輔道西。

AREA NAVI

どんなところ？
歴史のある寺院や建築物が点在。海産乾物の問屋街も有名。山側のエリアはクリエイターのショップやカフェが集まる。

散策のヒント
最寄りのMTR上環駅から上り坂が続くので、歩きやすいシューズで。

交通メモ
MTR上環駅A2出口から高台の太平山街までは徒歩10〜12分。さらに1駅西の西營盤へは太平山街から歩くと約15分。東西方向の移動は海側の德輔道、干諾道を走るトラムでも可能。

▶詳細Map P.142〜143

---

1 ギフト用パッケージのお茶が揃う
林奇苑茶行 (ラムケイユンチャーホン)
Lam Kie Yuen Tea

中国の福建省、杭州、雲南省をはじめ、台湾のえりすぐりのお茶を販売。手軽にお茶を楽しめるティーバッグやしゃれたパッケージのギフトボックスなど、おみやげによい商品も揃っている。

▶Map P.143-D2　上環・西營盤

住 上環文咸東街105-107　105-107 Bonham Strand East, Sheung Wan
電 2543 7154　開 9:30〜18:00　休 日曜、祝日、旧正月7日間　Card A J M V
交 MTR上環駅A2出口から徒歩約4分

プーアル茶を蒸し固めた固形茶のギフトボックス（180HK$）

1 店主のサムさん。お茶の試飲可能 2 かわいいイラストのパッケージ入り3種の中国茶ティーバッグ詰め合わせ（120HK$）

---

2 雑貨コレクター必見！
朱榮記 (チューウィンゲイ)
Chu Wing Kee

創業1959年の日用雑貨店。ありとあらゆる日用雑貨や台所用品が店の奥まで山積み。今では見かけなくなったブタの貯金箱や麦わらのバッグ、ホーローの食器などお宝が潜んでいる。

▶Map P.143-C2　上環・西營盤

住 上環永坑口街24-26　24-26 Possession St., Sheung Wan
電 2545 8751　開 10:00〜18:00（金・土曜〜17:00）　休 日曜、旧正月7日間　Card 不可　交 MTR上環駅A2出口から徒歩約8分

老舗ブランド「駱駝牌（CAMEL）」の魔法瓶（各 398HK$）

1 籐製品や竹のザルなど大量の品がつり下げられている 2 プラスチック製のブタの貯金箱（200HK$）

AREA GUIDE 04 上環

Check!!
香港醫學博物館
Hong Kong Museum of Medical Science
香港における医学の発展の歴史を紹介。

Check!!
ウエスタン・マーケット
Western Market／西港城
昔は市場だったれんが造りの建物。G/Fはショップやカフェ、1/Fに生地屋が入店。

Check!!
文武廟 Man Mo Temple
1847〜1862年に建立された由緒ある古廟。見学＆参拝に立ち寄ろう。詳細は ▶P.39

皇后大道中から南側の高台へは石段の路地でアクセス。写真は水池巷

---

3 キッチュな中国雑貨の露店街
キャット・ストリート
Upper Lascar Row／摩羅上街

摩羅上街の約100mに骨董品の店や露店が連なりにぎわう。中国語で「ネズミの物」と呼ぶガラクタから掘り出し物を狙う人々が集うことから、「キャット・ストリート」といわれるように。

お宝からガラクタまで玉石混淆

Map P.143-D2
`上環・西營盤`
住 上環摩羅上街　Upper Lascar Row, Sheung Wan
開 店によって異なるが、だいたい11:00頃〜18:00頃
交 MTR上環駅A2出口から徒歩約7分

1 縁起物の根付け15HK$〜
2 文革時代の人形

---

4 街に彩りを添える
太平山街周辺の壁画アート
Around Tai Ping Shan St.

太平山街周辺は壁画アートが多いエリア。大通りの太平山街と交差する路地にもアートやカフェが潜んでいるので、散策してみよう（→P.19）。

Map P.143-C2
`上環・西營盤`
住 上環太平山街　Tai Ping Shan St., Sheung Wan
交 MTR上環駅A2出口から徒歩約10分

小学校の外壁を彩るモザイク画

太平山街近くの四方街の巨大壁画

---

5 チョコレートが主役のカフェ
グース・チョコレート
Goose Chocolate

シングルオリジンカカオのチョコ専門カフェ。カカオ豆の焙煎から手作りされるチョコを使ったプリンやサンデー、ホットチョコレートは、個性的なカカオの風味が凝縮された贅沢スイーツ。

Map P.143-C2
`上環・西營盤`
住 上環太平山街16 G/F　G/F,16 Tai Ping Shan St., Sheung Wan
休 なし　開 12:00〜18:00（ラストオーダー17:00）
休 月・火曜、祝日、旧正月　Card 不可
交 MTR上環駅A2出口から徒歩約12分

ミッドセンチュリーのレトロなインテリア

1 濃厚チョコ風味のダブルチョコレートプリン68HK$（手前）
2 ガチョウの装飾品が並ぶ
3 カカオ72%のダークミルクチョコレート

Column
足を延ばして西營盤の個性派カフェへ

香港のラジオDJ、アージェンが開いたカフェが、インパクトのあるイラストと創作アレンジコーヒーで注目を集めている。

アージェンズ・コーヒークラブ
Ah Jeng's Coffee Club／咖啡呀唔該
Map P.142-B2
`上環・西營盤`
住 西營盤第二街1東祥大廈G/F B號舖　Shop B, G/F, Tung Cheung Bldg., 1 Second St., Sai Ying Pun　休 なし
開 8:00〜17:30（土・日曜、祝日9:00〜）　休 旧正月2〜3日間　Card M V　交 MTR西營盤駅B2出口から徒歩約3分

1 店はオレンジカラーと風刺画でデザイン
2 後方左がエスプレッソ・トニックに塩漬けキンカンを入れた「The Salty and Wet」(58HK$)。手前はピスタチオ・クレームブリュレ(55HK$)

Hong Kong 85

AREA GUIDE 05

国際色豊かな一大繁華街
絶景も名所も巡る王道観光

ハーバービューを満喫し、定番と旬のスポットを
効率よくエネルギッシュに散策!

AREA GUIDE 05
チムシャツォイ
尖沙咀
Tsimshatsui

尖沙咀の新たなランドマーク「K11
ミューシーア」。大規模なショッピング
モールに注目店がめじろ押し

ネイザン・ロード東側の路地「ナッツフォード・テラス(諾士佛臺)」▶Map P.150-B1はバーが集まるナイトスポット。

AREA NAVI

どんなところ?
主要な見どころもショッピングセンターもこのエリアに集中。グルメ街、ホテル街もある、まさにツーリスティックな街。それゆえローカルエリアに比べて物価が高め。

散策のヒント
メインストリートは南北に走るネイザン・ロード(彌敦道)。この道の西側は比較的整然としたビル街、東側はカオスを感じるローカルな一画。

交通メモ
九龍公園の南側にMTR尖沙咀駅があり、地下通路で屯馬綫の尖東駅につながっている。主要バス路線の停留所はネイザン・ロード沿いに。

▶詳細Map P.150～151

1 ウォーターフロントの絶景散歩道
尖沙咀プロムナード
Tsimshatsui Promenade/尖沙咀海濱花園

時計塔のあるあたりから東へ延びる全長約1.6kmの海沿いのプロムナード。香港島のビル群と海景色が織りなす絶景が楽しめる。高台の観景台(展望スペース)が設置されているほか、日よけのある休憩場所が点在。

▶Map P.150-A3～P.151-C3 尖沙咀

MTR尖沙咀駅E出口から徒歩約5分、連絡通路経由、J4出口から徒歩約1分

1 尖沙咀プロムナードから望む香港島のスカイライン 2 観景台は人気のビュースポット 3 植物を配した休憩スポットでひと息入れながら散策

2 香港映画がテーマの遊歩道
アベニュー・オブ・スターズ
Avenue of Stars / 星光大道

尖沙咀プロムナードの西側約440mの区間は香港映画をテーマにした遊歩道。欄干の手すりには香港や中国の歴代の俳優や監督100人以上の手形が埋め込まれ、東端にブルース・リーの銅像がある。

▶Map P.150-B3～P.151-C3 尖沙咀

開 24時間 休 無休 料 無料 交 MTR尖沙咀駅連絡通路経由、J4出口から徒歩約1分

アベニューの起点に香港アカデミー賞のトロフィーをかたどった像が立つ

躍動感あふれるブルース・リーの銅像

香港の人気アニメのキャラクターの像も写真スポットに

3 珠玉の美術品を鑑賞
香港藝術館
ヒョンゴンガイソッグン
Hong Kong Museum of Art

1962年設立の公立美術館で、1万9500点を超える美術品を所蔵。6つのギャラリーがあり、常設展では中国古代の工芸品や書画、香港の作家の作品、中国文化と関連のある世界の絵画・彫刻まで幅広いコレクションを展示。

Map P.150-B3　尖沙咀

- 住 尖沙咀梳士巴利道10　10 Salisbury Rd., Tsimshatsui 電 2721 0116
- 開 10:00～18:00（土・日曜、祝日～21:00、チケット販売は閉館30分前）
- 休 木曜（祝日を除く）、旧正月2日間
- 料 常設展は無料、特別展は展示によって異なり30HK$～ Card A M V
- 交 MTR尖沙咀駅E出口から徒歩約5分、連絡通路経由J4出口から徒歩約2分 URL hk.art.museum/en/web/ma/home.html

1 G/Fと1/Fに眺めのよいレストランが入店　2 名作を集めた2/Fの常設展。古代の美術品も豊富　3 オリジナル品をはじめ香港雑貨も揃うギフトショップ

重慶大廈 Chungking Mansions
チョンキンタイハー \Check!/

安宿が集まる雑居ビルとして知られる「重慶大廈（チョンキン・マンション）」。このビルのG/F～1/Fには両替店がたくさんあり、比較的レートがよい。日曜も営業している店もあり、便利。ただしレートは差があるので、何軒か見て回るとよい。

アイ・スクエア \Check!/
iSQUARE／國際廣場

尖沙咀駅の真上にあるショッピングセンター。駅直結でスーパーマーケットや各種飲食店もある。

ザ・ペニンシュラ・ホンコン \Check!/
The Peninsula Hong Kong／半島酒店

香港を代表する歴史あるホテル。

P.107

前九廣鐵路鐘樓 \Check!/
Former Kowloon-Canton Railway Clock Tower

スターフェリー乗り場前にある石造りの時計塔。昔ここにあった九廣鐵路九龍駅のシンボルだった。

4 リラックス＆安らぎのカフェレストラン
レムナ・オブ・ジ・アルケミスト
Lemna of the Alchemist／牧羊少年與他的浮萍

香港文化中心内の休憩や食事にぴったりの店。パスタやリゾットなど本格的な西洋料理が食べられ、ランチセットがお値打ち（128HK$～）。

Map P.150-B3　尖沙咀

- 住 尖沙咀梳士巴利道10香港文化中心 G/F　G/F, Hong Kong Cultural Centre, 10 Salisbury Rd., Tsimshatsui
- 電 2178 3668 開 11:00～22:30（土・日曜、祝日10:00～。ラストオーダー21:45）
- 休 旧正月3日間 料 150HK$～ Card A M V
- 交 MTR尖沙咀駅E出口から徒歩約5分、連絡通路経由J4出口から徒歩約3分 URL thealchemistcafe.com/branch/lemna

1 手前はおすすめのシーフードパエリア（2人用298HK$）　2 デザートのチョコレートラバケーキ　3 ナチュラルなインテリアの広々とした店

> **所要 8.5時間**
> **おすすめコース** ☑
>
> - 10:00　尖沙咀プロムナード
> - 10:15　アベニュー・オブ・スターズ
> - 10:45　香港藝術館
> - 12:00　レムナ・オブ・ジ・アルケミストでランチ
> - 13:30　1881ヘリテージ
> - 14:00　ザ・ペニンシュラ・ブティック＆カフェ
> - 14:45　K11ミュージーア
> - 15:15　ビーイング＆ティー
> - 16:00　グラスハウス・グリナリーで休憩
> - 17:00　K11アートモール
> - 17:30　コモン・グラウンド
> - 18:00　上稀園

地下連絡通路を活用
MTR尖沙咀駅から四方八方に延びる動く歩道付きの地下連絡通路が便利。尖沙咀東部や尖東駅、K11ミュージーアにも連絡している。

AREA GUIDE 05　尖沙咀

Hong Kong

AREA GUIDE 05

菓子店「上稀園」(→P.89) は銅鑼灣駅直結のそごう地下2階にも店がある

5 写真撮影に訪れたい歴史建築
1881ヘリテージ
1881 Heritage

コロニアル様式の優雅な建築遺産。1881年築のもと水上警察本部を改装し、ショッピングモールや飲食店、ホテルを併設する商業施設に。樹齢100年以上の巨木、時計塔や砲台など、英国時代の面影が随所に残っている。

▶Map P.150-A3〜B3 尖沙咀

住 尖沙咀廣東道2A 2A Canton Rd., Tsimshatsui 電 2926 8000 開 店によって異なるが、だいたい10:00〜22:00 休 無休 交 MTR尖沙咀駅E出口から徒歩約8分、連絡通路経由L6出口から徒歩約2分 URL www.1881heritage.com

1 コロニアルな意匠が随所に 2 噴水のある中庭は写真スポット 3 湾内の船に時を告げていた時計塔

6 憧れのホテルの逸品をおみやげに
ザ・ペニンシュラ・ブティック&カフェ
The Peninsula Boutique & Cafe 半島精品店與咖啡廳

有名ホテル「ザ・ペニンシュラ・ホンコン」(→P.107)のギフトショップ。ホテルメイド&セレクトのチョコレートや紅茶、調味料など、ワンランク上のグルメみやげが手に入る。ケーキやスコーンも販売。

▶Map P.150-B3 尖沙咀

住 尖沙咀梳士巴利道 香港半島酒店商場B/F BL1號鋪 Shop No BL1, B/F, The Peninsula Shopping Arcade, Salisbury Rd., Tsimshatsui 電 2696 6969 開 10:00〜19:00 休 無休 Card AJMV 交 MTR尖沙咀駅出口から徒歩約3分 URL www.peninsulaboutique.com

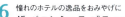
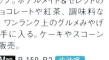

1 上品で味わい深いチョコレート 2 ペニンシュラグリーンがテーマカラー。カフェも併設 3 ケーキでいちばん人気のいちごロール(90HK$) 4 エッグロールはバターとチーズ風味がある(218HK$)

7 アートも楽しめるショッピングモール
K11ミュシーア
K11 MUSEA

ウオーターフロントに誕生した「K11ミュシーア」は、世界のアーティスト作品50以上が展示された巨大ギャラリーのようなモール。250以上入居するショップやレストランは、ここにしかない店や個性派揃い。迷路のような造りにもわくわく感が高まる。

▶Map P.151-C3 尖沙咀

住 尖沙咀梳士巴利道18維港文化匯 Victoria Dockside, 18 Salisbury Rd., Tsimshatsui 電 3892 3890 開 10:00〜22:00(店によって異なる) 交 MTR尖沙咀駅連絡通路経由J2出口から徒歩約1分 URL www.k11musea.com

1 中央のアトリウムには巨大な球体「ゴールドボール」を配し、空間全体をインスタレーション作品に 2 7/Fに子供の遊び場、ピーコックプレイグラウンドがある

3 3/Fの壁面、床、天井を彩るポップなコラージュ作品 4 B2/Fはスタイリッシュな造りのフードコートになっていて、トレンドグルメを楽しめる

8 芳醇な「純茶」専門店
ビーイング&ティー
Being & Tea 存在與茶

化学的なものを排し自然栽培された中国茶の「純茶」にこだわり、香り高い品種のホット、アイスのお茶やジェラートを販売。ホットと特製のクマの氷入りのアイスティーの両方が楽しめるメニューが人気。

▶Map P.151-C3 尖沙咀

住 尖沙咀梳士巴利道18維港文化匯K11 Musea 2樓 LA202 Shop LA202, 2/F, K11 Musea, Victoria Dockside, 18 Salisbury Rd., Tsimshatsui 電 5681 6268 開 12:00〜22:00(ラストオーダー21:30) 休 無休 Card AJMV 交 MTR尖沙咀駅連絡通路経由J2出口から徒歩約3分

注文カウンターの近くにテーブル席がある

1・2 武威山岩茶「馬頭岩肉桂」(148HK$)。ホットで味わった後、カップにクマの氷とお茶を入れてアイスで 3 プーアル生茶を用いたジェラート

88 Hong Kong

9 緑に包まれた隠れ家的レストラン
グラスハウス・グリナリー
Glasshouse Greenery

アジアンをコンセプトに洋風のひねりを効かせた料理、花や果物のティー、ヘルシーなドリンクやカクテルなど、どれもアイデアにあふれている。アフタヌーンティーセット（2人用388HK$～）もあり、さまざまなシーンに使える都会のオアシス。

▶**Map** P.151-C3　尖沙咀

住 尖沙咀梳士巴利道18 維港文化匯K11 Musea5樓501&503A　Shop501&503A, 5/F, K11 Musea, Victoria Dockside, 18 Salisbury Rd., Tsimshatsui 電 2152 1518 営 11:00～22:00（金・土曜、祝前日～22:30）休 無休 料 300HK$ Card AJMV 週末は要予約 交 MTR尖沙咀駅連絡通路経由J2出口から徒歩約4分 URL gaiagroup.com.hk/restaurant/glasshouse-greenery

1 植物やグリーンカラーを多用した空間。バーカウンターも備わる 2 気持ちのよい屋外テラス席

3 手前はペッパーソースで味わうプライムサーロインステーキ（298HK$） 4 ロブスターサラダ（248HK$） 5 香りがよいフルーツティー、ライチ＆ローズツイスト（58HK$）

11 サステナブルなアイテムをセレクト
コモン・グラウンド
The Common Ground

サステナブルを目標としたファッションやライフスタイル雑貨を世界中から集めるとともに、地元香港の手工業や伝統ブランドを支持。デザイン性の高いアイテムに出合える。

▶**Map** P.150-B2　尖沙咀

住 尖沙咀河内道18 K11購物藝術館1樓Shop114　Shop 114, 1/F, K11 Art Mall, 18 Hanoi Rd., Tsimshatsui 電 なし 営 11:00～21:00（金～日曜は～21:30）休 旧正月1～2日間 Card AMV 交 ＝上記K11アートモール URL the-commonground.com

1 香港製造のグッズも並ぶ 2 パラシュート生地を再利用したミニバックパック（各399HK$） 3 地元ニットブランド「Loxe」の持続可能な糸で作成したクラッチバッグ（各299HK$）

AREA GUIDE 05 尖沙咀

10 香港色を感じられるS.C.
K11アートモール
K11 Art Mall／K11購物藝術館

K11ミュシーア（→P.88）と同経営のショッピングモール。小規模ながら、地元の精鋭ブランドや個性的なショップが集合。カジュアルなレストランやカフェも多く、若者を中心に連日にぎわう。

▶**Map** P.150-B2　尖沙咀

住 尖沙咀河内道18　18 Hanoi Rd., Tsimshatsui 電 3118 8070 営 10:00～22:00（店によって異なる）休 無休 交 MTR尖沙咀駅D3またはD2出口から徒歩約1分。連絡通路N4出口がB2/Fのモール入口と直結 URL hk.k11.com

ユーモラスなイラストカード

1 B2/F～3/Fまで6フロア 2・3 雑貨やファッションを揃えた「ミルフィーユ・ファッションセレクトストア」（3/F)。店内に並ぶ広東語のメッセージ入りカード（15HK$～） 4 B2/FはMTR尖沙咀駅連絡通路と直結

12 創意を盛り込んだ伝統菓子
上稀園
SHANGHEE

昔ながらの香港の菓子類が素材や製法の工夫で高品質のおいしさに。アイテムごとに異なるパッケージ缶のデザインもおしゃれ。マカオのパティシエと共同で創作した新感覚のマカオ菓子にも注目（→P.68）。

▶**Map** P.150-B2　尖沙咀

住 尖沙咀河内道18 K11購物藝術館B1/F Kiosk No.14　Kiosk No.14, B1/F, K11 Art Mall, 18 Hanoi Rd., Tsimshatsui 電 なし 営 11:00～21:30 休 無休 Card MV 交 ＝上記K11アートモール URL shanghee.com.hk/en

1 クマのパッケージのクッキー各種（アールグレーとチョコレート風味、各168HK$） 2 B1/Fのキオスク店 3 缶に光る装置を内蔵した伝統菓子詰め合わせ（298HK$）

AREA GUIDE 06
油麻地／旺角
Yaumatei, Mongkok

好奇心全開で歩きたい
熱気みなぎるカオスの街巡り

屋台街や若者が集うモールが深夜までにぎわい、隣の通りには老舗がたたずむ、混沌のエリア。香港の底知れないパワーを体感しよう。

▶所要 **4時間**

おすすめコース

油麻地エリア
12:00 天后廟にお参り
12:30 美都餐室でランチ
13:30 油麻地ヒスイ市
14:15 明生鋼竹蒸籠廠

旺角エリア
15:00 618上海街
15:30 リストア

南北に延びる廟街は夕方以降屋台が連なり、このエリアの観光名所となっている

旺角は昼以降にオープンし、夜遅くまで営業する店が大半。

AREA NAVI

どんなところ？
市場や青空市場、屋台街などがあり、生活のにおいが濃厚。ローカル食の店が多く、旺角は若者でにぎわう。

散策のヒント
明生鋼竹蒸籠廠から618上海街へはMTRを利用。油麻地駅から乗車し、北隣の旺角駅で下車。

交通メモ
ネイザン・ロードに沿って走るMTRの油麻地駅、旺角駅を利用。ネイザン・ロードは主要バス路線も運行。

▶詳細Map P.152〜153

1 ひっそりとたたずむ古廟
天后廟
Tin Hau Temple

油麻地にある古廟。中央祭壇には漁民の守り神、天后を祀るほか、土地神を祀る廟が複数ある。1865年創建の歴史ある建築や彫刻も見もの。廟内の一角には書店「油麻地書院」があり、書籍や香港雑貨を販売している。

▶Map P.152-B2　佐敦・油麻地

住 油麻地廟街衆坊街 Temple St./Public Square St., Yaumatei　開 8:00〜17:00　休 無休　交 MTR油麻地駅C出口から徒歩約5分

1 らせん状の線香が煙る廟内 2 1876年から現在の場所に移された 3 座って試し読みできる「油麻地書院」

ランガム・プレイス
Langham Place

旺角駅直結のショッピングモール。B2/F〜13/Fにトレンドを意識した店が展開。

2 タイムスリップしたようなレトロ感
美都餐室
Mido Cafe

1950年創業の老舗。焗茄汁豬扒飯（ポークチョップドリア、88HK$）やトーストといった素朴な料理を求めて常連客や観光客がひっきりなしに訪れる。色褪せたタイルや窓枠は風情たっぷり。

▶Map P.152-B2　佐敦・油麻地

住 油麻地廟街63 63 Temple St., Yaumatei　TEL 2384 6402　開 11:00〜19:30　休 水曜 休 正月7日間　Card 不可　交 MTR油麻地駅C出口から徒歩約5分

1 2階席がおすすめ 2 メニューボードもレトロ 3 手前右は西多士（フレンチトースト、32HK$）、後がポークチョップドリア

90　Hong Kong

3 ヒスイや玉石の露店集合地
油麻地ヒスイ市
Yau Ma Tei Jade Bazaar／油麻地玉器小販市場

天后廟近くの上海街沿い、高架道脇にある建物内にヒスイなどのアクセサリーを扱う屋台のような店が200軒近く並ぶ。石のよしあしは素人にはわかりにくいので、デザイン重視でお値打ち商品を探したい。

▶Map P.152-A2 佐敦・油麻地

住 油麻地上海街251 251 Shang Hai St., Yaumatei 開 店によって異なるが、だいたい9:00頃〜18:00頃 交 MTR油麻地駅C出口から徒歩約7分

1 入口は赤い門が目印
2 店により商品や値段が少しずつ異なる

安い物は20〜30HK$くらいから

ヒスイのブレスレット（80HK$）

4 掘り出し物が見つかる調理器具店
明生鋼竹蒸籠殿
メンセンゴンチョッテンロンチョン

▶Map P.152-A1 佐敦・油麻地

住 油麻地上海街284 G/F, 1舗　Shop F, G/F, 284 Shang Hai St., Yaumatei ☎ 2780 9756 開 9:30〜18:30（日曜10:30〜） 休 旧正月3日間 Card 不可 交 MTR油麻地駅C出口から徒歩5分

1970年代に開業した初代が竹製の蒸籠の縁や接合部をスチールで補強した製品を開発したことで有名。大小さまざま揃う蒸籠をはじめ、ステンレス製の台所用品、鍋や食器がところ狭しと並んでいる。

1 カラフルなメラミンの食器（5HK$〜）
2 手作りの蒸籠、蓋込みで40HK$
3 動物形の抜き型（各30HK$）

5 生まれ変わった歴史建造物
618上海街
ロッヤパワオションホイガイ

約100年の歴史がある14棟の建造物を改修して誕生したショッピングモール。石の柱や塗装などオリジナルの部分も残る。G/F、M/F、1〜3/Fの5フロアあり、雑貨店や古着店、レストランやカフェなど15店が入居。

▶Map P.153-C2 旺角・太子

住 旺角上海街618　618 Shanghai St., Mongkok ☎ 2618 8980 開 11:00〜23:00（店によって異なる） 休 無休 交 MTR旺角駅C2出口から徒歩約3分 URL 618.ura-vb.org.hk/en

1 近くにあったバードストリートを彷彿させるアート 2 2/Fにあるシンガポール料理のフードコート

6 雑貨のセレクトショップ
リストア
REstore

618上海街の1/Fにある、おみやげ探しに立ち寄りたい店。ミニバス看板仕様のネームプレートやキーホルダー、地元の文化をテーマにした手作り雑貨などがバラエティ豊富に並ぶ。

刺繍のスリッパ

マグネット 38HK$

ネオンサインなどレトロなステッカーセット（各32HK$）

▶Map P.153-C2 旺角・太子

住 旺角上海街618　618 Shanghai St.　1樓 102B&C　1/F, 618 Shanghai Street, 618 Shanghai Street, Mongkok ☎ 9749 9518 開 12:00〜21:00（金・日曜は11:00〜） 休 旧正月5日間 Card A J M V 交 MTR旺角駅C2出口から徒歩約5分 URL restorehkshop.com

屋台街の女人街　P.72
Tung Choi St.

通菜街は約400mにわたり、女性物の衣類や雑貨を中心にした露店が並ぶ。

新塡地街の青空市場
Reclamation St.

油麻地街（市場）の南は露天市場になっていて、通りの両脇に食品や日用品の店がズラリ。

Start! 天后廟

AREA GUIDE 06 油麻地／旺角

Hong Kong

AREA GUIDE 07
深水埗 Sham Shui Po

> ▶▶所要 **5時間**
>
> おすすめコース ☑
> 10:30 美荷樓生活館を見学
> 12:00 劉森記麵家でランチ
> 13:00 溢泰行
> 13:45 カラーブラウンで休憩
> 15:00 迪雪糕専門店

新旧が交わるパワフルタウン
カフェが進出ラッシュの問屋街を探検

アジア屈指の生地問屋街、深水埗に、しゃれたカフェや物作りの工房が年々増えている。角を曲がるごとに違った表情が現れる街に興味津々！

深水埗駅B2出口そばにある老舗豆腐店「公和荳品廠」▶Map P.155-D1。隣の食堂でつくる豆腐のデザート、豆腐花や軽食が食べられる。

AREA NAVI

☑ どんなところ？
生地の問屋街として有名。活気あふれる街なかにはローカル食の人気店多数。近年、しゃれた店やカフェが増加中。

💡 散策のヒント
通りが碁盤目状なので、わかりやすい。夜は治安がよくないので単独行動は避けること。

🚇 交通メモ
最寄りのMTR深水埗駅は、荃灣綫で尖沙咀駅から約10分、中環駅から約15分。
▶詳細Map P.155

住宅ビルの1階に商店が並び1日中にぎわう北河街

1 1950年代の公団住宅の生活展示館
📷 **美荷樓生活館**
メイホーラウサーンウッグン
Heritage of Mei Ho House

香港で最初に建設された公団住宅「美荷樓」が、ユースホステルと美荷樓生活館として再生。生活館には1950〜1970年代に入居していた人々の暮らしの様子や生活品が展示されている。

▶Map **P.155-D1** 深水埗
住 深水埗巴域街70石硤尾邨41座YHA美荷樓青年旅舎G/F G/F, YHA Mei Ho House Youth Hostel, Block 41, Shek Kip Mei Estate, 70 Berwick St., Sham Shui Po ☎3728 3544 営10:00〜18:00 休月曜（祝日は開館）、旧正月3日間 料無料 交MTR深水埗駅D2出口から徒歩約10分 URL www.yha.org.hk/en/our-services/mei-ho-house-revitalisation-project/heritage-mei-ho-house

1 近所にあった漢方薬店（写真）や理髪店、屋台などを紹介 2 1970年代の住宅の一室を再現 3 タッチパネルでの解説もある 4 H型の建築が特徴の美荷樓

2 ファンの多い老舗麺屋
🍽 **劉森記麵家** Lau Sam Kee
ラウサムゲイミンガー

1956年に屋台から始まり、現在は3店舗を構えるまでに。竹の竿を足でこぎ麺を打つ伝統の製法を守り、麺がおいしいことで知られる。おすすめはワンタン麺（雲呑麵）。

▶Map **P.155-D1** 深水埗
住 深水埗福榮街82 82. Fuk Wing St., Sham Shui Po ☎2386 3583 営12:00〜22:00 休旧正月3日間 Card 不可 交MTR深水埗駅D2出口から徒歩約3分

1 手前がワンタン麺（42HK$）、後方中央は豚足と黒センマイ（牛の胃）のせ蝦子あえ麺（56HK$）
2 手作りされるワンタンや餃子
3 食事どきは混み合う

3 香港アイコンの布バッグがかわいい
👜 **溢泰行**
ヤッタイホン
Sunrise Garment Accessories Co Limited

手芸用品の卸と小売りの店が、これぞ香港なプリント生地を用いてバッグを製作・販売。柄はもちろん、サイズや形もさまざまあり、選ぶのも楽しい。値段もリーズナブル。

▶Map **P.155-C2** 深水埗
住 深水埗南昌街89南昌中心G/F 5號舗 Shop 5, G/F, Nam Cheong Centre, 89 Nam Cheong St., Sham Shui Po ☎2708 1178 営9:30〜18:30（日曜、祝日11:00〜17:00) 休旧正月1週間 Card 不可 交MTR深水埗駅A2出口から徒歩約5分

1 店内は布バッグや手芸用パーツの品々で埋め尽くされている 2 取り外しできるストラップ付きポーチ（89HK$） 3 看板モチーフのトートバッグ（118HK$）

4 写真映えするリノベカフェ
カラーブラウン
Colour Brown

布の倉庫だった建物内のらせん階段やコンクリート壁をそのまま残し、モダンに改装した店内は写真スポットとしても話題に。もともとコーヒーに定評があり、アレンジコーヒーのメニューに注目。

▶Map P.155-D2　深水埗

住 深水埗黃竹街13 G/F　G/F, 13 Wong Chuk St., Sham Shui Po　☎2791 7128　開 10:00~19:00　休 旧正月2日間　Card A M V　交 MTR深水埗駅A2出口から徒歩約5分

1 イメージカラーの濃いグリーンのらせん階段が店の奥に
2 手前はマンゴーパスクチーズケーキ(68HK$)、奥は黒ビールのような味わいのスチームド・アイスコーヒー(44HK$)
3 天井が高く奥に延びる造り
4 店主のエドウィンさん

5 香港風味のアイスクリーム店
迪雪糕専門店
HEA Ice Cream

塩漬けレモン＆セブンアップ、ジンジャー、黒ゴマ、豆腐の4種のアイスクリームがベース。素材の味が濃厚なアイスは、卵やバター、乳製品を使わずアーモンドミルクや豆乳などで手作りされている。

1 深水埗の南、太子駅寄りにある　2 ショウガをたっぷり使ったアイスに干し梅のアイスキャンディをトッピング　3 左は塩漬けレモン＆セブンアップ、右は黒ゴマと豆腐のミックス(各38HK$)

▶Map P.139-D2　香港全図

住 深水埗界限街10F 南楓樓G/F 5號舖　Shop 5, G/F, Nam Fung Mansion, 10F Boundary St., Sham Shui Po　☎5345 5954　開 12:30~20:00　休 月曜、旧正月3日間　Card A M V　交 MTR太子駅D出口から徒歩約7分、深水埗駅A2出口から徒歩約10分

Column
足を延ばして注目のショップへ

歴史あるニット工房と提携し、特色あるモチーフを遊び心たっぷりにデザインしたバッグや雑貨が話題の「フープラ」は、香港愛が詰まった店。深水埗から2駅先の荔枝角駅へGo!

フープラ Hoopla 合拍
▶Map P.139-D2　香港全図

香港全図　住 荔枝角長義街9 D2 Place1 期4樓Kiosk 9　Kiosk 9, 4/F, D2 Place ONE, 9 Cheung Yee St., Lai Chi Kok　☎2371 1344　開 11:00~20:00(旧暦1/1~1/3は14:00~18:00)　休 無休　Card M V　交 MTR荔枝角駅D2出口から徒歩約1分　URL shop.hoo-pla.com

1 工事看板のバッグ(429HK$)　2 漢字を織り込む技が自慢

香港の秋葉原「高登電腦中心」
コンピューター関連の小さな店が密集するビル。隣にも黃金電腦中心がある。
西九龍中心

天后廟 Tin Hau Temple
しっとりとした趣が漂う、海の女神を祀る古廟。

見どころストリート

鴨寮街 アップリウガイ
電気機器、携帯アクセサリー
電気製品や関連アクセサリー類、中古品などの露店が連なる。

福榮街 フォウヴィンガイ
おもちゃ問屋街
おもちゃやファンシーグッズ、文具などの小売りを兼ねた問屋がある。

基隆街、汝州街 ゲイロンガイ、ユーチャウガイ
生地・手芸用品の問屋街
アジア有数の生地問屋街。ボタンやビーズ、革製品など衣料関連の問屋もある。

Hong Kong　93

AREA GUIDE 08
九龍城／土瓜灣
Kowloon City, To Kwa Wan

MTR屯馬綫開通でアクセス至便に

暮らしが息づく
ローカルタウンに潜入！

2021年の屯馬綫全線開通で4つの新駅が誕生。これにより中心部からアクセスが格段によくなった九龍城、土瓜灣は香港の素顔に出会えるディープな街。

▶▶所要 5.5時間
おすすめコース ☑

九龍城エリア
10:30 九龍寨城公園
11:45 昌泰食品（香港）
　　　有限公司で買い物
12:30 南角でランチ
　　　[MTRで移動] 土瓜灣エリア
14:00 德祥茶莊
14:30 海心公園
15:15 浩記甜品

※宋皇臺駅前にある宋皇臺花園には13世紀後半、元の軍から逃れてこの地にたどり着いた南宋の幼い皇帝とその弟をしのぶ石碑がある。

AREA NAVI

☑ どんなところ？

九龍東部の土瓜灣は、かつて工業地帯があった地区。その北側の旧カイタック空港跡地一帯は再開発が進行中で、宋皇臺駅と啟德駅が誕生。宋皇臺駅からアクセス可能な九龍城はタイ人やタイ華僑が多く居住し、グルメの街としても有名。

💡 散策のヒント

MTR屯馬綫で目指す街の最寄り駅で下車して散策。宋皇臺駅から九龍城へは地下の連絡通路を5分ほど歩いて最寄りのB2、B3出口へ。土瓜灣駅は土瓜灣の中心部にある。

🚇 交通メモ

MTR尖東駅（尖沙咀駅と地下通路で直結）から土瓜灣駅まで8分、宋皇臺駅まで11分。

▶詳細Map P.154

九龍半島
九龍城
土瓜灣
九龍城
土瓜灣
ヴィクトリア湾
中環
香港島

九龍城にある九龍城街市は香港最大規模の市場。量も種類も豊富な生鮮食品や乾物、調味料に圧倒されそう

1 巨大スラム街「九龍城砦」の跡地
九龍寨城公園
Kowloon Walled City Park

魔窟と呼ばれた九龍城砦の跡地に造られた公園。池や東屋のある中国風の庭園になっていて、歴史や九龍城砦の住民の暮らしなどを展示する展覧館がある。見どころは1994年に発掘された清代建造の城壁南門の土台と門標。

▶Map P.154-A1　九龍城・啟德・土瓜灣

住 九龍城東正道 Tung Tsing Rd., Kowloon City　電 2716 9962　開 6:30～23:00（展覧館木～火曜10:00～18:00）休 無休（展覧館は水曜休館）料 無料　MTR宋皇臺駅B3出口から徒歩約8分

1 復元された歴史建造物の中に展覧館がある　2 19世紀半ばに清政府が築いた城壁の土台部分　3 九龍城砦のジオラマ

九龍城砦とは \Check!/

宋代に外敵を防御する砦がこの地に造られたのが起源で、清代は城壁や城門もある城塞に。城壁が取り壊された第2次世界大戦後、中国大陸からの難民が砦の跡地に住み着き、迷路状に密集する集合住宅群は無法地帯に。1993年に住宅群が取り壊され、1996年に九龍寨城公園が建設された。

2 ありとあらゆるタイ製品が揃う
昌泰食品（香港）有限公司
Cheong Thai Food (H.K.) Limited

小規模なスーパーマーケットといった造り。タイから取り寄せた食品やハーブ、スパイス、菓子、日用雑貨、お供え物と品揃えの多さに目を見張る。タイ料理の調理キットや調味料などをチェック。

▶Map P.154-A1　九龍城・啟德・土瓜灣

住 九龍城啟德道25-29 G/F　G/F, 25-29 Kai Tak Rd., Kowloon City　電 2382 1977　開 10:00～19:00（日曜12:00～）休 旧正月4日間　Card 不可　MTR宋皇臺駅B3出口から徒歩約3分

1 カレーやガパオ炒めの合わせ調味料（各9HK$）
2 化学調味料不使用のカレーペースト（各28HK$）
3 珍しいスパイスやハーブ、調味料が見つかる
4 美白効果をうたうパパイヤやタマリンド、マンゴスチンの石鹸（各15HK$）

3 南角 Nan Kok
ユニークなドリンクやフードが人気
ナームコッ

80年以上前の伝統建築の建物をリノベして開いたカフェ。古めかしくもモダンで落ち着いた雰囲気と、地元の食材にこだわり創意工夫を施した料理やドリンクで人気を集めている。

▶Map P.154-A1
九龍城・啟德・土瓜湾

住 九龍城南角道3 G/F、3號舖　Shop 3, G/F, 3 Nam Kok Rd., Kowloon City 電 なし 開 8:00～22:00(土・日曜8:30～) 休 無休 Card M V 交 宋皇臺駅B2、B3出口から徒歩約1分

1 奥に延びる細長い造り。壁や天井はオリジナル 2 濃厚チーズのような腐乳(豆腐の発酵食品)ソースのホタテのフェットチーネ(パスタ、138HK$)がおすすめ 3 アイス・パンダン・コーヒー(56HK$)は南国風味 4 シナモンフレンチトーストとコーヒーソーダ

早朝から夜まで営業してます

4 德祥茶莊 Tak Cheung Tea Shop
老舗の中国茶店
タッチョンチャーチン

1966年創業の中国茶の卸も行う小売店。数十年熟成を重ねたプーアル茶や鉄観音茶が店のおすすめ。量り売りがメインで通常150g～。中国福建省や台湾の銘茶の既製品も揃う。

▶Map P.154-A3
九龍城・啟德・土瓜湾

住 土瓜湾銀漢街13 G/F　G/F, 13 Ngan Hon St., To Kwa Wan 電 2766 3349 開 9:00～19:00 休 旧正月6日間 Card 不可 交 MTR 土瓜湾駅D出口から徒歩約3分

1 店内には茶葉の缶がズラリ 2 中国銘茶の商品。左からジャスミン茶、緑茶、ウーロン茶(180HK$～) 3 2代目店主に頼めばレトロな包装紙で手包みしてくれる 4 歴史を感じるたたずまい

5 海心公園 Hoi Sham Park
海に面したのどかな公園
ホイサムゴンユン

遊具や球技コートなどのある規模の大きな公園。1960年代の埋め立てで消滅した小さな島にあった「魚尾石」が公園内に残されている。風水がよいことで有名なこの岩の近くには海心亭(東屋)がある。

▶Map P.154-A3
九龍城・啟德・土瓜湾

住 土瓜湾旭日街　Yuk Yat St., To Kwa Wan 電 なし 開 5:30～23:30 休 無休 交 MTR 土瓜湾駅D出口から徒歩約5分

1 魚の尾に似た形状の魚尾石。以前はそばに龍母を祀る廟があった 2 海を一望できる海心亭でひと休み

6 浩記甜品 Ho Kee Dessert
地元ファンの多い甘味店
ホウゲイティムパン

1990年代から営業する実力店。広東の伝統的な甘味をメインにすべて手作りしている。甘過ぎず素材の味わいが濃厚なお汁粉系、特にクルミ汁粉(生磨合桃糊)やゴマ汁粉(生磨芝麻糊)がおすすめ。

▶Map P.154-A3
九龍城・啟德・土瓜湾

住 土瓜湾土瓜湾道237A益豐大廈G/F 111 & 122舖　Shop 111 & 122, G/F, I-Feng Mansions, 237A To Kwa Wan Rd., To Kwa Wan 電 9195 1017 開 10:00～翌1:00 休 旧正月8日間 Card 不可 交 MTR 土瓜湾駅D出口から徒歩約4分

1 マンゴーたっぷりの楊枝甘露(手前、33HK$)や白玉団子入りショウガの糖水(後方左、25HK$)も人気 2 店の造りはシンプル

ショッピングモール「エアサイド」AIRSIDE
センスが光るショップや旬のレストランが入店。▶P.28

土瓜湾十三街 To Kwa Wan 13 Street
11本の細い道に沿って1950年代建造の住宅が並ぶ一画を総称して「十三街」と呼ばれる。

フルカップ・プラネット・カフェ ▶P.32

れんが造りの牛棚藝術村 Cattle Depot Artists Village
かつて牛の食肉解体施設として使われた歴史建造物内のアート施設。芸術家の工房やイベント会場、公園がある。

AREA GUIDE 09
淺水灣
Repulse Bay

香港島南部の海岸で
のんびりリゾート気分に浸る
ビーチ沿いのショッピングモールを巡り、パワースポットでエネルギーチャージ。

1 エレガントな建物、レパルスベイ 2 弧を描くビーチ

レパルスベイは1955年のハリウッド映画『慕情』の舞台になった場所。

AREA NAVI

どんなところ?
香港島南部の高級住宅地。約300mにわたる白砂のビーチは人気の海水浴場。

散策のヒント
観光時間は2時間あれば十分。P.97の赤柱と組み合わせて半日観光としてもよい。

交通メモ
中環の交易廣場バスターミナルから6、6A、6X、260のバスで「淺水灣海灘」下車。所要25〜35分。

▶詳細Map P.149

1 優雅な中庭でひと休み
2 コロニアル建築の面影を残す回廊

海水浴場
弧を描く砂浜にシャワーや更衣室、スナック店が並び、夏はにぎわう。

淺水灣海灘
Repulse Bay Beach

レパルスベイG/Fの書店「ブッカジン」はカードや雑貨も揃う

Start! レパルスベイ（影灣園）
徒歩2分
160m
淺水灣道 Repulse Bay Rd.
海灘道
南灣道 South Bay Rd.
Beach Rd.
ザ・パルス
淺水灣道
Goal! 鎮海樓公園

1 コロニアルな写真スポット
📷 **レパルスベイ**
The Repulse Bay / 影灣園
▶Map P.149-C1 淺水灣
住 淺水灣淺水灣道109　109 Repulse Bay Rd., Repulse Bay 営 店によって異なるが、だいたい10:00〜18:00 交 バス停「淺水灣海灘」から徒歩約1分

20世紀前半〜後半に欧米人の社交場ホテルだった由緒ある建築物。現在、高層階は高級マンション、下層階は飲食店やショップが入っている。ペニンシュラ系列のレストラン「ベランダ」では英国式アフタヌーンティーが楽しめる。

2 海沿いのショッピングモール
🛍 **ザ・パルス**
The Pulse

1 潮風感じるL1のカフェ 2 L2の「ピーカーブー」はベビー&キッズ用品が充実
3 近隣に住む欧米人向けの店が主流

▶Map P.149-D1 淺水灣
住 淺水灣海灘道28 - 28 Beach Rd., Repulse Bay 電 2815 8888 営 店によって異なるが、だいたい10:00〜22:00 交 バス停「淺水灣海灘」から徒歩約8分
URL thepulse.com.hk

B1〜L2の3フロアに約30軒の人気レストランやショップが集合。海に面したL1のオープンエアのカフェやバーでは、ビーチリゾート気分でお茶や食事ができる。ショップはウオータースポーツ用品、子供用品をはじめ、ペットショップなど地域のニーズに応えたラインアップ。

3 海辺のパワースポット
📷 **鎮海樓公園**
チャンハイラウゴンユン
Kwun Yam Shrine

レパルスベイのビーチから東へ15分くらい歩いた所にある道教の神様を集めたパワースポット的な公園。長寿や繁栄、良縁などの願掛けができるスポットもあり、海辺の散策がてら足を延ばしてみよう。

▶P.41

1 10mを超す高さの観音像は迫力満点
2 入口の千歳門。この公園は中国人観光客に人気

渡ると寿命が延びるとされる長寿橋

海風に吹かれつつ
アーケード街でおみやげ探し!

赤柱の見どころはスタンレー・マーケット。リネン製品やエスニックウェアなどが見もの。

AREA GUIDE 10
赤柱 チェウチュウ
Stanley

スタンレー・ウオーターフロント・マート
Stanley Waterfront Mart
赤柱大街の海側のプロムナード沿いにカフェやショップなどが並ぶ。

AREA NAVI ▶詳細Map P.149

どんなところ?
ヨーロッパのリゾートを思わせる海辺の街。欧米人が多く居住する。休日は観光客でにぎわいを見せる。

交通メモ
中環の交易廣場バスターミナルから6、6A、6X、260のバスで「赤柱村」、または「赤柱村、赤柱村道」下車、所要40〜50分。

散策のヒント
買い物+ランチ(お茶)で、3時間くらい。休日はバスが混むので注意したい。

AREA GUIDE 09・10
淺水灣、赤柱

ポーチは28HK$〜

〈 おすすめ店 〉

---

1 アーケード街をぶらぶら散策
スタンレー・マーケット
Stanley Market / 赤柱市集

メインストリートの赤柱大街がアーケード街になっており、リネンやシルク製品、スワトウ刺繍、中国工芸品などの店が軒を連ねる。比較的値段が安く、おみやげによい品が見つかる。

▶Map P.149-D3 [赤柱]

住 赤柱赤柱大街 Stanley Main St., Stanley 開 店によって異なるが、だいたい10:00頃〜18:00頃 交 バス停「赤柱村、赤柱村道」から徒歩3分

1 定番のおみやげ雑貨の店もある 2 場所柄リゾート着の店が多い 3 アーケード街を散策

2 愛らしい洋館ベーカリーカフェ
パーネ・エ・ラッテ
Pane e Latte

海沿いの一角にひときわ目立つ瀟洒な建物は、ピンクの内装が女性に人気。カウンターに並ぶ、イタリア人シェフの職人技が光るパンやスイーツ、家庭料理のよさを残した食事メニューがおすすめ。

▶Map P.149-D3 [赤柱]

住 赤柱赤柱市場道25啟厚閣G/F G/F, U-C Court, 25 Stanley Market Rd., Stanley TEL 2337 7221 開 8:00〜22:00 休 なし 予算 150HK$〜 Card JMV ※現金不可 予望ましい 交 バス停「赤柱村、赤柱村道」から徒歩約5分 URL www.paneelatte.hk

1 手前はリビエラパンケーキ(148HK$)、後方右はティラミス・ボンボローニ(45HK$)。料理メニューもある
2 会話もはずむおしゃれな店内

かわいいリネン小物
ベッド&ビヨンド
Bed & Beyond

ベッドリネンをメインに小物雑貨も豊富。刺繍がキュートなポーチやランドリーバッグはおみやげに人気。

▶Map P.149-D3 [赤柱]

住 赤柱大街17 17 Stanley Main St. TEL 2539 0309 開 10:00〜18:00 休 旧正月1日 Card AMV 交 バス停「赤柱村、赤柱村道」から徒歩約5分

名前や縁起のよい文字をカードに
レインボー花文字
Rainbow Hanamoji

中国の吉兆モチーフを漢字に織り込んだ「花文字」。店主のジョナサンさんの描く花文字は美しい。

▶Map P.149-D3 [赤柱]

住 赤柱大街49 49 Stanley Main St. TEL 9389 0077 開 10:00〜17:00 休 旧正月3日 Card JMV 交 バス停「赤柱村、赤柱村道」から徒歩約4分

3 ライフスタイルを発信
スタンレー・プラザ
Stanley Plaza / 赤柱廣場

ショッピングセンター、再建されたヴィクトリア建築の美利樓、円形廣場などで構成される複合施設。ショッピングセンターには約35店入居。ライフスタイルを提案する店が多く、飲食店も充実。

▶Map P.149-C2 [赤柱]

住 赤柱佳美道23 23 Carmel Rd., Stanley TEL 2813 4623 開 店によって異なるが、だいたい10:00〜20:30 中環中交易廣場バスターミナルから6X、66のバスで「赤柱廣場」下車すぐ。バス停「赤柱廣場」からも徒歩約10分 URL www.linkhk.com/en/shopCentre/splxc2

1 4/Fのテラスの願掛けコーナー
2 廣場に面したショッピングセンター
3 眺めのよいテラスで休憩しよう

Hong Kong 97

AREA GUIDE 11
ランタオ島 大嶼山 Lantau Island

自然豊かなランタオ島で
山と海の名所探訪

山上の大仏に水上家屋の村
都会の喧騒を抜けて
緑あふれる島へ小旅行

AREA NAVI

どんなところ？
離島のなかで最大の島。島の大部分が山でハイキングに訪れる人が多い。島の北に隣接する埋立地に空港がある。

散策のヒント
交通の要は東涌（MTR駅あり）、おもな船が発着する港は梅窩、愉景灣。島内の交通はバスかタクシー。昂坪で飲食施設があるのはゴンピン・ビレッジ内とその周辺、寶蓮禪寺の齋堂（精進料理）。

交通メモ
昂坪～大澳の21番バスは、平日は1時間に1本の割合（日曜、祝日は増便、料金割増。所要40～60分。
▶詳細Map P.155

▶所要 6時間
おすすめコース

昂坪エリア
10:00 ケーブルカーで山の上へ
10:30 ゴンピン・ビレッジ
11:30 天壇大佛
12:00 寶蓮禪寺

大澳エリア
14:00 大澳の観光ボート遊覧
15:00 大澳の路地散策

昂坪バスターミナル
ゴンピン・ビレッジの西側に隣接。大澳、梅窩、東涌中心部へのバスが発着。

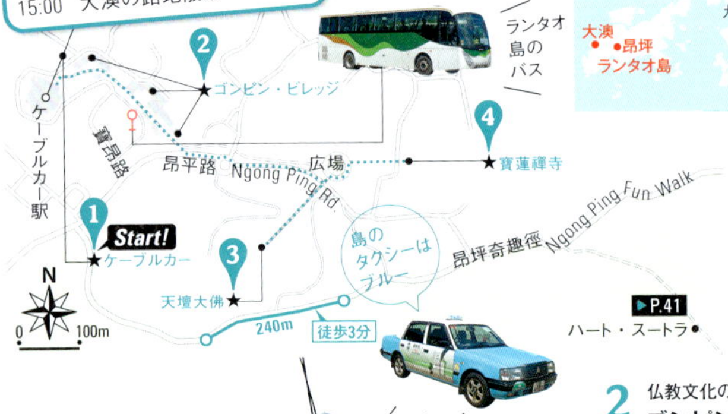

新界
九龍半島
香港島
大澳 昂坪
ランタオ島

① Start! ケーブルカー
② ゴンピン・ビレッジ
③ 天壇大佛
④ 寶蓮禪寺

昂坪路 Ngong Ping Rd
広場
昂坪奇趣徑 Ngong Ping Fun Walk
島のタクシーはブルー
240m 徒歩3分
ハート・スートラ ▶P.41

1 約25分の上空散歩！
ケーブルカー
Ngong Ping 360　昂坪360

東涌駅B出口西側にある乗り場とゴンピン・ビレッジ間の6kmを結ぶケーブルカー（ロープウエイ）。約25分の空の旅が楽しめる。床がガラス張りのクリスタルキャビンもある。

ケーブルカー駅にはおみやげコーナーがある

ゴンピン・ビレッジのケーブルカー駅

▶Map P.155-C3　ランタオ島
住 大嶼山東涌達東路11 11 Tat Tung Rd., Tung Chung, Lantau Island ☎3666 0606 営10:00～東涌への最終ケーブルカー18:00 休無休 料片道195HK$（95HK$）、往復270HK$（135HK$）※（）内は3～11歳 Card AJMV 交MTR東涌駅B出口から徒歩約5分 URL www.np360.com.hk

2 仏教文化のテーマパーク
ゴンピン・ビレッジ
Ngong Ping Village　昂坪市集

白壁の建物が連なる中国風街並みを再現。お釈迦様の悟りへの道筋を紹介する展示館や4DやVRなど最新の体験型アトラクションをはじめ、飲食店やショップが約25軒ある。入場は無料、各アトラクションは有料。

五感を刺激する4Dアトラクション「モーション360」

▶Map P.155-C3　ランタオ島
住 大嶼山昂坪路 Ngong Ping Rd., Lantau Island ☎3666 0606 営11:00～17:00（祝日は変更されることもある）休無休 料入場無料、アトラクションは有料 Card AMV 交昂坪ケーブルカー駅から徒歩約1分 URL www.np360.com.hk

1 中国茶のティーハウスもある
2 ビレッジ内を歩けば山上の天壇大佛が見えてくる

縁起物や願掛けも

天壇大佛の台座内部は展示館になっていて下の階は参観自由、上の階は齋堂の食券を買った人のみ入場可能。

3 世界最大級の野外仏
天壇大佛 ティンタンダーイファッ
The Big Buddha

ランタオ島を代表する観光地がここ。木魚山の頂上付近、標高482mに鎮座する巨大仏だ。約270段の石段を上るにつれ、天上界に近づくような神聖な気分になる。

大仏へ続く石段は約270段ある

▶ Map P.155-C3　ランタオ島

住 大嶼山昂坪寶蓮禪寺 Po Lin Monastery, Ngong Ping, Lantau Island **TEL** 2985 5248 **開** 10:00～17:30 **休** 無休 **料** 無料 **交** 昂坪ケーブルカー駅から徒歩8分、昂坪バスターミナルから徒歩10分 **URL** www.plm.org.hk

1 大仏の台座の周りは一周できる展望スペースが設置されており、絶景も楽しめる 2 案内板が整備されている

台座の六天母像

4 彩り鮮やかな大型寺院
寶蓮禪寺 ポーリンシムジー
Po Lin Monastery

▶ Map P.155-C3　ランタオ島

住 大嶼山昂坪 Ngong Ping, Lantau Island **TEL** 2985 5248 **開** 9:00～18:00 **休** 無休 **料** 無料 **交** 昂坪ケーブルカーから徒歩約8分、昂坪バスターミナルから徒歩10分 **URL** www.plm.org.hk

天壇大佛のそばにある規模の大きな寺。精緻な極彩色の装飾が施された大雄寶殿を中心に数々のお堂や齋堂（食堂）がある。

Column
大仏メモ

木魚山の頂上付近標高482mに鎮座する。ハスの台座からの高さは約26m、基座からは34m。大仏は中国本土のある北を向いており、きれいな写真を撮るなら晴れた日の午前中に。

山の斜面に8の字を描く木柱

聖地ハート・スートラ（心經簡林）

天壇大佛から東へ山道をたどると約15分。開けた稜線に「般若心経」を刻んだ木柱が並ぶパワースポットがある。柱の間を歩いてエネルギーチャージ！ ▶P.41

お参りしよう

大雄寶殿は釈迦像をはじめ3体の仏像を安置

5 水上家屋が並ぶ水路を周遊
大澳でボート観光 タイオウ
Tai O

▶ Map P.155-C3、P.99　ランタオ島

水上家屋村の大澳の醍醐味は、ボートでの水上観光にあり！ 西側の沿岸と村の中の水路を巡る約20分のツアーが催行されており、乗り場は横水渡大橋付近。

住 大嶼山大澳 Tai O, Lantau Island **開** 10:00～17:30 **休** 無休 **料** 約20分のボートツアーひとり50HK$ **交** 大澳のバスターミナルから徒歩数分

1 水上家屋の暮らしに触れられる 2 横水渡大橋をくぐって内海へ 3 約20分のツアー

水上家屋を結ぶ住民の大事な交通網。1979年建造。水路の撮影ポイントでもある。**新基大橋** Sun Kei Bridge

關帝古廟
1500年前後に創建された古刹。屋根の陶製の飾りが見事。

野鳥が生息

6 商店が並ぶ路地歩き
大澳永安街、吉慶街 ダーイオウウィンオンガーイ、ガッヒンガーイ
Tai O Wing On St., Kat Hing St.

名物の蝦醤

大澳は路地歩きが楽しい。大澳名産の海産乾物やエビの発酵調味料（蝦醤）の店、食堂やスナック店が軒を連ねている。食べ歩きをしながら歩いてみよう。

蝦醤と豚ミンチのクレープ巻き

▶ Map P.99　ランタオ島

住 大嶼山大澳 Tai O, Lantau Island **交** 大澳のバスターミナルから徒歩1～5分

1 大澳永安街 2 魚介の乾物が並ぶ 3 エビの発酵調味料の製造販売店「張財記」の人気スナック

AREA GUIDE 11　ランタオ島

Hong Kong　99

AREA GUIDE 12
香港ディズニーランド・リゾート
Hong Kong Disneyland Resort

攻略ポイントを伝授！
憧れの人気パークの楽しみ方5

香港でしか体験できないアトラクションやショーは見逃せない。平日なら待ち時間は短く、効率よく回れる。

新界
●香港ディズニーランド・リゾート
九龍
ランタオ島　香港島

指定のアトラクションに優先アクセスできる「ディズニー・プレミア・アクセス」（199HK$〜）を購入すれば、行列回避できる。

AREA NAVI

どんなところ？
年々新しいアトラクションが登場し、2024年12月現在、100以上のアトラクションとショーがある。

散策のヒント
旧正月や祝日、週末など混む日はディズニー・プレミア・パス（ファストパス）を活用。パレードの時間は時期によって変わるので要チェック。15分くらい前に見物場所を確保。

交通メモ
MTR東涌綫欣澳駅で迪士尼綫に乗り換え、迪士尼駅下車。香港駅から約40分、尖沙咀駅からなら荔景駅で東涌綫に乗り換え約50分。

▶詳細Map P.155

1 人気者からレアキャラまで グリーティングに大興奮！

ミッキー&ミニーをはじめ、キャラクターと会えるチャンスが多いのが魅力。比較的待ち時間も短く、握手やハグ、写真撮影などができる。時間はゲストリレーションで確認。

タウンスクエアのガゼボがグリーティングスポット

タウンスクエア

ドナルド&デイジー
会えてうれしい!!!
ミニーちゃんのサイン
サインにも応じてくれる
おしゃれしてきたよ！

2 『アナと雪の女王』の世界へ！ 「ワールド・オブ・フローズン」を満喫

2023年11月にオープンした『アナと雪の女王』のテーマエリア。物語の舞台であるアレンデール王国の世界観を完全再現。3つのアトラクションが映画の世界へいざなう。

1 アナとエルサのグリーティング
2 美しく再現されたアレンデール城

E フローズン・エバー・アフター
Frozen Ever After

映画のキャラクターたちと一緒にアレンデール王国を旅するボートライド。名シーンや楽曲にどっぷり浸れる。

ボートに乗って氷の宮殿と魔法を体験 ©Disney

●香港ディズニーランド・リゾート
Hong Kong Disneyland Resort / 香港迪士尼樂園度假區

ランタオ島北部に位置し、パーク（香港ディズニーランド）と3つのホテルがある。

▶Map P.155-D2 ランタオ島

住 大嶼山香港迪士尼樂園度假區　Hong Kong Disneyland Resort, Lantau Island　電 3550 3388　開 10:00〜21:30（曜日や時期によって変わるのでホームページで要確認）　休 無休
料 669HK$〜（3〜11歳、65歳以上499HK$〜）　Card AJMV
交 →P.100 交通メモ
URL www.hongkongdisneyland.com/ja

E ワンダリング・オーケンズ・スライディング・スレイ
Wandering Oaken's Sliding Sleighs

ワールド・オブ・フローズン限定のローラーコースター。ソリのコースターに乗って、冒険へ出発！

洞窟を抜け、水上を駆け抜ける ©Disney

E プレイハウス・イン・ザ・ウッズ
Playhouse in the Woods

アナ、エルサ、オラフが繰り広げるショー。プロジェクションマッピング、特殊効果、感覚的要素が融合した演出が楽しい。

物語のなかに没入！ ©Disney

3 香港ならではのドキドキ体験
日本未上陸アトラクションをチェック

香港ディズニーランドが誇る人気の高いアトラクションをご紹介。

B ビッグ・グリズリー・マウンテン・ラナウェイ・マイン・カー
Big Grizzly Mountain Runaway Mine Cars

19世紀後半のゴールドラッシュに沸くアメリカ西部が舞台。猛スピードでコースターが疾走。

1・2 鉱山列車はイレギュラーな動きも 3 歌や音楽で迎えてくれる

C ミスティック・マナー
Mystic Manor

ミステリアスな館内をエレクトリックカーに乗って巡るホラーアトラクション。さまざまな仕掛けが待ち受けている。

不思議な現象が次々に

F ハイパースペース・マウンテン
Hyperspace Mountain

スター・ウォーズのバトルに参戦

D RCレーサー
RC Racer

高さ約27mのU字形のトラックを上下に駆け抜ける。

真っ逆さま!!

見ているだけでもドキドキする

4 あのミュージカルが見られる!
ライオン・キングのショーは見応え十分

名作『ライオン・キング』を30分に凝縮し、大がかりな舞台装置とキャストの歌と踊り、炎の演出などで白熱のショーに。

大がかりな舞台装置も見どころ

A フェスティバル・オブ・ザ・ライオン・キング
Festival of The Lion King

開 1日4回上演(時間は日によって異なる)

5 お城の前で繰り広げられる
ショーを満喫!

2020年に開園15周年を記念して誕生したお城「キャッスル・オブ・マジカル・ドリーム」の前でミュージカルとナイトショーが楽しめる。

約20分の昼のショー

©Disney

フォロー・ユア・ドリーム
Follow Your Dreams

ミッキーマウスと仲間たち、『モアナと伝説の海』のモアナなど人気者が揃って出演するミュージカルショー。

1日2~3回上演
©Disney

「モーメンタス」ナイトタイム・スペクタキュラー
"Momentous" Nighttime Spectacular

プロジェクションマッピングや音楽などマルチメディアを駆使した壮大なショー。

毎晩20:00、または20:30
©Disney

AREA GUIDE 12
香港ディズニーランド・リゾート

©Disney

- トイ・ストーリーランド
- ミスティック・ポイント
- ワールド・オブ・フローズン
- パレードのルート
- ファンタジーランド
- アドベンチャーランド
- トゥモローランド
- グリズリー・ガルチ
- キャッスル・オブ・マジカル・ドリーム
- エンポーリアム S
- インフォメーションセンター i
- ゲストリレーション
- タウンスクエア
- 入口
- アイアンマン・エクスペリエンス
- メインストリート USA
- S メインストリート・マーケット/ベーカリー

CHECK!
スイーツやグッズも楽しもう!

スイーツはメインストリート・マーケットやベーカリー、グッズは「エンポーリアム」などのショップで買える。

ミッキーマウスのワッフル

1 スイーツも豊富 2 2本セットのチョコブラウニー 3 Tシャツ(198HK$) 4 マグカップ(98HK$)

Hong Kong 101

AREA GUIDE 13
香港オーシャンパーク
Ocean Park Hong Kong

ローカルチックな楽しさ満点

スリルも癒やしもたっぷり
最強レジャーパークで遊ぼう！

水族館、動物園、遊園地が合体したレジャーランド。動物に大接近し、絶叫マシンで興奮！

▶所要 7時間

おすすめコース
- 10:00 ケーブルカーで山上エリアへ
- 10:30 「サミット」エリア
- 13:30 タキシード・レストランでランチ
- 14:30 オーシャン・エクスプレス乗車
- 14:45 「ウォーターフロント」エリア
- 16:30 ギフトショップで買い物

グランド・アクアリウム。頭上の水槽をエイが泳ぐ

AREA NAVI

どんなところ？
1977年創設の大規模なテーマパーク。自然の地形を利用しており、絶景も楽しめる。

散策のヒント
正門がある「ウォーターフロント」と山上の「サミット」の2エリアに分かれている。サミットのほうが広くアトラクションも多彩。ウェブサイトでショーの時間をチェックしよう。

交通メモ
MTR金鐘駅始発の南港島綫でひとつ目（所要6分）、海洋公園駅B出口から徒歩1分。中環、銅鑼灣からタクシーで15〜25分（70〜90HK$）。

▶詳細Map P.103

1 眼下に絶景シービュー
ケーブルカー
Cable Car / 登山纜車

急斜面の山肌を一気に上昇。すばらしい海景色が望める。所要約15分

1 はるか離島まで見渡せる 2 スリルあり！

2 アドレナリン全開！
「サミット」エリア
The Summit / 高峰

スリル系の乗り物を中心に極地や熱帯の展示館、サメやアシカ、アザラシの観察施設もある。

1 スリルマウンテン入口 2 サミット全景

3 ペンギンを見ながら食事ができる
タキシード・レストラン
Tuxedos Restaurant / 冰極餐廳

南極の展示館「サウスポール・スペクタキュラー」に隣接。氷の部屋をイメージした店内からペンギンが泳ぐ様子が見られる。パスタやピザ、ポークカツカレーなどがおすすめ。

1・2 ペンギンが泳ぐ水槽があるタキシード・レストラン 3 ペンギンをかたどったピザ（288HK$）

「サミット」目玉の施設＆アトラクション

ワイルド・ツイスター
Wild Twister / 狂野龍捲風

メインアーム、延長アーム、シートがそれぞれ違う方向に回転

フラッシュ
The Flash / 翻天覆地

車輪状の乗り物が回転しながら地上22mの高さへ

ヘアレイザー
Hair Raiser / 動感快車

1 園内で一番の恐怖アトラクションがこれ 2 床のない宙づりコースター

レブブースター
Rev Booster / 雷霆節拍

1 波打つように猛スピードで回転する 2 遠心力がかかり見た目以上のスリルあり

エクスペディション・トレイル
Expedition Trail / 熱帯雨林探険區

1 インコがお出迎え 2 お昼寝中のカピバラ 3 アカテタマリン 4 急流下りもある

ノースポール・エンカウンター
North Pole Encounter / 北極之旅

ゴマフアザラシ

アザラシが頭上を泳ぐトンネル水槽

パークに近接してホンコン・オーシャンパーク・マリオット・ホテル、南西側にフラトン・オーシャンパーク・ホテル・ホンコンがある。

4 列車内もアトラクション
オーシャン・エクスプレス
Ocean Express／海洋列車

地下を通り約4分で両エリアを結ぶ列車。潜水艦をイメージし、海底探検を演出する列車内の仕掛けもお楽しみ。

1 海底探検気分を味わえる列車　2 列車内では映像や音響で楽しませてくれる

5 本命はパンダ！
「ウオーターフロント」エリア
The Waterfront／海濱樂園

大人気のパンダ＆レッサーパンダは必見。メインの水族館や子供向けアトラクションがある。

1 アクアシティの中心にあるラグーン　2 パンダ館は2ヵ所ある

6 動物グッズが種類豊富
ウオーターフロント・ギフト
Waterfront Gifts／海濱禮品廊

動物グッズが豊富

正面入口近くにあるギフトショップ。パーク全体のおみやげが揃っているので、買い物はここで。

アシカの人気キャラ、ウィスカーズ

1 マンタとサメのボールペン　2・3 レッサーパンダとアザラシのぬいぐるみ　4 キッズ用リュック

「ウオーターフロント」目玉の施設＆アトラクション

赤ちゃんパンダが誕生！
ジャイアントパンダ・アドベンチャー
Giant Panda Adventure／大熊貓之旅

1 パンダ館は2館あり全6頭　2 レッサーパンダも見られる

愛らしい姿にくぎ付け
リトル・ミーアキャット・アンド・ジャイアントトータス・アドベンチャー
Little Meerkat and Giant Tortoise Adventure／小狐獴與大象龜之旅

マンタの遊泳ウオッチ
グランド・アクアリウム
The Grand Aquarium／海洋奇観

ミーアキャットとゾウガメの展示館

海中世界が観察できる巨大水槽。マンタやエイが悠々と泳ぐ

●香港オーシャンパーク
Ocean Park Hong Kong／香港海洋公園　▶Map P.139-D2　香港全図

住 香港仔黄竹坑道　Wong Chuk Hang Rd., Aberdeen　TEL 3923 2323
開 10:00～19:00 ※時期によって変わるので要チェック　休 無休　料 大人498HK$、子供(3～11歳)249HK$　Card A D J M V　交 MTR海洋公園駅B出口から徒歩約1分　URL www.oceanpark.com.hk

CHECK!　▶Map P.103
パーク隣接のウオーターワールド
2021年に全天候型の大規模なプール施設が誕生。

RELAXATION 01

技術も確かで立地もよい店をセレクト
癒やしのマッサージでリラックス

旅で疲れた足や体を
街で評判のオアシスですっきりリセットしよう。

オフィス街にあるマッサージ店は、ランチタイムや夕方から夜にかけては会社勤めの人で混み合う。予約なしなら平日14〜18時が狙い目。

広いスペースに大きめのマッサージチェアが配置された足と頭・肩のマッサージの部屋

1 全身マッサージの部屋は写真のシングルとカップルルームがある
2 デトックス効果のあるミルキーフットバス

ゆったりチェアに体を預けてリラックス

マッサージオイルは3種類ある

ココが Point!
サービスのお茶がスペシャル。漢方素材をブレンドした体によいお茶は購入もできる。

ユキナシやクコの実、ナツメ、黒糖などをブレンドしたオリジナルティーがサーブされる

五感を癒やしてくれる
沐館 MOOOD MASSAGE
(モックン)

木を多用した店内はナチュラルカラーで統一され、心地よいアロマがリラックスへ誘う。足ツボや肩・首、全身など単体のメニューもあるが、深いリラックスを求めるならフットバス＋足ツボ＋頭・肩のセットコースを。熟練のマッサージ師が、各自の心地よい強さで施術してくれる。

▶ Map P.147-D2

湾仔・銅鑼湾

住 銅鑼灣軒尼詩道489銅鑼灣廣場一期G/F, G19舖　G19, G/F, Causeway Plaza 1, 489 Hennessy Rd., Causeway Bay 電 5601 6622 営 11:00〜23:00(最終入店22:00) 休 旧正月3日間 料 足ツボマッサージ45分268HK$〜、フットバス+足ツボマッサージ+頭・肩のマッサージ488HK$、アロマオイル全身マッサージ45分368HK$〜 Card A J M V 予 望ましい。土・日曜は2日前までに要予約 交 MTR銅鑼灣駅B出口から徒歩約1分 URL mooodmassage.hk

2005年開業のマッサージ店。観光客の利用も多い

ココが Point!
肩のクッションからふわり漂う、ハーブ＆漢方の香りも心地よい。

伝統的なマッサージに定評あり！
古法足道 Gao's Foot Massage
(グーファッチョッドウ)

中環のオフィス街にあり、店自慢の伝統的なリフレクソロジーは、地元のOLをとりこにしている。フットマッサージ中は、温めた小石入りのクッションを肩にかけてくれ、適度な重みと熱で首や肩も同時にほぐれる。足とボディがセットになったお得なコースもある。

▶ Map P.144-A2

中環・金鐘

住 中環皇后大道中79 萬興商業大廈3樓 3/F, Man Hing Commercial Bldg., Queen's Rd. Central, Central 電 2810 9613 営 10:00〜24:00 休 無休 料 足ツボマッサージ50分278HK$、足マッサージ45分+肩・首マッサージ30分390HK$ Card A J M V 予 予約をしたほうがよい 交 MTR中環駅D2出口から徒歩約5分

首まわりがホカホカ

1 足マッサージのチェアはソファ風。約40席を揃えていて、グループで利用できる部屋もある
2 中国式指圧やアロママッサージなどの全身マッサージの施術室

上海式ペディキュアにトライ
ゼン・マッサージ＆フットリフレクソロジー
Zen Massage & Foot Reflexology

足ツボとボディのマッサージほか、上海式ペティキュアでツルツルの足裏を実現。足ツボにはネックピローのサービスもうれしい。中環のミドルベル・エスカレーター沿いという好立地にあり、ランチタイムや夕方には近隣オフィスに勤める人たちが次々訪れる人気店。

ココが Point! 歩き疲れた足の疲れも取れ、足裏の硬くて分厚い角質もすっきり。

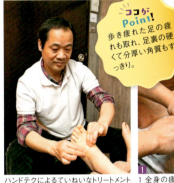

3 暗めの照明でリラックス　4 洗練されたモダンな雰囲気

ハンドテクによるていねいなトリートメントで老廃物を流していく

1 全身の疲労も足ツボで解消　2 上海式ペディキュア専用の刃でそぐように角質を削る

▶ Map P.144-A2　中環・金鐘
住 中環威靈頓街98 翡翠中心6樓 6/F Jade Centre, 98 Wellington St., Central
TEL 2142 1119　開 11:00～22:00　休 旧暦12/31、旧正月3日間　料 足ツボマッサージ50分238HK$、全身マッサージ50分318HK$、上海式ペディキュア(足の角質取り)218HK$　Card J M V　予 土・日曜は前日までに予約をしたほうがよい　交 MTR中環駅D2出口から徒歩約8分

Column
上海式ペディキュアとは？
中国の伝統的な足裏と爪のケア。ネイルサロンのペディキュアとは異なり、彫刻刀や小刀のような専用刃物を使い分け、見事な手さばきで角質をそぐように削り落とし、爪を整える。パンプスなどでできた分厚い足裏の角質やタコ、魚の目などもツルツルに！ 長期滞在で頻繁に通えば、巻き爪や爪の変色などにも効果があるそう。

ココが Point! 中環の大館(→P.26)近くのソーホーエリアにあり、観光途中に立ち寄れる。

タイマッサージではときにアクロバティックにほぐされる

タイマッサージをはじめ豊富な施術メニュー
チー・ワー・サイアム・デイスパ
Chi Wa Siam Day Spa

タイ人のセラピストが本場タイの技術で疲れや凝りを和らげてくれる。伝統的なタイマッサージをはじめ、タイのハーバルボールを用いるマッサージや、保湿オイルでのスキンケアとマッサージを組み合わせた施術など豊富なメニューがあり、施術時間も45～120分から選べる。足マッサージの専用コーナーも備わる。

▶ Map P.144-A2　中環・金鐘

1 マッサージベッドは6台ある　2 足マッサージやマニキュア・ペディキュアのコーナー。足マッサージもさまざまな手法のメニューを用意　3・4 タイハーブをくるんだハーバルボールで凝りをほぐし血行をよくするマッサージも

住 中環荷李活道26-28永寧大廈2樓　2/F Winning House, 26-28 Hollywood Rd., Central　TEL 2814 0633　開 10:00～20:00　休 無休　料 トラディショナルタイマッサージ45分275HK$～、ハーバルコンプレス・タイ・メディカル(ハーバルボールのマッサージ)45分570HK$～　Card M V　予 要予約　交 MTR中環駅D2出口から徒歩約8分　URL chiwasiam.com

RELAXATION 01

癒やしのマッサージでリラックス

Hong Kong

香港のおすすめホテル

2023～2024年に約20の新ホテルが誕生した香港。
憧れの高級ホテルから
おしゃれなデザインホテルまで多種多様！

\Check!/
中環～金鐘、尖沙咀は、移動に便利で高級ホテルも集中。中級は上環、灣仔～銅鑼灣、尖沙咀～旺角に多く、年中混むので早めに予約を。

2025年1月1日よりホテル宿泊税が課税されることになり、宿泊料金の3%が加算される。

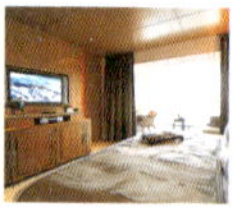

マンダリン・オリエンタル・ホンコン
Mandarin Oriental, Hong Kong
ヒョンゴンマンワートンフォンチャウディム
香港文華東方酒店
★★★★★

1963年創業の歴史を誇る。西洋と東洋が調和した内装、ハイテク設備、サービスも一流。

▶Map P.144-B2 中環・金鐘

住 中環干諾道中5　5 Connaught Rd. C., Central
TEL 2522 0111 料 4200HK$～ URL www.mandarinoriental.com/en/hong-kong/victoria-harbour

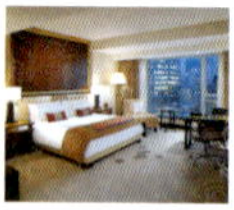

フォーシーズンズ ホテル・ホンコン
Four Seasons Hotel Hong Kong
ヒョンゴンセイクワイチャウディム
香港四季酒店
★★★★★

IFCに位置するラグジュアリーホテル。広東料理「龍景軒」はミシュラン3つ星。

▶Map P.144-B1 中環・金鐘

住 中環金融街8　8 Finance St., Central
TEL 3196 8888 料 4100HK$～
URL www.fourseasons.com/hongkong

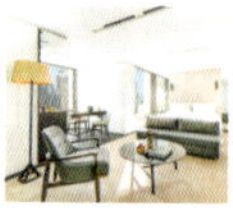

マレー・ホンコン・ア・ニッコロ
The Murray, Hong Kong, a Niccolo Hotel
ヒョンゴンメイレイチャウディム
香港美利酒店
★★★★★

1969年建造の歴史遺産をリノベーションし、洗練された大人のホテルとして2018年に開業。

▶Map P.144-B3 中環・金鐘

住 中環紅棉路22　22 Cotton Tree Dr., Central
TEL 3141 8888 料 3600HK$～ URL www.niccolohotels.com/en/the-murray-hong-kong

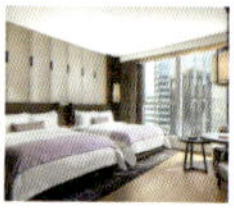

セント・レジス・ホンコン
The St. Regis Hong Kong
ヒョンゴンソイカッチャウディム
香港瑞吉酒店
★★★★★

邸宅をイメージした隠れ家のようなホテル。客室チェックインやバトラーサービスを提供。

▶Map P.146-B2 灣仔・銅鑼灣

住 灣仔港灣徑1　1 Harbour Drive, Wanchai
TEL 2138 6888 料 5400HK$～ URL www.marriott.com/en-us/hotels/hkgxr-the-st-regis-hong-kong

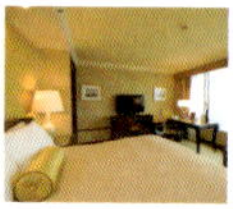

コンラッド・ホンコン
Conrad Hong Kong
ヒョンゴンゴンライチャウディム
香港港麗酒店
★★★★★

客室はパシフィック・プレイスの40/F～61/Fと高層階。豪華でレストランの評価も高い。

▶Map P.145-C・D3 中環・金鐘

住 金鐘金鐘道88　太古廣場　Pacific Place, 88 Queensway, Admiralty TEL 2521 3838 料 2200HK$～
URL conradhongkong.com

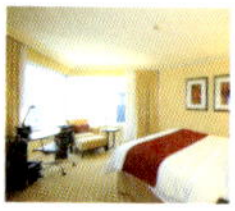

JW マリオット・ホテル・ホンコン
JW Marriott Hotel Hong Kong
ヒョンゴンジェイダブリュマーンホウチャウディム
香港JW萬豪酒店
★★★★★

パシフィック・プレイスにあり、眺めのよい客室や充実の飲食施設でビジネス客を魅了。

▶Map P.145-D3 中環・金鐘

住 金鐘金鐘道88　太古廣場　Pacific Place, 88 Queensway, Admiralty TEL 2810 8366 料 2680HK$～
URL www.jwmarriotthongkong.com

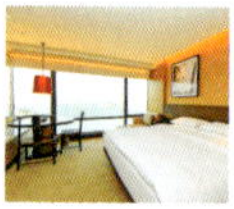

グランド・ハイアット・ホンコン
Grand Hyatt Hong Kong
ヒョンゴンゴンライチャウディム
香港君悅酒店
★★★★★

コンベンションセンターに隣接する超高級ホテル。11/Fのスパも人気でスパ専用客室もある。

▶Map P.146-B1 灣仔・銅鑼灣

住 灣仔港灣道1　1 Harbour Rd., Wanchai
TEL 2588 1234 料 3800HK$～
URL hongkong.grand.hyatt.com

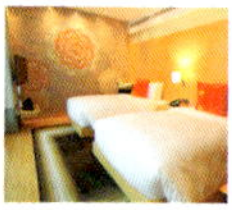

ホテル・インディゴ・ホンコンアイランド
Hotel Indigo Hong Kong Island
ゴンドウインディッガッチャウディム
港島英迪格酒店
★★★★

「オールド灣仔」がテーマの装飾が印象的。屋上プールは空に浮かぶようなおもしろい仕掛けも。

▶Map P.146-B3 灣仔・銅鑼灣

住 灣仔皇后大道東246　246 Queen's Rd. East, Wanchai TEL 3926 3888 料 1650HK$～
URL www.hotelindigo.com/hongkong

ミラムーン
Mira Moon
マンユッチャウディム
問月酒店
★★★★★

赤を基調に中秋節がモチーフのデザインホテル。市内で使えるiPad miniを客室に完備する。

▶Map P.147-C2 灣仔・銅鑼灣

住 銅鑼灣謝斐道388　388 Jaffe Rd., Causeway Bay TEL 2643 8888 料 1800HK$～
URL www.miramoonhotel.com

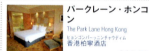

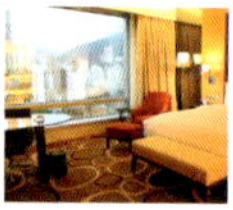

クラウン・プラザ・ホンコン・コーズウェイ・ベイ
Crowne Plaza Hong Kong Causeway Bay
ヒョンゴントンローワンウォンクンガーヤッチャウディム
香港銅鑼灣皇冠假日酒店
★★★★★

繁華街に近い都会派ホテル。34㎡～の広い客室や屋外プールなどリゾート感も兼ね備える。

▶Map P.147-D2 灣仔・銅鑼灣

住 銅鑼灣禮頓道8　8 Leighton Rd., Causeway Bay
TEL 3980 3980 料 2000HK$～
URL www.cphongkong.com

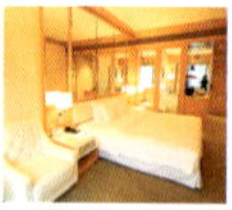

リーガル・ホンコン
Regal Hong Kong
フーホウヒョンゴンチャウディム
富豪香港酒店
★★★★★

シャンデリアや大理石をあしらい豪華でクラシカルな雰囲気。客室は広めで最新設備も整う。

▶Map P.147-D2 灣仔・銅鑼灣

住 銅鑼灣怡和街88　88 Yee Wo St., Causeway Bay TEL 2890 6633 料 3400HK$～
URL www.regalhotel.com/regal-hongkong-hotel

パークレーン・ホンコン
The Park Lane Hong Kong
ヒョンゴンパーッニンチャウディム
香港柏寧酒店
★★★★★

眺めがよく最上階に「スカイ・ルーフバー」がある。機能的でシンプルな客室はビジネス客にも好評。

▶Map P.147-D2 灣仔・銅鑼灣

住 銅鑼灣告士打道310　310 Gloucester Rd., Causeway Bay TEL 2293 8888 料 2888HK$～
URL www.parklane.com.hk

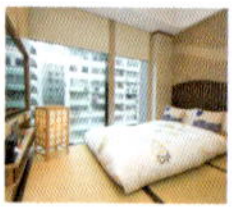

バーリントン
Burlington
バッレイチャウディム
百利酒店
★★★

香港会議展覧中心が徒歩約5分にあり、ビジネスにも観光にも便利。畳敷き客室が3室ある。

▶Map P.146-A2 灣仔・銅鑼灣

住 灣仔軒尼詩道55　55 Hennessy Rd., Wanchai
TEL 3700 1000 料 900HK$～
URL www.burlington-hk.com

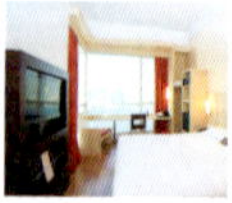

イビス・ホンコン・セントラル&ションワン
Ibis Hong Kong Central & Sheung Wan
イービッシーヒョンゴンチョンションワンチャウディム
宜必思香港中上環酒店
★★★

下町エリアの上環にあり、ソーホーへは徒歩約15分。客室はシンプルでスタイリッシュ。

▶Map P.143-C1 上環・西營盤

住 上環德輔道西28　28 Des Voeux Rd. West, Sheung Wan TEL 2252 2929 料 880HK$～ URL www.accorhotels.com/7606

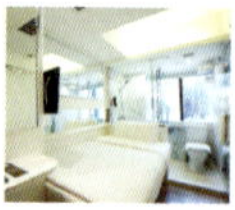

ミニ・セントラル
Mini Central
マイネイ チョンワン
迷你.中環
★★★

MTR中環駅や蘭桂坊、ソーホーに近い好立地。7～11㎡ほどの客室だが窓もあり圧迫感はない。

▶Map P.144-B2 中環・金鐘

住 中環雪廠街38　38 Ice House St., Central
TEL 2103 0999 料 600HK$～ URL www.minicentral.hk

ホテルの予約方法

オフィシャルサイト以外にも、日本語対応のホテル予約専用サイト(右記)なども利用できる。今回紹介のホテルはダブルまたはツインの正規料金。時期により割引もある。

ホテル予約専用サイト

- ブッキングドットコム
  URL www.booking.com
- エクスペディア
  URL www.expedia.co.jp
- ホテルズドットコム
  URL jp.hotels.com

HOTEL

おすすめホテル

ザ・ペニンシュラ・ホンコン
The Peninsula Hong Kong
ヒョンゴンブンドウチャウディム
香港半島酒店 ★★★★★

世界に名をはせる1928年創業の老舗ホテル。世界の著名人やスターも宿泊し、逸話も多い。
▶ Map P.150-B3　尖沙咀
住 尖沙咀梳士巴利道　Salisbury Rd., Tsimshatsui　TEL 2920 2888　料 4580HK$〜
URL www.peninsula.com/hong-kong

カオルーン シャングリ・ラ ホンコン
Kowloon Shangri-La, Hong Kong
ガウロンヒョンガンレイラーイダーイチャウディム
九龍香格里拉大酒店 ★★★★★

尖沙咀東部のヴィクトリア湾に面し、客室は香港最大級の42㎡〜。日本人スタッフが複数常勤。
▶ Map P.151-C2　尖沙咀
住 尖沙咀東部麼地道64　64 Mody Rd., Tsimshatsui East　TEL 2721 2111　料 3600HK$〜
URL www.shangri-la.com/jp/hongkong/kowloonshangrila

リージェント・ホンコン
Regent Hong Kong
ヒョンゴンライチャンチャウディム
香港麗晶酒店 ★★★★★

香港島サイドが一望できる九龍半島先端に立つ。客室の約75%がハーバービュールーム。
▶ Map P.150-B3　尖沙咀
住 尖沙咀梳士巴利道18　18 Salisbury Rd., Tsimshatsui　TEL 2721 1211　料 7500HK$〜
URL hongkong.regenthotels.com

ローズウッド・ホンコン
Rosewood Hong Kong
ヒョンゴンムイライチャウディム
香港瑰麗酒店 ★★★★

アート作品で彩られた洗練の空間。ヴィクトリア湾を見下ろすインフィニティプールが自慢。
▶ Map P.151-C3　尖沙咀
住 尖沙咀梳士巴利道18 維港文化匯　Victoria Dockside, 18 Salisbury Rd., Tsimshatsui　TEL 3891 8888　料 9000HK$〜
URL www.rosewoodhotels.com/en/hong-kong

ランガム・ホンコン
The Langham Hong Kong
ヒョンゴンローンテンチャウディム
香港朗廷酒店 ★★★★★

女性に人気のエレガントな欧風ホテル。一流ブランド店が並ぶカントン・ロードへもすぐ。
▶ Map P.150-A2　尖沙咀
住 尖沙咀北京道8　8 Peking Rd., Tsimshatsui　TEL 2375 1133　料 2500HK$〜
URL www.langhamhotels.com/en/the-langham/hong-kong

ミラ・ホンコン
The Mira Hong Kong
メイレイワーチャウディム
美麗華酒店 ★★★★★

ミラ・プレイスにある個性派デザインホテル。市内用のWi-Fiポータブルルーターが客室に。
▶ Map P.150-B1　尖沙咀
住 尖沙咀彌敦道118-130　118-130 Nathan Rd, Tsimshatsui　TEL 2368 1111　料 1600HK$〜
URL www.themirahotel.com

ロイヤル・パシフィック・ホテル
The Royal Pacific Hotel
ウォンガータイペンサンチャウディム
皇家太平洋酒店 ★★★

中国行きフェリー乗り場に直結し、九龍公園にハーバー・シティに隣接。客室は上品で機能的。
▶ Map P.150-A1・2　尖沙咀
住 尖沙咀廣東道33　中港城　China Hong Kong City, 33 Canton Rd., Tsimshatsui　TEL 2736 1188　料 1100HK$〜　URL www.royalpacific.com.hk

アティテュード・オン・グランビル
Attitude On Granville
ツイサンチャムサーチョイチャウディム
瑞生尖沙咀酒店 ★★★★

1970〜80年代の尖沙咀をテーマに、古き香港と遊び心がいっぱいのブティックホテル。
▶ Map P.150-B2　尖沙咀
住 尖沙咀加連威老道20 5/F　5/F, 20 Granville Rd., Tsimshatsui　TEL 2105 3888　料 1000HK$〜
URL www.attitudegranville.com

ケリーホテル・ホンコン
Kerry Hotel Hong Kong
ヒョンゴンガーレイチャウディム
香港嘉里酒店 ★★★★★

紅磡湾沿いの大型リゾート。42㎡〜の広い客室や大パノラマのプールなど施設も充実。
▶ Map P.141-D1　香港主要部
住 紅磡灣紅鸞道38　38 Hung Luen Rd., Hung Hom Bay　TEL 2252 5888　料 3500HK$〜
URL www.shangri-la.com/jp/hongkong/kerry

ダブリュ・ホンコン
W Hong Kong
ヒョンゴンダブリュチャウディム
香港W酒店 ★★★★★

デザインホテルグループ「ダブリュ」が遊び心満載で小粋にデザイン。九龍駅の真上にある。
▶ Map P.140-B1　香港主要部
住 九龍柯士甸道西1　九鐵九龍站　Kowloon Station, 1 Austin Rd. West, Kowloon　TEL 3717 2222　料 2970HK$〜
URL www.marriott.com/en-us/hotels/hkgwh-w-hong-kong

コーディス・ホンコン
Cordis, Hong Kong
ヒョンゴンホンタッシーチャウディム
香港康得思酒店 ★★★★★

ランガム・プレイスに直結。シンプルで落ち着いた客室、広東料理店やスパも定評がある。
▶ Map P.153-C2　旺角・太子
住 旺角上海街555　555 Shanghai St., Mongkok　TEL 3552 3388　料 1760HK$〜
URL www.cordishotels.com/en/hong-kong

イートン・ホンコン
Eaton, Hong Kong
ヒョンゴンヤットンチャウディム
香港逸東酒店 ★★★★

客室はコンパクトだが、明るくモダン。ネイザン・ロードに面し、廟街(→P.73)へもすぐ。
▶ Map P.152-B2　佐敦・油麻地
住 九龍彌敦道380　380 Nathan Rd., Kowloon　TEL 2782 1818　料 1200HK$〜
URL www.eatonworkshop.com

BP インターナショナル
BP International
ロンポウウォッチャイ
龍堡國際 ★★★

客室は香港ボーイスカウト本部のあるビル上階。コインランドリー室も完備で長期滞在にも。
▶ Map P.150-A1　尖沙咀
住 尖沙咀柯士甸道8　8 Austin Rd., Tsimshatsui　TEL 2376 1111　料 800HK$〜
URL www.bpih.com.hk

ハイアット・セントリック・ヴィクトリア・ハーバー・ホンコン
Hyatt Centric Victoria Harbour Hong Kong
ヒョンゴンワイゴーネイチュッシントンガンチャウディム
香港維港凱悦尚萃酒店 ★★★★★

北角海沿いの再開発地区に立つ。客室は展望よく、ハイテク技術を駆使している。
▶ Map P.148-B1　大坑・北角
住 北角北角邨里1　1 North Point Estate Lane, North Point　TEL 3762 1234　料 4000HK$〜
URL www.hyatt.com/hyatt-centric/hkgct-hyatt-centric-victoria-harbour-hong-kong

香港ディズニーランド・ホテル
Hong Kong Disneyland Hotel
ヒョンゴンディクシーネイロンチャウディム
香港迪士尼樂園酒店 ★★★★★

ヴィクトリア様式の美しいホテル。中国料理「晶荷軒」ではディズニーキャラクターの点心も。
▶ Map P.155-D2　ランタオ島
住 大嶼山香港迪士尼樂園度假區　Hong Kong Disneyland Resort, Lantau Island　TEL 3510 6000　料 2200HK$〜
URL www.hongkongdisneyland.com

Hong Kong　107

COLUMN:03

出国直前まで香港を満喫！
空港で楽しむ食&買

香港国際空港内の店舗は280以上！
市内有名店の支店や注目レストランなど、おすすめはコチラ。

遠いゲートもあるので、搭乗時間に遅れないように

出国審査前（非禁區 Non-restricted Area）

何洪記 ホーホンゲイ / Ho Hung Kee

1946年創業のワンタン麺の名店。

小腹がすいたときは、麺やお粥をササッと！

住 レベル5、接機大堂 Arrival Hall　TEL 2323 6690　開 7:00〜23:00　[本店]→P.53

ホームレス>HKG / HOMELESS > HKG

香港で7店を展開する人気店。ヨーロッパやアジアなどから仕入れたユニークかつ斬新なアイテムがいっぱい。

住 レベル7、離港大堂 Departures Check-in Hall（チェックインカウンターGの後方）　TEL 2110 4115　開 7:00〜23:00　URL www.homeless.hk

インテリア&雑貨のセレクトショップ

1 ショルダーにもバックパックにもなる2wayバッグ（298HK$）
2 キャンバストート（188HK$）
3 マグネットは各45HK$

ディスカバーHK / discover HK

人気アイコンのおみやげグッズが集合

子供用Tシャツも

ペンギンぬいぐるみバッグ238HK$

住 レベル7（離港層 Departures Level、北側）、レベル6（離港層 Departures Level、ゲート60近く）　TEL 2117 2037　開 7:00〜23:00（レベル6の店7:30〜22:30）

出国審査後（禁區 Restricted Area）

奇華餅家 ケイワーベンガー / Kee Wah Bakery

住 レベル7（離港層 Departures Level、北側）、レベル6（離港層 Departures Level、ゲート60近く）　TEL 2886 3532　開 8:00〜21:30（レベル6の店 7:30〜21:30）　URL www.keewah.com　[本店]→P.68

香港の銘菓が種類豊富

パッケージもかわいい

袋入りから缶入りであるのがうれしい

HKTDCデザインギャラリー / HKTDC Design Gallery / 香港・設計廊

住 レベル6（離港層 Departures Level、ゲート1近く）　TEL 2186 6780　開 7:00〜23:30　URL hkdesigngallery.hktdc.com　[他店舗] 灣仔の香港會議展覽中心（→P.66）

デザイン小物が揃う

香港のデザイナーやブランドの「えりすぐり」を集めた店。子供服ブランド「Momonittu」の洋服やぬいぐるみはとてもキュート（189HK$〜）

マジック・オブ・香港ディズニーランド / The Magic of Hong Kong Disneyland / 香港迪士尼樂園奇妙店

香港ディズニーランド内のおもなグッズが揃う。

ディズニーグッズが豊富。セール品があることも

住 レベル7（離港層 Departures Level、南側）　TEL 3550 3388　開 7:00〜23:00　URL www.hongkongdisneyland.com　香港ディズニーランド→P.100

ビーフ&リバティー / Beef & Liberty / 尚牛會

プレミアムなハンバーガーの店。使用するスコットランドのハイランド牛はうま味たっぷり。気軽にカフェ&バー使いもできる。

住 レベル7（離港層 Departures Level、南側）　TEL 2152 1966　開 7:00〜24:00　URL www.beef-liberty.com

カウンター席と店内のテーブル席がある

ハンバーガーが自慢（109HK$〜）。ビール左は香港のムーンゼン社の黒ビール（59HK$）

香港のクラフトビールも飲める

G.O.D. / Goods of Desire / 住好啲

広い店内で買い物モードに突入

1 チャイナモダンな個性派ファッション 2 メンズアイテムも揃う 3 ネックウォーマーなどに使えるマルチスカーフ（120HK$） 4 ラゲージ各158HK$

住 レベル6（離港層 Departures Level、ゲート2近くとゲート60近く）　TEL 2698 8629　開 7:00〜23:00　URL www.god.com.hk　[他店舗]→P.80

※ 香港国際空港　▶Map P.139-D3　香港全図→P.132

108 Hong Kong

MACAO

Area Navi, Model Course, Integrated Resort,
Sightseeing Spot, Gourmet, Shopping

マカオ

マカオは東洋と西洋が交錯する歴史を秘めた街。
香港からわずか1時間の距離ながら、香港とは違った異国風情が漂う。
世界遺産巡りやメガリゾートのエンターテインメント、
名物スナックの食べ歩きなどを楽しもう！

MACAO
AREA NAVI
マカオ エリアナビ

香港の南西約70kmにあるマカオは、
総面積約33km²と小さなエリアに、
世界遺産、ポルトガル風情やレトロな街並み、
ラスベガスを思わせる統合型リゾートなど
観光要素が満載。
名物のストリートフードをつまみながら、
歩いて散策できるのもマカオの魅力！
マカオは半島と島部に分かれ、4つのエリアがある。
それぞれの特徴を頭に入れて観光プランを練ろう。

街歩きのヒント

●マカオ半島の観光の起点はセナド広場
メインストリートの新馬路に面したセナド広場周辺に見どころが集まっており、ここから観光スタート。

●坂道が多いので歩きやすい靴で
石畳の路地や坂道が多いので、履き慣れたスニーカーがベスト。あちこちにある広場のベンチで休憩をとりつつ散策。

●半島〜島部の移動はおもにバスかタクシー
マカオ半島南西部からタイパ、コタイへは鉄道LRTも利用可。コタイの統合型リゾートが運行する無料シャトルバスもホテル間の移動に使える。

坂道に世界遺産が点在
マカオ半島
Peninsula de Macau 澳門半島

中国の珠海と陸続きの半島部が、歴史のあるマカオの主要部。旧宗主国のポルトガルの風情が漂う建築物が残り、30の世界遺産が登録されている。博物館やマカオタワーなど見どころも多い。

名物グルメ店やレストランが充実
タイパ
Taipa 氹仔

マカオ半島から南へ約2.5km、4つの橋で結ばれた島の北部がタイパ。おもに住宅エリアで、観光の目玉は南部に位置するタイパビレッジ。とりわけ官也街周辺は情緒ある街並みにグルメやみやげ物店が集まり、にぎわいを見せる。

エンターテインメントの拠点
コタイ
Cotai 路氹

タイパとコロアネの間の浅瀬の海を埋め立てて造設されたエリア。2007年開業のヴェネチアン・マカオを皮切りに規模の大きな統合型リゾートが次々誕生し、きらびやかでゴージャスな別世界を形成。

のどかな自然が魅力
コロアネ
Coloane 路環

マカオ最南端のエリア。自然豊かで風光明媚。リゾート滞在が楽しめるホテルもある。観光名所の教会や廟、食堂やカフェがある海辺のコロアネビレッジを、のんびり散策したい。

マカオでやりたい 5つのコト

世界遺産にコロニアル風情の街歩き、メガリゾートのエンタメ、特色ある美食など、マカオならではの体験を満喫!

☑ 世界遺産を巡る
ポルトガル統治時代の建築物が点在するマカオ半島の歴史市街地区が、世界遺産に登録されている。東西文化の融合が見られる遺産を巡って歴史散策を!

☑ メガリゾートでエンタメ・食・買い物
2002年にカジノの経営権が外国企業に開放されたことで、カジノ施設を含む巨大ホテルがコタイに続々誕生。世界中のグルメやショッピングモール、無料で楽しめるショーやライトアップなどが人々を魅了する。

☑ マカオのグルメを堪能
世界無形文化遺産に登録されているマカオ料理は、ポルトガルと中国の融合を楽しめるユニークなメニューが特徴。ポルトガルやマカオ料理、飲茶、地元麺料理など多様なグルメの世界を探訪。

☑ ストリートフード食べ歩き
ローカルフードやスナック、スイーツの店がいたるところに出店。ポークチョップバーガーやポルトガル風エッグタルト、カレー風味のおでん(咖喱魚蛋)など、多彩な名物を試したい。

☑ 特色あるホテルで非日常体験
斬新なデザインの高級ホテルからポルトガル風情漂うホテルまで、マカオならではのホテル滞在を楽しもう。

マカオの世界文化遺産リスト
狭いエリアに30の遺産 | 主要なもの

世界遺産に登録されている、22の歴史的建築物と8つの広場をリストアップ。

海の守り神を祀る中国寺院
マーコウミウ
媽閣廟 ▶P.115
Templo de A-Má

マカオ最大規模の屋敷跡
鄭家屋敷 ▶P.115
Casa do Mandarin 鄭家大屋

小さな美しい教会
聖ローレンス教会 ▶P.115
Igreja de São Lourenço 聖老楞佐教堂

壮麗で優美な教会
聖ヨセフ修道院および聖堂 ▶P.115
Seminário e Igreja de São José 聖若瑟修院及聖堂

新古典様式のオペラ劇場
ドン・ペドロ5世劇場 ▶P.114
Teatro Dom Pedro V 崗頂劇院

受難のキリスト像を祀る
聖オーガスティン教会 ▶P.114
Igreja de Santo Agostinho 聖奥斯定教堂

装飾タイルが美しい
マンチョンチョーダーイラウ
民政總署大樓 ▶P.114
Edifício do Leal Senado 民政總署大樓

マカオのランドマーク
セナド広場 ▶P.112
Largo do Senado 議事亭前地

マカオのカトリック教会の中心的存在
ダーイトン
大堂(主教座堂) ▶P.112
Igreja da Sé

東西融合の建築がすばらしい
盧家屋敷 ▶P.112
Casa de Lou Kau 盧家大屋

クリームイエローの外壁がかわいい
聖ドミニコ教会 ▶P.112
Igreja de São Domingos 玫瑰聖母堂

マカオのシンボル
聖ポール天主堂跡 ▶P.113
Ruínas de São Paulo 大三巴牌坊

絶好の見晴らしスポット
モンテの砦 ▶P.113
Fortaleza do Monte 大炮台

「花王堂」とも呼ばれる
聖アントニオ教会 ▶P.113
Igreja de Santo António 聖安多尼教堂

その他の世界遺産
- リリウ広場(亞婆井前地)
- 聖オーガスティン広場(崗頂前地)
- 關帝古廟
- 仁慈堂大樓
- 旧城壁(舊城牆遺址)
- カーサ庭園(東方基金會)
- プロテスタント墓地(基督教墳場)
- バラ広場(媽閣廟前地)
- 大堂広場(大堂前地)
- 聖ドミニコ広場(板樟堂前地)
- イエズス会記念広場(耶穌會紀念廣場)
- カモンエス広場(白鴿巣前地)

イスラム風の意匠が特徴
ゴンモウコッダーイラウ
港務局大樓
Edifício da Capitania dos Portos
▶Map P.157-C2

公開されている現役図書館
ロバート・ホー・トン図書館
Biblioteca Sir Robert Ho Tung 何東圖書館
▶Map P.157-C2

神童ナーチャを祀る廟
ナーチャ廟
Templo de Na Tcha 哪吒廟
▶Map P.157-D1

高台から街を見守る
ギア要塞、ギア灯台とギア教会
Fortaleza da Guia, Senhora da Guia, Capela de Nossa Senhora da Guia 東望洋炮台、東望洋燈塔及聖母雪地殿教堂
▶Map P.156-A1

Macao 111

MACAO 01

徒歩で効率よく回るコースをご提案。
日程や興味、体調に合わせて訪ねる
スポットを選択したり、
バスやタクシーを使ったりと、
柔軟にアレンジして
街歩きを楽しもう！

東西が交錯するカラフルな街
歩いて世界遺産を巡る モデルコース 2

コース 1
マカオ半島中心部 ハイライトの見どころ制覇

マカオ半島中心部は、マカオで最もにぎわう繁華街。
観光、食、買い物すべてを満たしてくれる。

AREA NAVI

どんなところ？
セナド広場から聖ポール天主堂跡を結ぶ通りはみやげ物やスイーツなどの店が軒を連ね、大盛況。交差する路地にも小さな店がひしめき合う。

散策のヒント
大堂近くの板樟堂街はカフェやローカル食堂が、大堂巷には軽食・スナック店が多い。聖ドミニコ教会の東に延びる伯多祿局長街（白馬行）はショップが並ぶ目抜き通り。

交通メモ
セナド広場が面する新馬路（亞美打利庇盧大馬路）がバス通り。タクシーもひろえる。

▶▶所要 **6時間**
おすすめコース ☑

10:00	セナド広場
10:30	聖ドミニコ教会
11:00	盧家屋敷
11:30	大堂
12:00	世紀咖啡
12:45	英記餅家
13:15	聖ポール天主堂跡
14:00	モンテの砦
15:00	聖アントニオ教会
15:30	關前正街、關前後街

1 市街地の中心にある噴水広場
セナド広場
Largo do Senado/議事亭前地

中央に噴水がある広場を囲むようにパステルカラーの洋風の建物が建ち並び、異国情緒満点。波模様に敷き詰められた石畳はポルトガルの熟練工の手によるもの。

▶Map P.157-D1 マカオ半島中心部・南西部
住 議事亭前地 交 外港フェリーターミナルから3、3A、10、10Aのバスで約20分 URL www.wh.mo/cn/site/detail/12

1 広場中央には天球儀を捉えた噴水がある
2 広場に面してマカオ・ツーリスト・インフォメーションもある

2 フォトジェニックな教会
聖ドミニコ教会
Igreja de São Domingos/玫瑰聖母堂

クリームイエローの壁に白い化粧漆喰が映え、深緑のドアとのコントラストが美しい。1587年、ドミニコ会のスペイン人修道士3人によって創建。改修と再建を重ね現在の姿に。

▶Map P.157-D1 マカオ半島中心部・南西部
住 板樟堂前地 Largo de São Domingos 開 10:00～18:00 休 無休 料 無料 交 セナド広場から徒歩約1分 URL www.wh.mo/cn/site/detail/17

1 約300点の宗教美術品を収蔵する美術館を併設
2 中央の祭壇には聖母子像が祀られている

3 建築意匠が見事な富豪の邸宅
盧家屋敷
Casa de Lou Kau/盧家大屋

19世紀後半から20世紀初頭、莫大な富を築いた中国人実業家、盧華紹（ロウワーシウ）が建てた邸宅のひとつ。

▶Map P.157-D1 マカオ半島中心部・南西部
住 大堂巷7 Travessa de Se 開 10:00～18:00 休 月曜（祝日は開館）料 無料 交 セナド広場から徒歩約2分 URL www.wh.mo/cn/site/detail/16

広州の建築様式をベースにポルトガル風の装飾を加味

4 マカオで最も重要なカトリック教会
大堂（カテドラル）
ダイドウ
Igreja da Sé（主教座堂）

イエスによって蘇生した聖ラザロを祀る教会として1622年に創建。マカオのカトリック派の中心的役割をつかさどる。

▶Map P.157-D1 マカオ半島中心部・南西部
住 大堂前地1 No.1 Largo da Se 開 7:30～20:00 休 無休 料 無料 交 セナド広場から徒歩約4分 URL www.wh.mo/cn/site/detail/15

ステンドグラスに注目

聖ポール天主堂跡から南西へ下る坂道、戀愛巷はピンクや黄色に彩色された古い洋館が建ち並ぶ、人気の写真撮影スポット

112 Macao

5 炭火で沸かす伝統コーヒー店
世紀咖啡 Sei Kee Cafe

赤外線効果のある土鍋を用いて炭火で沸かすコーヒーは、マカオの名物のひとつ。その手法を受け継ぐ3代目がコーヒー店を展開。ミニキューブ形のトーストやポークチョップバーガーも販売している。

▶Map P.157-D1 マカオ半島中心部・南西部
住 賣草地里長信大廈15 G/F，G/F,15 Patio da Palha 電 6377 9664 開 10:00～19:00 休 旧正月5日間 料 25パタカ～ Card 不可 交 セナド広場から徒歩約4分

1 テイクアウトがメインの小さな店（ベンチを店内に設置） 2 土鍋コーヒー（炭焼瓦煲咖啡、左、25パタカ）はまろやかな口当たり 3 コンデンスミルクとピーナッツバター&フレークがかかったトースト（花生奶油方塊、32パタカ）

6 伝統菓子をおしゃれなパッケージで販売
英記餅家 Pastelaria Yeng Kee

1928年創業のマカオを代表する菓子メーカー。伝統に革新を加え、古さを一新した品質のよい菓子類を販売。杏仁餅（アーモンドクッキー）、蛋巻（エッグロール）など、風味もサイズも種類豊富。

▶Map P.157-D1 マカオ半島中心部・南西部
住 大三巴街26号B 26B Rua de S. Paulo 電 2835 7992 開 9:30～21:30 休 無休 Card MV 交 セナド広場から徒歩約5分 URL www.yengkee.com.mo

1 6種類のフレーバーがあるミニ杏仁餅はおみやげに人気（52パタカ～） 2 卵白やタロイモ、緑茶などアレンジ系が揃う蛋巻（45パタカ～） 3 聖ポール天主堂跡へ続く大三巴街にある店。このほかマカオに6店舗ある

7 最も有名な歴史遺産
聖ポール天主堂跡
Ruínas de São Paulo／大三巴牌坊

1602年から1640年にわたりイエズス会によって建設された聖母教会とその隣の聖ポール大学跡。建設当時は東洋一壮大で美しい教会だったといわれているが、火災で焼失し、現在はファサード（建物正面の壁面）と階段壁の一部のみが残る。

▶Map P.157-D1 マカオ半島中心部・南西部
住 大三巴街 Rua de São Paulo 開 24時間【天主教芸術博物館】9:00～18:00、火曜～14:00）休 無休 料 無料 交 セナド広場から徒歩約8分 URL www.wh.mo/cn/site/detail/18

1 ファサードの彫刻にも注目。長崎を追放された日本人キリシタンたちが天主堂の彫刻制作に加わったという 2 階段下のイエズス会記念広場にある中国とポルトガルの友好の像

8 市内が一望できる丘の上の砦
モンテの砦
Fortaleza do Monte／大炮台

1617～1626年にイエズス会の修道士によって聖ポール天主堂とともに築かれた砦。外部の攻撃から町を守るための砦で、22門の大砲が残っている。敷地内にマカオ博物館が建設され、展望台としても人気。

▶Map P.157-D1 マカオ半島中心部・南西部
開 7:00～19:00 休 無休 料 無料 交 セナド広場から徒歩約12分 URL www.wh.mo/cn/site/detail/21

1 聖ポール天主堂跡の東側にあるマカオ博物館へのエスカレーターでアクセスできる 2 建設当時はマカオ最強の砦だった 3 周囲に防壁が巡る砦跡。360度ぐるりと見渡せる

9 荘厳な雰囲気の歴史ある教会
聖アントニオ教会
Igreja de Santo António／聖安多尼教堂

イエズス会が初期の本部を設置した場所で、1565年以前設立のマカオで最初に建てられた礼拝堂の跡地に立つ。ポルトガル軍の大尉であり、軍神、結婚の神として親しまれたアントニオを祀っている。

▶Map P.157-D1 マカオ半島中心部・南西部
住 花王堂前地 Largo de Santo António 開 6:30～18:00 休 無休 料 無料 交 セナド広場から徒歩約15分 URL www.wh.mo/cn/site/detail/22

1 現在の建物は1930年に建てられたもの 2 昔は結婚式を挙げる人が多く、よく花が飾られていたことから花王堂の別名も

10 新店ラッシュに沸く注目の路地
關前正街&關前後街
Rua dos Ervanários and Rua de Nossa Senhora do Amparo

清代から貿易商人が行き来した歴史ある關前正街が一新。古い建物をリノベしたカフェやスイーツ店、アート関連の店が並ぶカラフルなストリートに変貌を遂げ、観光客を引き付けている。

▶Map P.157-D1 マカオ半島中心部・南西部

1 關前正街と、並行して走る關前後街の一帯はアートやペイントで彩られ活気を呈している 2 本格コーヒーが飲めるカフェ「文藝門」

:世界文化遺産

MACAO 01

コース2 マカオ半島南西部
異国情緒漂う街並みを散策

暮らしが息づく街並みに溶け込む古い教会や古刹が点在。
歴史に思いをはせ、のんびり歩ける絶好の散策コース。

聖オーガスティン教会は「パッソス聖体行列」で有名。これは別の教会に移されたキリスト像が、ひとりでにもとの教会に戻っていたという伝説に基づくもの。

AREA NAVI

どんなところ？
比較的観光客が少なく、静かで緑もあり、気持ちのよい散策が楽しめる。

散策のヒント
リラウ広場の交差点を南東に進むと西灣湖のほとりに出る。湖畔に遊歩道が延び、レストランもあるので、寄り道してもよい。

交通メモ
媽閣廟近くの河邊新街がバス通り。廟から徒歩約5分の所に鉄道LRTの媽閣駅があり、タイパやコタイへアクセス可能。

所要 7時間
おすすめコース
- 11:00 民政總署大樓
- 12:00 福隆新街
- 12:30 聖オーガスティン教会
- 12:45 ドン・ペドロ5世劇場
- 13:15 テラ・コーヒーハウスで休憩
- 14:15 聖ヨセフ聖堂
- 14:45 聖ローレンス教会
- 15:15 リラウ広場
- 15:45 ペンニャ教会
- 16:30 鄭家屋敷
- 17:15 媽閣廟

1 壁面や中庭に昔の姿が残る
民政總署大樓 マンチェンチョンチューダーイラウ
(現市政署大樓) Edifício do Leal Senado
1784年の建造でポルトガル統治時代は「澳門市政庁」として機能。現在は地方自治局として使われていて、クラシカルな図書館やタイル壁画が美しい中庭が見もの。

▶Map P.157-D1 マカオ半島中心部・南西部
住 新馬路163　163 Avenida de Almeida Ribeiro　開9:00～21:00(図書館13:00～20:00、旧暦12/31は～14:00)　休無休　料図書館は日曜、祝日、ギャラリーは月曜　料無料　交セナド広場から徒歩約1分　URL www.wh.mo/cn/site/detail/11

1 新馬路を挟んでセナド広場の真向かいにある
2 館内壁面を彩るタイル壁画、アズレージョ
3 ポルトガルの詩人、ルイス・カモンエスの胸像が中庭に

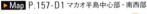

2 歩行者天国の通り
福隆新街 フォッロンサンガイ
Rua da Felicidade
かつて歓楽街として栄え、趣ある街並みが残る福隆新街。ローカルレストランや伝統菓子店が多いこの通りと周辺の一部道路が11:00～翌1:00の間、歩行者天国に。路上にテーブル席や露店が並び、お祭り気分。

▶Map P.157-C1 マカオ半島中心部・南西部
開歩行者天国時間帯：11:00～翌1:00　交セナド広場から徒歩約5分

1 にぎわうのは夕方以降
2 緑色の格子戸・飾り窓の家が連なる特徴的な通り

3 質素なバロック建築の教会
聖オーガスティン教会
Igreja de Santo Agostinho　聖奧斯定教堂
1591年にスペインの聖アウグスチノ修道会の修道士らによって創建。祭壇には十字架を担ぐキリスト像が祀られている。

▶Map P.157-C2 マカオ半島中心部・南西部
住 崗頂前地2　2 Largo de Santo Agostinho　開10:00～18:00　休無休　料無料　交セナド広場から徒歩約7分　URL www.wh.mo/cn/site/detail/10

渦巻き形の窓飾りをもつファサードが特徴的で、内部はパールイエロー

4 中国初の西洋式劇場
ドン・ペドロ5世劇場
Teatro Dom Pedro V　崗頂劇院
1860年、ポルトガル国王ドン・ペドロ5世を記念して、マカオ在住ポルトガル人の共同出資で建造。オペラ劇場として使用された。

▶Map P.157-C2 マカオ半島中心部・南西部
住 崗頂前地2　2 Largo de Santo Agostinho　開10:00～18:00　休火曜(祝日は開館)　料無料　交セナド広場から徒歩約7分　URL www.wh.mo/theatre/en

1 現在のファサードは1873年に増築されたもの
2 劇場は現在も公演や催事に使用されている(見学可能)

5 テラ・コーヒーハウス
アレンジコーヒーがおいしい
Terra Coffee House

スペシャルティコーヒーで定評のある人気カフェ。エスプレッソに果汁やピスタチオ、トニックウオーターなどを組み合わせた創作コーヒーが自慢。ケーキやピザ、ご飯ものも提供。

▶Map P.157-C2
マカオ半島中心部・南西部
住 龍嵩正街20富耀大廈G/F A舗 A, 20 Rua Central 電 2893 7943 営 11:00～19:00 休無 料 45パタカ～ Card A M V 交 セナド広場から徒歩約10分

1 店主のケニーさん 2 テラ・アイスコーヒー（左、39パタカ）とピスタチオラテ（Santa Wreath、48パタカ）3 バスクチーズケーキ（45パタカ）4 シンプルなカフェ

6 聖ヨセフ聖堂
バロック様式の優美な教会
Igreja de São José／聖若瑟聖堂

1758年にイエズス会によって建てられた教会。ドーム型の天井をもち、数ある教会のなかでもひときわ壮麗。フランシスコ・ザビエルの聖骨（腕の骨の一部）が納められている。

7 聖ローレンス教会
繊細で美しい装飾
Igreja de São Lourenço／聖老楞佐教堂

16世紀中頃に建てられたマカオで古い部類の教会。数回の改修を経て、1846年に現在の姿に。かつては船乗りの家族が教会の階段に集まり航海の無事を祈り待ち続けたそう。

▶Map P.157-C2
マカオ半島中心部・南西部
住 風順堂街 Rua de São Lourenço 開 7:00～18:00(土・日曜～21:00) 休無休 料無料 交セナド広場から徒歩約15分 URL www.wh.mo/cn/site/detail/5

1 祭壇には聖ローレンスの像が。シャンデリアやステンドグラスが美しい 2 クリーム色の外観が青空に映える

▶Map P.157-C2 マカオ半島中心部・南西部
住 三巴仔横街 Rua do Seminário 開 聖堂10:00～17:00(修道院は一般公開していない) 休無休 料無料 交セナド広場から徒歩約10分 URL www.wh.mo/cn/site/detail/6

1 ドーム型の天井にイエズス会の紋章が輝く 2 荘厳な祭壇。ねじれた柱が特徴的 3 規模の大きな教会。敷地内には宝物収蔵館がある

8 リラウ広場
緑の下のベンチでひと休み
Largo do Lilau／亞婆井前地

ガジュマルの大木が立つ広場。ポルトガル語で湧き水を意味する名前のとおり、ここは昔のマカオのおもな水源のひとつで、港にも近くポルトガル人が最も早くから居住した場所。

三方を住宅に囲まれた広場

▶Map P.157-C2
マカオ半島中心部・南西部
住 亞婆井街 Rua do Liau 開 24時間 休無休 料無料 交水坑尾街から18のバスで約20分。セナド広場から徒歩約20分 URL www.wh.mo/cn/site/detail/3

9 ペンニャ教会
丘の上から海を見下ろす
Ermida de Nossa Senhora da Penha／西望洋聖堂

ペンニャの丘の上に立つ教会は、1622年オランダ艦隊から逃れた船員たちによって創建され、航海の安全を祈る聖地に。1935年に建て替えられた現在の建物は、聖母子像を頂く石造りのシンプルな外観。

▶Map P.157-C2 マカオ半島中心部・南西部
住 西望洋山 Penha Hill 開 9:00～17:00(冬季10:00～16:00) 休無休 料無料 交水坑尾街から18のバスで約20分、亞婆井前地で下車、徒歩約5分。セナド広場からタクシーで約15分

1 石段下の洞窟にルルドの聖母像が祀られている 2 教会の広場には聖母像が立つ。ここからの眺めは抜群

10 鄭家屋敷
歴史を物語る屋敷跡
Casa do Mandarin／鄭家大屋

1869～1881年にかけて建てられた、中国近代の著名な思想家、鄭觀應（チェンクンイン）の屋敷跡。伝統的な広東の住居の造りに西洋的なデザイン装飾を取り入れているのが見どころ。

1 透かし彫りが見事な間仕切り 2 太い梁と天井の造りが印象的

▶Map P.157-C2
マカオ半島中心部・南西部
住 龍頭左巷10 10 Travessa de António da Silva 電 2896 8820 開 10:00～18:00 休水曜(祝日は開館) 料無料 交セナド広場から徒歩約20分。水坑尾街から18のバスで約20分 URL www.mandarinhouse.cn/cn/Default.aspx

11 媽閣廟
マカオ最古の中国寺院
マー コッ ミウ
Templo de A-Má

明朝（1368～1644年）の初期に建てられたといわれる。海の守り神「阿媽」を祀っているので阿媽閣（A-ma-kok）とも呼ばれ、この呼び名が「マカオ」の地名の由来となったとされている。

▶Map P.157-C2
マカオ半島中心部・南西部
住 媽閣廟 Rua da Barra 開 6:00～18:00 休無休 料無料 交新馬路から5、7、10、10A、11、21A、水坑尾街から2、9、18のバスで20～30分 URL www.wh.mo/cn/site/detail/1

1 丘の斜面に沿ってお堂が並ぶ。門を入ってすぐの廟が阿媽を祀る 2 マカオで最強のパワースポットでもあるので参拝を

：世界文化遺産

MACAO 02

エキサイティングな別世界
コタイのエンタメ&注目の施設

圧倒的スケールを誇る統合型リゾートが林立するコタイ地区。
ゴージャスなホテルやカジノ、ショー、ショッピングモールなど、
楽しみは尽きない。巨大テーマパークのような世界にダイブ!

ヴェネチアン・マカオ内のコタイ・エキスポには、巨大デジタルアート空間「チームラボ スーパーネイチャー マカオ」がある。

4棟のホテルタワーを有する
ロンドナー・マカオ
The Londoner Macao　澳門倫敦人

2021年に以前の「サンズ・コタイセントラル」からリブランドして2023年に全館オープン。ロンドンをテーマに、ヴィクトリア王朝のエレガンスを表現した壮麗な造りを誇る。エリザベスタワー(ビッグベン)をはじめ、ロンドンのランドマークや歴史遺産を細部まで再現した館内は、テーマパークのよう。クリスタルパレスでの衛兵交代式のショーは要チェック。

▶Map P.156-B2　マカオ全図
住路氹連貫公路　Estrada do Istmo, s/n, Cotai 電2882 2878 交新馬路から21A、26Aのバスで約30分。LRT路氹東駅から徒歩約10分
URL jp.londonermacao.com
●ロンドナー・ライト・アンド・サウンド・スペクタキュラー
Londoner Light and Sound Spectacular
開19:30〜23:30に1時間ごと 休無休 料無料
●衛兵交代式
Changing of the Guard　皇家衛兵換崗
住Crystal Palace, Lobby, The Londoner Macao
開19:30、21:30(金〜日曜16:00、19:30、21:30) 休月曜 料無料

慈愛の神、アンテロスの像

1 エリザベスタワーがアイコン。施設内に6つのホテルが備わる 2 全長約400mのファサードに光と映像が投影される「ロンドナー・ライト・アンド・サウンド・スペクタキュラー」を毎晩開催 3 映像や特殊効果、音楽でドラマチックに演出する衛兵交代式のショー(約10分) 4 Level 2の連絡通路がフォーシーズンズのショッピングモールを結ぶ 5・6 高さ33mの天井から光が差し込むクリスタルパレス(メインロビー)。中央にロンドンのシャフツベリー記念噴水を再現

コタイで最初に誕生した巨大リゾート
ヴェネチアン・マカオ
The Venetian Macao　澳門威尼斯人

2007年に開業したヴェネチアン・マカオは、イタリアの水の都ベニスをイメージした内装や調度品が特徴。世界最大規模のカジノ、3000室を有するホテルなど、リゾートがひとつの街のようなスケール。ゴンドラで運河が巡るショッピングモールは、バリエーション豊富な店が買い物も食も満たしてくれる。

▶Map P.156-B2　マカオ全図
住路氹望德聖母灣大馬路　Estrada da Baia de N. Senhora da Esperança, s/n, Cotai 電2882 8888 交新馬路から21A、26Aのバスで約30分。LRT路氹西駅から徒歩約10分 URL jp.venetianmacao.com
●ゴンドラ・ライド　Gondra Rides　貢多拉之旅
開11:30〜20:30(運河によって異なる) 料145パタカ〜(12歳未満115パタカ〜)Card AJMV

一緒に写真撮影

Check!!
各リゾートが運行する無料シャトルバス
フェリーターミナルや空港、国境を結ぶ無料シャトルバスを運行(5〜30分間隔)。リゾート間を結ぶ「コタイコネクション」(15〜20分間隔)は、リゾート観光の移動に便利。

ヴェネチアン・マカオのシャトルバス

カジノについて
カジノは24時間営業、無休。21歳以上入場可能。身分証明書(パスポート)の提示を求められることがあるので、持参しよう。

1 ロビーの中央にアーミラリ天球儀が配され周囲をフレスコ画が彩る 2 ライトアップで浮かび上がるヴェネチアン・マカオ 3 ヴェネチアンコスチュームのスタッフ 4 ベニスの街を再現したショップス・アット・ヴェネチアン(Level3)には約330店が入店 5 ショップス・アット・ヴェネチアンの3つの運河でゴンドラに乗れる

116 Macao

パリのエッセンスをちりばめた
パリジャン・マカオ The Palisian Macao／澳門巴黎人

2016年開業のパリをイメージしたリゾート。実物の2分の1サイズのエッフェル塔のライトアップは美しく、塔の展望台に上ればコタイから珠海まで一望のもと。オペラ座、ベルサイユ宮殿、コンコルド広場などパリの名所を彷彿させる造りやデザインが館内随所に。

▶ Map P.156-B3　マカオ全図

住 路氹金光大道連貫公路　Estrada do Istmo, Lote 3, Cotai Strip 電 2882 8833 交 新馬路から21A、26Aのバスで約30分。LRT路氹東駅から徒歩約10分 URL jp.parisianmacao.com

● エッフェル塔　Eiffel Tower　澳門巴黎鐵塔

住 入口はLevel 5, Shop 550のエッフェル塔おみやげショップ 開 12:00～22:00（最終入場21:15）休 無休（悪天候時はクローズ） 料 37階展望台入場料75パタカ（身長1.2m以下の子供は無料。7階展望台は無料）Card A M V

パリジャン・マカオが眼下に

1 18:15～24:00の間、15分おきに光の色が変化するエッフェル塔イルミネーションショーは見もの 2・3 エッフェル塔37階の展望台 4 パリのオペラ座をイメージしたメインロビー。噴水はコンコルド広場を模したもの

MACAO 02 コタイのエンタメ&注目の施設

エンターテインメントが充実
スタジオ・シティ Studio City／新濠影滙

ハリウッド映画の世界を演出した巨大施設。ふたつのタワーの間に8の字形観覧車が埋め込まれた建物は圧倒的な存在感。観覧車「ゴールデン・リール」のアトラクションをはじめ、マカオ最大規模のウォーターパーク、VRやAR搭載のゲーム施設や巨大な子供の遊び場など、エンタメの魅力満載。映画をテーマにしたホテルも備わる。

約10分間の空の旅

▶ Map P.156-B3　マカオ全図

住 路氹連貫公路　Estrada do Istmo, s/n, Cotai 電 8865 8888 交 LRT蓮花路駅から徒歩約3分 URL www.studiocity-macau.com

● ゴールデン・リール　Golden Reel　影滙之星

住 Level 3, East Wing 開 14:00～20:00 休 火・水曜 料 100パタカ（2歳未満無料）Card A J M V

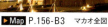

1 ライトアップで迫力倍増 2 客室棟の間に設置された観覧車「ゴールデン・リール」 3 10人乗りのゴンドラが8の字の内側をなぞるように運行 4 ストリート状に巡るショッピングアーケード 5 屋台料理から中国、アジア、西洋料理まで揃うフードコート（フード・リパブリック、Level 1）

8つのホテルを含むメガ級規模
ギャラクシー・マカオ Galaxy Macau／澳門銀河

世界規模の8つのラグジュアリーホテルを有し、合計客室数は5000室。2025年にはカペラ・アット・ギャラクシー・マカオがオープン予定で、規模は拡大の一途。さまざまなウォーターアトラクションを備えたグランドリゾートデッキや、ロビーで開催される華やかなショーなどで、幅広い客層を引き付けている。

▶ Map P.156-A2　マカオ全図

住 路氹望德聖母灣大馬路　Estrada da Baia de N. Senhora da Esperança, s/n, Cotai 電 2888 0888 交 LRT排角駅から徒歩約5分（南側にある施設へは路氹西駅から徒歩5～8分）URL www.galaxymacau.com/ja

古代中国の衣装レンタルもあります

1 リバープールが巡る「グランドリゾートデッキ」 2 毎晩19:45～22:15に30分間隔で行われる光と光線のショー「レーザーラマ」で建物が躍動 3 クリスタルロビーでは38万個のクリスタルが光り輝くショー（無料）を開催 開 12:15～21:45（金～日曜、祝日10:15～23:45。30分間隔）4 幸運をもたらすというダイヤモンドショー（無料）開 12:00～22:00（金～日曜、祝日10:00～24:00。30分間隔）

Macao 117

MACAO 02

ポルトガルの要塞跡を利用した由緒あるホテル「ポウサダ・デ・サンチャゴ」（▶Map P.156-A2）は2025年1月現在改修工事中だが、カフェは営業している。

華やかで優美な宮殿
ウィン・パレス Wynn Palace／永利皇宮

ラスベガスのウィンの系譜を受け継ぎ、華麗な装飾やアート作品が目を楽しませてくれる。建物正面のパフォーマンスレイクと、その頭上を運行するスカイキャブは観光でも人気。レイクでは音楽と光と噴水が一体となったショーが毎晩開催される。

▶Map P.156-B2　マカオ全図
住 路氹體育館大馬路　Avenida da Nave Desportiva, Cotai 電 8889 8889 休 無休 交 マカオ半島の亞馬喇前地から50のバスで約25分。LRT路氹東駅から徒歩約3分 URL www.wynnresortsmacau.com/ja/wynn-palace
●スカイキャブ SkyCab 観光纜車
開 16:00～22:00（金・土曜～24:00）休 無休 料 無料

レイクを巡るスカイキャブは館内へのアクセスにも遊覧観光にも使える

個性派のホテルを有する
シティ・オブ・ドリームス City of Dreams／新濠天地

左がモーフィアス、右がヌワ、後方にグランド・ハイアットとカウンダウンホテルがそびえる

世界的な建築家、ザハ・ハディド氏設計の前衛的デザインのホテル「モーフィアス」をはじめ、グランド・ハイアットなど4つのスタイリッシュなホテルが集結。ショッピングモールやバリエーション豊かなレストランも配されている。

▶Map P.156-B2　マカオ全図
住 路氹連貫公路　Estrada do Istmo, s/n, Cotai 電 8868 6888 交 新馬路から21A、26Aのバスで約30分。LRT路氹東駅から徒歩約3分 URL www.cityofdreamsmacau.com/en

東西、新旧が華やかに融合
グランド・リスボア・パレス・リゾート・マカオ
Grand Lisboa Palace Resort Macau／澳門上葡京綜合度假村

伝統的な中国のモチーフとヨーロッパの歴史建築の要素、モダンな感覚を織り交ぜた設計。5つ星のグランド・リスボア・パレス・マカオをはじめ、ヴェルサーチ、カール・ラガーフェルドのブランドコンセプトの客室棟で構成され、総客室数は約1900。

▶Map P.156-B3　マカオ全図
住 路氹射撃路　Rua do Tiro, Cotai 電 8881 8888 交 LRT東亞運駅から徒歩約10分 URL www.grandlisboapalace.com/en

Level 3にある広大な「秘密の庭園 Jardim Secreto」。ガゼボや芝生の迷路が美しい

アート体験が魅力
MGMコタイ MGM Cotai／美獅美高梅

「宝石箱」を積み重ねたデザインの外観がドラマチック。約1400室の客室、スパ施設、シアターなどがあり、館内に300点を超える芸術品を展示。ホテルの象徴「スペクタクル」は世界最大規模のガラス張りの天井をもつアトリウム。デジタルアートが楽しめる。

2018年オープンの、マカオで2軒目のMGM

▶Map P.156-B3　マカオ全図
住 路氹體育館大馬路 Avenida da Nave Desportiva, Cotai 電 8806 8888 交 LRT路氹東駅から徒歩約5分 URL www.mgm.mo/ja/cotai

---

マカオ半島、タイパ、コロアネのホテル

ポウサダ・デ・モンハ

ウィン・マカオ Wynn Macau／永利澳門 ★★★★★
マカオ最大規模のラグジュアリーホテル。正面入口の噴水ショーは見事。
▶Map P.157-D2　マカオ半島中心部・南西部
住 外港填海區仙德麗街　Rua Cidade de Sintra, Nape 電 2888 9966 料 2000パタカ～ URL www.wynnresortsmacau.com/ja/wynn-macau

MGMマカオ MGM Macau／澳門美高梅 ★★★★★
リスボン中央駅をイメージした大広場のグランドプラザがゲストを迎える。
▶Map P.157-D2　マカオ半島中心部・南西部
住 外港新填海區孫逸仙大馬路　Avenida Dr Sun Yat Sen, Nape 電 8802 8888 料 3900パタカ～ URL www.mgm.mo

グランド・リスボア・マカオ Grand Lisboa Macau／澳門新葡京酒店 ★★★★★
巨大なハスの花を模した独創的な外観。ロビーに飾られた芸術品は一見の価値あり。
▶Map P.157-D2　マカオ半島中心部・南西部
住 葡京路　Avenida de Lisboa 電 2828 3838 料 2400パタカ～ URL www.grandlisboa.com

マンダリン・オリエンタル・マカオ Mandarin Oriental, Macau／澳門文華東方酒店 ★★★★★
眺めがすばらしいエレガントな雰囲気のホテル。カジノなし。
▶Map P.156-A2　マカオ全図
住 孫逸仙大馬路 945　945 Avenida Dr. Sun Yat Sen 電 8805 8888 料 1888パタカ～ URL www.mandarinoriental.com/ja/macau/one-central

ソフィテル・マカオ・アット・ポンテ 16 Sofitel Macau At Ponte 16／澳門十六浦索菲特酒店 ★★★★★
旧埠頭に立ち、対岸は珠海。世界遺産が集まるセナド広場周辺は徒歩圏内。
▶Map P.157-C1　マカオ半島中心部・南西部
住 内港巴素打爾古街　Rua do Visconde Paço de Arcos 電 8861 0016 料 2000パタカ～ URL www.sofitelmacau.com

ロックス Rocks／萊斯酒店 ★★★★
18世紀のヴィクトリア朝をイメージしたデザイン。全室バルコニー付きで海が望める。
▶Map P.156-B2　マカオ全図
住 孫逸仙大馬路　Macau Fisherman's Wharf, Avenida Dr. Sun Yat Sen 電 2878 2782 料 800パタカ～ URL www.fishermanswharf.com.mo/rocks-hotel

ポウサダ・デ・モンハ Pousada de Mong-Ha／望廈迎賓館 ★★★★
澳門旅游大學内の29室のホテル。歴史的建造物を用いポルトガルと中国が融合した風情。
▶Map P.156-A1　マカオ全図
住 望廈山　Colina de Mong-Ha 電 2851 5222 料 580パタカ～ URL www.utm.edu.mo/EducationalHotel

グリーナリー・イン Greenery Inn／綠悠旅舍 ★★★
マカオ半島北部に2023年にオープン。コンパクトな部屋からファミリールームまで完備。朝食付き。
▶Map P.156-A1　マカオ全図
住 拱形馬路 21　21 Estrada do Arco 電 2833 9993 料 1888パタカ～ URL www.greeneryinn.com.mo

アジア・ブティック・イン・マカオ Asia Boutique Inn Macau／澳門亞洲精品旅館 ★★
タイパビレッジの官中街やタイパ・ハウスにほど近いリーズナブルなホテル。
▶Map P.157-C3　タイパビレッジ
住 仔告利雅施利華街 146　146 Rua Correia da Silva, Taipa 電 2822 2899 料 700パタカ～（土・日曜900パタカ～） URL asiaboutiqueinn.com

グランド・コロアネ・リゾート Grand Coloane Resort／鷺園海天度假酒店 ★★★★★
コロアネ南部のハクサビーチ前。客室の半数がオーシャンビュー。レクリエーション施設が充実。
▶Map P.156-B3　マカオ全図
住 環里沙馬路 1918　1918 Estrada de Hac Sa, Coloane 電 2887 1111 料 1000パタカ～ URL www.artyzen.com/en/hotels/grand-coloane-resort/

118　Macao

ココもチェック！
マカオの見どころ&博物館

歴史や文化に触れられるスポットは、世界遺産以外にも盛りだくさん。特色あるエリアや博物館などへも足を運んでみよう。

ヨーロッパの古都の趣
ラザロ地区 Lázaro Area／望德堂區

聖ラザロ教会周辺は、モザイク模様の石畳に洋風建築が連なる異国情緒あふれるエリア。写真映えも満点。教会近くの仁慈堂婆仔屋にはポルトガル料理店や特産品のショップがある。

▶Map P.157-D1
マカオ半島中心部・南西部
🚶 セナド広場から徒歩約20分

1 古くから中国人カトリック教徒の居住区だった 2 築100年を超すポルトガル建築物を利用した仁慈堂婆仔屋

タイパ観光の目玉
官也街 Rua do Cunha クンヤーガイ

タイパビレッジの名物ストリート。150mほどの通りにスナックや伝統菓子の店、レストラン、カフェなどが並び、にぎわう。周辺の迷路のように入り組んだ路地にも店が点在。

▶Map P.157-C3
タイパビレッジ
🚌 新馬路から11、33、ホテル・リスボア前の亞馬喇前地から11、22、28A、33のバスで約30分。LRT排角駅から徒歩約10分

1 買い物や食べ歩きする人が行き交う 2.3 ミントグリーンやピンクの家々が並ぶ路地

南灣湖の南にそびえる高さ338mのタワー
マカオタワー Torre de Macau／澳門旅遊塔

マカオを一望できる複合観光施設。ショップやレストランのほか、61/Fの屋外展望台にはバンジージャンプやタワーの外縁を歩くスカイウオークといったアクティビティも。

▶Map P.156-A2　マカオ全図
🏠 澳門旅遊塔前地 Largo da Torre de Macau　☎ 8988 8612　⏰ 10:00～19:00（土・日曜、祝日～20:00）　休 無休　料 58/Fから上の展望スペース:208パタカ（3～11歳と65歳以上 138パタカ、3歳未満は無料）　Card A J M V　🚌 外港フェリーターミナルから32、ホテル・リスボア前の亞馬喇前地から23、32のバスで約15分　URL www.macautower.com.mo

タワーには展望台やアトラクション、食スポットがある

マカオの歴史を楽しく学ぶ
マカオ博物館 Museu de Macau／澳門博物館

モンテの砦(→P.113)にある博物館。交易の歴史や地元の人々の生活、マカオ発展の軌跡などを、レプリカや模型、音声ガイドなどを使って紹介。マカオの歴史と習俗を楽しみながら理解できる。

▶Map P.157-D1　マカオ半島中心部・南西部
🏠 澳門博物館前地112　112 Praceta do Museu de Macau　☎ 2835 7911　⏰ 10:00～18:00（最終入館17:30）　休 月曜（祝日は開館）　料 15パタカ（学生8パタカ、12歳以下と65歳以上は無料。毎週火曜、毎月15日は無料）　🚌 セナド広場から徒歩約10分。聖ポール天主堂跡東側から博物館に続くエスカレーターあり　URL www.macaumuseum.gov.mo

モンテの砦とともに見学したい

2021年リニューアルオープン
マカオグランプリ博物館 Museu do Grande Prémio de Macau／澳門大賽車博物館

マカオで毎年開催される市街地レース、マカオグランプリの歴史を紹介。チャンピオンマシンの展示、フォーミュラ3のシミュレーターやVRでレース体験できるコーナーもある。

▶Map P.156-A1　マカオ全図
🏠 高美士街431　431 Rua de Luís Gonzaga Gomes　☎ 8593 0515　⏰ 10:00～18:00（最終入館17:30）　休 火曜（祝日は開館）　料 80パタカ（4～12歳と65歳以上は40パタカ）　🚌 新馬路から3、10のバスで約15分　URL mgpm.macaotourism.gov.mo

アイルトン・セナのろう人形とともに使用したマシンを展示。館内はB/F～2/Fまで4フロア

島の歴史や暮らしがわかる
タイパ・コロアネ歴史博物館 Museu da História da Taipa e Coloane／路氹歷史館

かつてタイパ・コロアネを管轄していた市役所のコロニアル建築を利用した博物館。2フロアから成り、爆竹工場や造船技術の詳細、婚礼時の道具や京劇の衣装など、島の産業や文化を詳細に紹介。

▶Map P.157-C3　タイパビレッジ
🏠 氹仔告利雅施利華街　Rua Correia da Silva, Taipa　☎ 2835 7911　⏰ 10:00～18:00（最終入館17:30）　休 月曜　料 無料　🚌 新馬路から11、33、ホテル・リスボア前の亞馬喇前地から22、28Aのバスで約30分。LRT排角駅から徒歩約7分

歴史建造物を改築した建物。ミントグリーンが目を引く

コロニアルスタイルの住宅を見学
タイパ・ハウス Casas da Taipa／龍環葡韻

1920年代のポルトガル人住宅を修復し公開。5つの建物のうちメインは、マカニーズ（ポルトガル人と中国や近隣諸国の人々との間に生まれた子孫）の生活を展示した葡韻生活館。

▶Map P.157-D3　タイパビレッジ
🏠 氹仔海邊馬路　Avenida da Praia, Taipa　☎ 2835 7911　⏰ 10:00～19:00（最終入館18:30）　休 月曜　料 無料　🚌 新馬路から11、33、ホテル・リスボア前の亞馬喇前地から22、28Aのバスで約30分。LRT排角駅から徒歩約5分

マカニーズ生活館のほか、写真ギャラリーやショップがある

コロアネにあるかわいらしい教会
聖フランシスコ・ザビエル教会 Igreja de S. Francisci Xavier／聖方濟各聖堂

バロック様式の小さな教会は、フランシスコ・ザビエルを記念して1928年に創建されたもの。教会前の広場には1910年に土地の人が海賊を打ち破った記念碑が立っている。

▶Map P.156-A3　マカオ全図
🏠 路環計單奴街　Rua de Caetano, Coloane　☎ なし　⏰ 9:30～17:30　休 無休　料 無料　🚌 新馬路から21A、水坑尾街から25のバスで約40分。路環市區下車、徒歩約5分

こぢんまりとした教会

MACAO 04

マカオ名物を満喫!
おすすめグルメスポット

広東、西欧、アジアの料理が融合して生まれたマカオ料理。ここでしか味わえない究極のフュージョン料理や名物スイーツに注目。

澳門旅遊大學にはレストランだけでなく、歴史的建造物を改修したホテル「ポウサダ・デ・モンハ」（→P.118）も併設されている。

洗練のマカオ&アジア料理
アンダーズ・キッチン
Andaz Kitchen／安達仕廚薈

2023年開業のアンダーズ・マカオのカジュアルなダイニング。ライブキッチンごとにポルトガル料理、マカオ料理、アジア各地の料理を振る舞うスタイル。マカオの特色を生かしたインテリアや食器、料理すべてにおいてハイセンス。海鮮リゾットやチリ風味のローストチキンがおすすめ。

▶Map P.156-A2　マカオ全図
住 路氹城蓮花海濱大馬路東面及望德聖母灣大馬路南面 澳門銀河 澳門安達仕酒店北翼6樓 Level 6, North Tower, Andaz Macau, Galaxy Macau, Nascente da Avenida Marginal Flor de Lotus e a Sul da Estrada da Baia de Nossa Senhora da Esperança, Cotai TEL 8883 2221　6:30～10:30、12:00～14:30（土・日曜11:30～）、18:00～22:30　休 無休　料 500パタカ～　Card A M V　交 LRT路氹西駅から徒歩約5分　URL www.galaxymacau.com/dining/restaurants/andaz-kitchen

1 ピリピリ（トウガラシ）を使ったローストチキン（安達仕特色辣醬烤雞配自制薯条、388パタカ）2 手前はビールに合うバカリャウ（干しダラ）のコロッケ（葡式鱈魚餅）

魚介たっぷりのポルトガルスタイルのリゾット（葡式龍虾海鮮、828パタカ）

コスパのよさと静かな環境が魅力
澳門旅遊大學教學餐廳
オウムン ロイヤウ ターイホッガウ ウッチャンテン
UTM Educational Restaurant

モンハの丘の上に立つ観光大学の付属施設で、サービススタッフは学生が実習の一環として従事。伝統的なマカオ料理とひねりを加えた西洋料理を提供しており、校内で栽培したハーブや野菜も食材の一部に。自家製パンもおいしい。土曜は昼、夜ともにビュッフェがあり、ひとり380パタカ。

▶Map P.156-A1　マカオ全図
住 望廈山澳門旅遊大學 Macao University of Tourism, Colina de Mong-Ha, TEL 8598 1416, 8598 1446　12:00～15:00、18:30～22:00（ラストオーダーは閉店1時間前）　休 日曜、祝日　料 250パタカ～　Card A M V　予 ディナーは予約が望ましい　交 新馬路から18,19のバスで約30分　URL www2.utm.edu.mo/RESTAURANT/index.php/zh-tw

1 約100席の広い店。税とサービス料がかからないのもうれしいポイント 2 特製サングリア（右、90パタカ）とイチジクのモクテル（65パタカ）3 手前はジャガイモを添えた牛肉巻き（牛肉卷配馬鈴薯、150パタカ）、後方はチキンシチュー（青橄欖燉雞、150パタカ）。ともにマカオ料理

元祖ポークチョップバーガーの店
大利來記
ターイレイ ロイ ゲイ
Tai Lei Loi Kei

1968年創業のポークチョップバーガー（豬扒包）の代名詞ともいえる有名店。パンからはみ出す大きな骨付きポークは、ニンニクが効いたタレ風味でおいしい。自家製パンを使っていて、バーガーはパンが焼き上がる13:00から1日限定800個（土・日曜1200個）販売。

▶Map P.157-C3　タイパビレッジ
住 氹仔告利雅施利華街35　35 Rua Correia da Silva, Taipa TEL 2882 7150　9:00～18:00　休 旧正月後に1週間　料 50パタカ～　Card M V　交 新馬路から11、33、ホテル・リスボア前の亞馬喇前地から11、22、28A、33のバスで約30分。LRT排角駅から徒歩約8分

1 伝統スイーツのセラドゥーラ（木糠蛋糕、28パタカ）2 手前が豬扒包（40パタカ）、パイナップルパンを使った豬扒菠蘿包（後方右、40パタカ）もある 3 自家製カレーとオイルサーディンを合わせたスパイシーなサンドイッチ、葡國辣魚包（40パタカ）4 ミルクティーはエバミルク入りのグラスに茶こしを使って自分で紅茶を注ぐスタイル 5 テイクアウト店舗もあるが、ここ本店で試したい

Check!!
マカオ料理の特色

広東料理と旧宗主国のポルトガル料理の融合だけにとどまらず、ポルトガルからマカオへの航海の途中で経由したアフリカ、インド、マラッカの料理の影響を受けているのが特徴。多種類のスパイスやココナッツミルク、カレーなどを巧みに用い奥深い味に。家庭料理がルーツのものが多い。

マカオ料理の有名老舗
ソルマー
Solmar Restaurant／沙利文餐廳

1961年創業時の内装を保持したクラシカルな店内。店伝統の技法で作る料理は、ほどよくスパイシーでボリューム満点。マカオ料理を代表するアフリカンチキンやポルトガルチキンが自慢。ビスケットと生クリームを層状に重ねて冷やしたポルトガルスイーツ、セラドゥーラもおすすめ。

▶Map P.157-D2　マカオ半島中心部・南西部

住南灣大馬路512　512 Avenida da Praia Grande 電2888 1881 営11:30～15:00(ラストオーダー14:45)、16:30～22:30(ラストオーダー21:45) 休旧正月3日間、一部の祝日 料300パタカ～ Card M V 交セナド広場から徒歩約7分

1 大エビのチリソース(沙利文大蝦、時価) 2 マイルドなチキンカレーといった味わいのポルトガルチキン(180パタカ～) 3 調度品や照明に歴史を感じる

ポルトガルのビール会社の直営店
ポルトゥガリア
Portugália／葡多利

1925年以来ポルトガル各地にビアレストランを展開するサグレスビールが運営。シェフはポルトガル人で、食材を本国から取り寄せるなど伝統に忠実に調理。おすすめはバターたっぷりのソースで仕上げたポルトガル風ステーキやタコのサラダ。サグレスビールとともに味わいたい。

▶Map P.157-C3　タイパビレッジ

住氹仔木鐸街75　75 Rua dos Clérigos, Taipa 電6280 3992 営12:00～22:00 休無休 料300パタカ～ Card A J M V 予ディナーは望ましい 交新馬路から11、33、ホテル・リスボア前の亞馬喇前地から11、22、28A、33のバスで約30分。LRT排角駅から徒歩約10分 URL www.portugalia.com.mo

1 ほんのりポートワイン風味のカラメルソースがかかったエッグプリン(59パタカ)はいち押しデザート 2 手前がポルトガル月ステーキ(199パタカ)、後方左はアサリのワイン蒸し(155パタカ)

リアルレトロの茶樓で飲茶体験
龍華茶樓
Casa de Cha Long Wa

1962年創業の茶樓(飲茶レストラン)。天井の扇風機やタイル張りの床、直角の背もたれの椅子など店内は創業当時のまま。昔ながらの作りの伝統点心は全13種類(一律30パタカ)。麺と広東の総菜もあり、点心と合わせて楽しめる。

▶Map P.156-A1　マカオ全図

住罅些喇提督市北街3　3 Rua Norte do Mercado Almirante Lacerda 電2857 4456 営8:00～14:00 休旧暦12/31、旧正月 料100パタカ～ Card不可 交新馬路から3、4、5、6、26A、33のバスで20～30分

朝飲茶に来てください

1 店自体が文化遺産の趣。英語メニューもある 2 注文後に蒸し上げる点心。大ぶりで食べ応えあり。お茶代はひとり20パタカ 3 店主の何(ホー)さん

1978年創業の麺料理の名店
祥記麺食專家
Loja Sopa da Fita Cheong Kei

竹で麺を打つ伝統製法の「竹昇麺(チョクセンミン)」を使用。この麺はコシがあって滑らか。干し魚や豚骨などを約7時間煮込んで作ったスープで食すワンタン麺(雲吞湯麺)をぜひ。エビの卵をまぶしたあえ麺(薑葱蝦子撈麺)も看板メニュー。

▶Map P.157-C1　マカオ半島中心部・南西部

住福隆新街68　68 Rua da Felicidade 電2857 4310 営11:30～21:00 休不定期で連続して月4日 料100パタカ～ Card不可 交セナド広場から徒歩約8分

日本語メニューも用意してます

1 こぢんまりとした店 2 手前が薑葱蝦子撈麺(42パタカ、スープ付き)、後方が雲吞湯麺(36パタカ) 3 サイドメニューのおすすめ、揚げワンタンと揚げ魚団子のセット(香酥吞球、55パタカ) 4 店主の劉さんが一家で営む

エッグタルトの有名店の人気カフェ
ロード・ストウズ・ガーデン・カフェ
Lord Stow's Garden Café／安德魯花園咖啡店

1989年の創業以来、エッグタルトで名をはせるロード・ストウズ・ベーカリー経営。コロアネのベーカリー本店のすぐ近くにあり、エッグタルトをはじめケーキ類、サンドイッチやバーガー、タイ料理などを出している。

▶Map P.156-A3　マカオ全図

住路環屬母前地21C 康靈閣G/F　G/F, Houston Court, 21C Largo do Matadouro, Coloane Village 電2888 1851 営9:00～18:00(土・日曜、祝日8:00～) 休無休 料130パタカ～ Card M V 交新馬路から21A、26A、水坑尾街から25のバスで約40分 URL www.lordstow.com

ロード・ストウズ・ベーカリー本店
住路環市區敬紳樓街1號　※支店多数

1 コロアネ散策の休憩スポット。エッグタルトやパンは近くの本店でも買える 2 パイ生地にクリーミーで濃厚なカスタードたっぷりのエッグタルトは必食(1個11パタカ) 3 軽食、タイ料理、デザートを提供

Macao　121

MACAO 05

定番からポルトガル雑貨まで
マカオの厳選おみやげショップ

ガロ（雄鶏）やアズレージョ（装飾タイル）のデザイン雑貨は、定番人気。ポルトガル産の食品や石鹸、ワインも要チェック。

セナド広場近くの繁華街にある書店「リブラリア・ポルトゲーザ」（**Map** P.157-D1）にもおみやげ雑貨コーナーがある。

オリジナル雑貨ショップ
オー・ムーン
O-Moon

装飾タイルや石畳、世界遺産などをモチーフに、イラストレーターがマカオ愛を込めてデザインした雑貨がバラエティ豊富。バッグや傘、文房具など実用的なものもある。

▶ **Map** P.157-D1
マカオ半島中心部・南西部

住 伯多祿局長街（白馬行）6A富友大廈G/F　G/F, Edifício Fu Iau, 6A Rua de Pedro Nolasco da Silva **TEL** 2882 1827 **開** 10:00～22:00 **休** 無休 **Card** M V **交** セナド広場から徒歩約5分 **URL** omoonmacao.com
※マカオに5店舗

1 カードケース（各128パタカ） 2 ポルトガルの装飾タイルをもとにしたマグネット（各20パタカ）。コースターもある 3 タイルの絵柄をあしらったバッグ（488パタカ） 4 キーチェーン（各40パタカ）は種類豊富

ポルトガルの伝統品を集めた店
ロージャ・ポルトゲーザ
Loja Portuguesa　葡國生活館

ポルトガルへ旅した気分になれる店。サーディンの缶詰や陶器、手作り石鹸、ワインなどが商品棚を彩る。

▶ **Map** P.157-D1
マカオ半島中心部・南西部

住 盧家斜巷8號伯嘉－Albergue SCM, 8 Calçada da Igreja de São Lázaro **TEL** 6282 6179 **開** 11:00～19:00 **休** 火曜 **Card** M V **交** セナド広場から徒歩約20分

1・2 パステル・デ・ナタ（ポルトガルエッグタルト）のクリームリキュール（238パタカ）とナタ形のカップ（98パタカ） 3 シーソルトとレモンの香りのイワシ形キッチンソープ（128パタカ） 4 ポルトの石鹸ブランド、キャステルベルの製品がズラリ

おみやげグッズがザクザク
葡國街紀念品有限公司
Portuguesa Street Souvenir Co. Ltd.

ポルトガル製とマカオ製の定番みやげからマニアックな品まで豊富な品揃え。幸運を呼ぶという伝説のガロ（雄鶏）のグッズも多彩。

▶ **Map** P.157-D1
マカオ半島中心部・南西部

住 大關斜巷5東仙鳳A舖　A, Edf. Tong Sin Kok, 5 Calçada do Amparo **TEL** 2832 6805 **開** 10:00～18:00 **休** 無休 **Card** M V **交** セナド広場から徒歩約10分

1 ガロのハンドベル（45パタカ～） 2 ポートワインとワインオープナーのセット（250パタカ） 3 テーブルナプキン（85パタカ）

シルバーとヒスイのアクセサリー店
Mジェイド M JADE

ジュエリーデザイナーのオーナーが創作するのは、マカオの特色を映し出したアイテム。名物スイーツや世界遺産などをデザインしたアクセサリーはキュート。

▶ **Map** P.157-D2
マカオ半島中心部・南西部

住 羅保博士街2-16澳門廣場M層B舖 Shop B, M/F, Macau Square, 2-16 Rua do Dr. Pedro José Lobo **TEL** 6806 6182 **開** 12:00～19:00 **休** 祝日、旧正月1～3日間 **Card** A J M V **交** セナド広場から徒歩約5分

1 エッグタルトと杏仁餅のチャームはシルバーやゴールド製（各380パタカ） 2 聖ポール天主堂跡の彫刻モチーフをデザインしたヒスイのネックレス（1380パタカ～） 3 デザイナー兼オーナーのナタリーさん

ポルトガル直輸入の缶詰専門店
ロージャ・ダス・コンセルヴァス・マカオ
Loja das Conservas Macau　澳門葡式辣魚店

ポルトガルの缶詰は19世紀から続く伝統産業で、この店には17ブランド100種近くの商品を販売。カラフルなかわいいパッケージで選ぶのもあり！

▶ **Map** P.157-C3 タイパビレッジ

住 媽仔官也街2　2 Rua de Cunha, Taipa **TEL** 6828 5689 **開** 10:00～22:00 **休** 無休 **Card** J M V **交** 新馬路から11、33、ホテル・リスボア前の亞馬喇前地から11、22、28A、33のバスで約30分。LRT排角駅から徒歩約10分

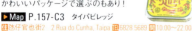

1 手前はベストセラーのスパイシーオイルサーディン（88パタカ）。後方左はマス、後方右はバカリャウのおすすめ缶詰 2 ワインもあり、写真はマスカット種の甘口ワイン「モスカテル」（35パタカ／55ml～） 3 サーディン（イワシ）やバカリャウ（干ダラ）、タコなど魚介の缶詰がズラリ

マカオ最古の中国茶の店
英記茶莊 Jeng Kei Chá

1930年の創業時の造りを保持する貴重な店。お茶に対する造詣が深い2代目が納得のいく茶葉を扱う。中国・雲南のプーアル茶が豊富。

▶ **Map** P.157-C1
マカオ半島中心部・南西部

住 十月初五街115　115 Rua de Cinco de Outubro **TEL** 2892 0373 **開** 9:30～19:00 **休** 旧正月3～5日間 **Card** 不可 **交** セナド広場から徒歩約10分

1 左はジャスミン茶、右はフルーティな香りのライチ紅茶（64パタカ～／300g） 2 雲南の高木の茶葉を用いた熟成プーアル茶がある 3 建物自体も100年以上の歴史をもつ

TRAVEL
INFORMATION

Immigration, Public Transportation,
Safety Information, Useful Travel Tips

旅の基本情報

香港行きが決まったら、いよいよ準備開始！
入出国、市内交通、安全情報などをおさえておけば、初めてでも安心して旅立てる。
香港からプチトリップが楽しめるマカオへのアクセスもご紹介。

香港の基本情報

日本から飛行機で4〜5時間、
週末や連休を使って気軽に旅を楽しめる香港。
基本情報をおさえておけば、より快適な滞在ができるはず。

香港には消費税がないので、空港での免税手続きもない。

基本情報

- **区旗**
香港特別行政区旗で、通称は区旗。中華人民共和国を象徴する赤地に香港のシンボル的な花「バウヒニア(洋紫荊)」がデザインされている

- **正式国名**
中華人民共和国
香港特別行政区
Hong Kong Special Administrative Region of the People's Republic of China

- **国歌**
中華人民共和国国歌
「義勇軍行進曲」

- **面積**
1115㎢、東京都の約半分(2024年)

- **人口**
約753万人(2024年)

- **元首**
習近平中国国家主席。行政長官はジョン・リー(李家超)

- **政体**
一国両制(一国二制度)。社会主義と資本主義が並存する

- **民族構成**
約92%が漢民族

- **宗教**
仏教・道教、キリスト教、イスラム教、ヒンドゥー教、シーク教、ユダヤ教など

- **言語**
公用語は英語と中国語(広東語と北京語=普通話)

通貨・レート

- **1HK$=100¢=約20円** (2025年1月現在)

通貨単位は香港ドル(HK$)、補助単位はセント(¢)。紙幣は1000 HK$、500 HK$、100 HK$、50 HK$、20 HK$、10 HK$の6種類で、発券銀行が3つあるため、色は統一されているがデザインは複数ある。硬貨は10 HK$、5 HK$、2 HK$、1 HK$、50¢、20¢、10¢の7種類。

上の段から香港渣打銀行、香港上海匯豊銀行、中國銀行香港分行の20、50、100、500、1000HK$紙幣。左は政府金融管理局発行の10HK$紙幣。このほか、2009年以前に発行された図柄の異なる紙幣も流通する

10HK$　2HK$
1HK$　50¢

電話

公衆電話は香港全体で720台ほどと減少しほとんど見かけないが、オクトパス(→P.133)やクレジットカード、電子マネー対応のスマート公衆電話もある。市内通話は1HK$で5分間。空港には市内通話無料の電話機がある。SIMフリーの端末があれば、音声通話付きの香港のSIMカードに差し替えて利用可能。PHSの持ち込みは禁止。

- **日本→香港/マカオ**

010※	▶	852(香港) 853(マカオ)	▶	〈香港/マカオ1234 5678にかける場合〉 1234 5678
国際電話識別番号		香港/マカオ エリア番号		相手先の電話番号

※携帯電話の場合は010のかわりに「0」を長押しして「+」を表示させると、香港のエリア番号からかけられる。
※NTTドコモ(携帯電話)は事前にWORLD CALLの登録が必要。

- **香港/マカオ→日本**

001	▶	81	▶	〈東京(03)1234-5678にかける場合〉 3-1234-5678
国際電話識別番号		日本の国番号		市外局番を含む相手の電話番号 (固定電話・携帯とも最初の0は取る)

- **現地で**
市外局番はない。通常8ケタの電話番号をそのままプッシュする。ホテルの部屋からかける場合、最初に外線番号(おもに「9」)を付ける。

祝祭日の営業

香港では旧正月（中国正月）に休む習慣があるため、年中無休とうたっている場合でも、3日間ほど休業するレストランや店が多い。さらに、旧正月をはじめ、年によって日にちが変わる休日がある。行きたい店がある場合は旅行計画を立てる段階から確認を。

日付の書き方

香港ではイギリス式に「日・月・年」の順で日付を書く。日本と順番が異なるので注意をしたい。例えば「2025年3月1日」の場合は「1/3/2025」「1/3/25」となる。「5/10」と書いてあると、日本人は5月10日と思いがちだが、10月5日のこと。

両替

● レートは銀行や両替商により異なる

日本円から香港ドルへの両替は空港や街なかの銀行や両替商でできる。銀行はレートがよいが手数料を取ることが多く、少額を替える場合は割高になる。両替商は手数料を取るところはほとんどなく、営業時間が長く休日も開いていて利用しやすい。ただし、極めてレートが悪いところもあるので、何軒か比べてから両替をしたい。

クレジットカード

● 香港はカード社会

露店や大衆的な食堂などを除き、観光客が立ち寄るほとんどのレストランやショップ、ホテルなどで利用できる。カードで国際電話をかけられる公衆電話もある。ホテルのデポジットにも役立つ。

時差

● −1時間

日本との時差は1時間遅れ。日本時間から1時間引くと香港時間になる。つまり日本の正午は香港の同日午前11:00となる。サマータイムはない。

日本からの飛行時間

● 約3時間25分～5時間45分

香港への直行便は東京から往路は4時間30分～5時間45分、復路は3時間50分～4時間50分。大阪から往路は3時間55分～5時間、復路は3時間25分～4時間。ほかに札幌、名古屋、福岡などからも直行便が運航している（2025年1月現在）。

旅行期間

● 2泊3日以上が望ましい

ヴィクトリア・ピーク観光から食べ歩きやショッピングまで、ひととおりを満喫するには、最低2泊3日の日程を組みたい。香港ディズニーランドや郊外エリアにも行くなら3泊4日は欲しい。

ATM

● 24時間引き出せて便利

空港はもちろん、街なかの大通りやコンビニ、MTR（鉄道）の構内などいたるところにある。VISAやMasterなどの国際ブランドのカードで香港ドルを24時間キャッシングできる。銀行の両替より手数料が安い場合もある。

言語

● 広東語がメイン。英語も通じる

公用語は中国語（広東語と北京語＝普通話）と英語で、広東語がいちばん使われている。英語は外国人旅行者が多いところでは問題ないが、ローカル向けの庶民的な店などでは広東語しか通じないこともある。

物価

● 食事は高め。交通は安い

外食は高級レストランから屋台まで種類豊富で、値段は幅広い。交通は公共機関もタクシーも日本より安い。

 ● ミネラルウオーター（500mℓ）10HK$～
● MTR（鉄道）最低料金　4HK$～
● タクシー初乗り料金　香港島と九龍地区の赤色のタクシー29HK$

チップ

● ホテルではチップが慣習化

ホテルのベルボーイやベッドメイキングに10HK$が目安。レストランの多くは飲食代の10%がサービス料として会計時に上乗せされているので、おつりの小銭を残す程度でよい。庶民的な食堂やファストフード店、タクシーはチップ不要。

ビザ／パスポート

● 30日以内の滞在はビザ不要

パスポート残存有効期間は、香港滞在が1ヵ月以内なら、入境時に1ヵ月＋滞在日数以上が必要。

変換プラグを忘れても、コンビニや屋台などで安価に購入することができる。

電圧・電源

香港の電圧は220V、周波数は50Hz。プラグは角3ピンのイギリス式のBF型が一般的だが、古いホテルなどでは丸穴がふたつあるB型が残っていることもある。日本国内の電化製品を使う場合は、変圧器と変換プラグが必要。スマホやデジカメなどの充電器は、海外対応の場合が多いが事前に確認を。

トイレ

ほとんどが洋式の水洗トイレ。テーマパークや博物館、ショッピングセンターやデパートなどには、清潔なトイレがある。街なかの公園などには公衆トイレがあるが、きれいとは言い難い。ショッピングセンターや雑居ビル内のレストランやファストフード店は鍵がかかっているトイレもあり、利用店のスタッフに鍵を借りて利用。

郵便

● **日本への航空郵便料金**

はがき…5.4HK$
封書…20gまで5.4HK$、30gまで8.1HK$
郵便局の営業時間は場所により多少異なるが、たいていは月〜金曜9:30〜17:00、土曜〜13:00。日曜、祝日休み。

水

香港の水道水は日本と同じように軟水で飲用可とされているが、水道管が汚れている恐れがあるため、生水は飲まないほうがよい。鉱泉水（ミネラルウオーター）や蒸留水はコンビニ、スーパー、売店などで販売（500mℓ入り10〜20HK$）。

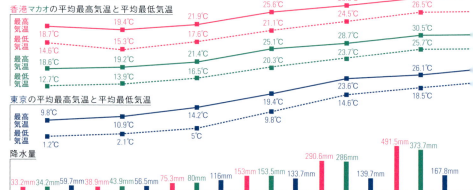

出典：香港／香港天文台　マカオ／地球物理気象局　平年値（1991〜2020年）
東京／気象庁　平年値（1991〜2020年）

香港・マカオの平均最高気温と平均最低気温

東京の平均最高気温と平均最低気温

降水量

香港　マカオ　東京　　香港・マカオは亜熱帯気候に属し、夏が長く高温多湿。冬の時期もある。

1 January

1/1
新正月
ザ・ファースト・デイ・オブ・ジャニュアリー
The first day of January
新年。香港では正月は陰暦がメインなのでほぼ通常どおり。

1/29（陰暦1/1）
農暦新年
ルナ・ニューイヤー
Lunar New Year
旧正月。パレードや花火を開催。多くの店は休業。2025年は1/29〜31。

2 February

新年のカウントダウンや農暦新年には、ヴィクトリア・ハーバーで花火が打ち上げられる

3 March

3/1〜31
香港藝術月
ホンコン・アート・マンス
Hong Kong Arts Month
香港や海外からアーティストが集い、展示会やイベントを開催。

※陰暦などにより年によって日にちが変わる祝祭日もあるので、香港政府観光局のホームページで確認しておこう。日程は2025年のもの、赤字は休日

4 April

4/20（春分から初めての満月を迎えた直後の日曜日）
復活節
イースター
Easter
祝日と日曜で4連休（4/18〜21）に。

4/27（陰暦3/23）
天后節
バースデイ・オブ・ティンハウ
Birthday of Tin Hau
海の女神である天后の生誕祭。

5 May

4〜5月の2日間（占いで決まる）
長洲饅頭節
長洲まんじゅう祭り
Cheung Chau Bun Festival
長洲最大のお祭り。パレードや饅頭取り合戦（搶包山比賽）などがある。

5/31（陰暦5/5）
端午節
ドラゴン・ボート・フェスティバル
Tuen Ng Festival
各地で龍舟レースが行われる。

6 June

ドラゴン・ボート・フェスティバル

インターネット

無料Wi-Fiサービスが充実しており、香港国際空港、MTR（鉄道）全駅の構内、観光スポット、ホテルなど多くの場所で利用可能。

プリペイドSIMカード
手持ちのスマートフォンがSIMロックフリーで香港の周波数帯域に対応している機種の場合、プリペイドSIMカードを空港やコンビニなどで買って、挿入して設定変更をすれば、インターネットや通話もできる。※2022年3月よりプリペイドSIMカード購入時に、実名での登録（氏名、生年月日、パスポート情報）が義務となった。

喫煙

公共施設や交通機関（バスターミナルも）、飲食店やバーも禁煙。公営の市場や運動場、公衆トイレ、大部分の公園も基本的に禁煙。違反すると罰金1500HK$が科せられる。一部のレストランやバーでは屋外に、公園などでは決められた場所に喫煙エリアを設けていることがある。

マナー

食事のマナーとしては、食器はご飯茶碗以外、テーブルに置いたまま使用するのが基本。人前でお酒に酔うのはよしとされない。

レジ袋は有料
スーパーやコンビニ、個人商店では、レジ袋は有料（1枚1HK$）。法律で決められており徹底されている。ブティックなどの紙製の袋は例外。エコバッグを持参しよう。

規則と罰金

公共の場でのゴミのポイ捨て、つばや痰を吐く行為には3000HK$、MTR（鉄道）での飲食には2000HK$の罰金が科せられる。台風時に海辺に波を見物に行く危険行為は罰金2000HK$または禁錮14日間。

INFORMATION

香港の基本情報

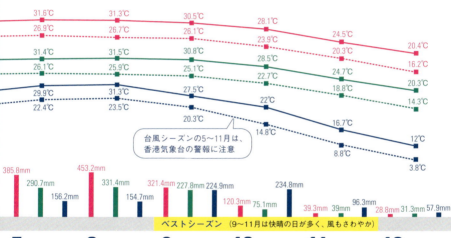

台風シーズンの5〜11月は、香港気象台の警報に注意

ベストシーズン （9〜11月は快晴の日が多く、風もさわやか）

7 July

7/1
香港特別行政區成立紀念日
ホンコン・スペシャル・アドミニストレイティヴ・リージョン・エスタブリッシュメント・デイ
Hong Kong Special Administrative Region Establishment Day
香港がイギリスから中国へ返還され、香港特別行政区が成立した記念日。

8 August

中秋節にはヴィクトリア・パークで大規模な提灯の展示が行われる。

9 September

9/5（陰暦7/14）
孟蘭節
ハングリーゴースト・フェスティバル
The Hungry Ghost Festival
徘徊し災いをもたらすといわれる幽霊に、食べ物などを供え、竹製の仮設舞台で神々をたたえる中国オペラも上演。

10 October

10/1
國慶節
ナショナル・デイ
National Day
中国の建国記念日。夜は花火が打ち上げられる。

10/6（陰暦8/15）
中秋節
ミッドオータム・フェスティバル
Mid-Autumn Festival
ヴィクトリア・パークなどで提灯カーニバルを開催。大坑舞火龍（2025年は10/5〜7）は無形文化財。

11 November

10/28〜11/30
品味全城
ホンコン・ワイン＆ダイン・テイスト・アラウンド・タウン
Hong Kong Wine & Dine Taste Around Town
市内のレストランやバーで割引や特別メニューなどを提供。

12 December

12/25
聖誕節
クリスマス
Christmas
12月初旬から街なかはイルミネーションできらめく。

12/31
香港除夕倒數
ニューイヤー・カウントダウン・セレブレーションズ
New Year Countdown Celebrations
新年を祝ってヴィクトリア・ハーバーで花火が上がる。

Hong Kong 127

マカオの基本情報

香港とは歴史も文化も異なるマカオ。マカオならではのルールや慣習もある。

基本情報

● 区旗

マカオ特別行政区旗で、通称は区旗。"澳門綠"と呼ばれる特別な緑色をバックに、マカオの象徴のハスの花、中華人民共和国を象徴する星と海水、橋がデザインされている。

● 正式国名
中華人民共和国澳門特別行政区
Macao Special Administrative Region of the People's Republic of China

● 国歌
中華人民共和国国歌「義勇軍行進曲」

● 面積
33.3km²、世田谷区の約半分（2023年）

● 人口
約68.4万人（2023年）

● 元首
習近平国家主席。行政長官はサム・ホウファイ（岑浩輝）

● 政体
一国両制（一国二制度）。社会主義と資本主義が並存する

● 民族構成
約90％が漢民族

● 宗教
仏教、道教、キリスト教、イスラム教徒、ゾロアスター教など

● 言語
公用語はポルトガル語と中国語（広東語と北京語＝普通話）。英語も通じる

通貨・レート

● 1Pataca＝100Avos＝約18.7円
（2025年1月現在）

通貨単位はパタカ（Pataca/MOP）、補助単位はアボス（Avos）。紙幣は1000、500、100、50、20、10パタカの6種類で、発券銀行がふたつあるため、色は統一されているがデザインは2種ある。硬貨は10、5、2、1パタカ、50、20、10アボスの計7種類。

上段は大西洋銀行澳門分行、下段は中國銀行澳門分行発行の紙幣。左上1000、左下500、中央上100、中央下20、右上10パタカ。このほかに50パタカ札も流通している。硬貨は上段左から5、2、1パタカ、下段左から50アボス、10アボス

電話

公衆電話はコイン専用機とカード式があり、コイン式の場合、1または5パタカ硬貨のみ使用可。カード式はスマートカード、クレジットカードを使用。市内通話は5パタカで5分間。電話のかけ方→P.124

両替

● 香港ドルも使える

日本円または香港ドルからパタカへの両替は空港やフェリーターミナル、港珠澳大橋シャトルバスターミナル、銀行、両替商、ホテルでできる。レートは銀行がよいが、両替商は営業時間が長く休日も開いていて利用しやすい。香港ドルも流通しており、香港ドルとパタカのレートは1：0.97だが、同額で取り扱われることが多い。カジノでは基本的に香港ドルが使われている。

ATM

● 24時間利用できて便利

街なかのいたるところにある。両替が困難な場合は、キャッシングが便利。

時差

● －1時間　日本との時差は1時間遅れ（香港と同じ）

クレジットカード

● カードは必携

露店や庶民的な食堂などを除き、多くのレストランやショップ、統合型リゾート、ホテルなどで利用できる。

言語

● 広東語がメイン

広東語が最も使われており、北京語（普通話）の通じる場所も多い。英語はホテルなど外国人旅行者の多い場所では通じる。

物価

● 統合型リゾート内は高め

林立する統合型リゾートの食事の値段はあまり日本と変わらない。庶民的な食堂や軽食店は香港よりもやや安く、交通は公共機関もタクシーも日本より安い。

- ミネラルウオーター（500mℓ）3パタカ～
- 公共バス　一律6パタカ
- タクシー初乗り料金　21パタカ

日本からの飛行時間

● **約3時間25分～5時間35分**

マカオへの直行便は東京から往路は5時間～5時間35分、復路は4時間～4時間30分。大阪から往路は4時間10分～4時間25分、復路は3時間25分～3時間30分（2025年1月現在）。

チップ

● **チップの慣習は高級ホテルのみ**

ベルボーイやベッドメイキングに10パタカが目安。高級レストランでは飲食代の10%がサービス料として会計時に上乗せされているので、おつりの小銭を残す程度でよい。庶民的な食堂やファストフード店、タクシー、カジノのディーラーにはチップは不要。

旅行期間

● **マカオを満喫するには2～3日滞在**

香港旅行のついでに日帰りで訪れる人が多いが、余裕をもって街歩きやメガリゾートを満喫するには数日滞在したい。

ビザ

● **90日以内の滞在なら不要**

中国本土へも30日以内ならビザは不要。パスポート残存有効期間は、マカオ滞在が30日以内なら、入境時に90日＋滞在日数以上が必要。

電圧・電源

電圧は230V、周波数は50Hz。プラグはヨーロッパタイプの丸2ピン、丸2ピン＋アースピンがほとんどだが、ホテルでは香港式のBFタイプ（角3ピンのイギリスタイプ）も。事前にわかりにくいので、変換プラグは持参したい。日本国内用の電化製品は変圧器が必要。

郵便

● **日本への航空郵便料金**

はがき・封書：10gまで4.5パタカ、以後10gごとに2パタカ加算
郵便局の営業時間は場所により異なるが、たいてい月～金曜9:00～18:00（土曜～13:00）。日曜、祝日休み。

トイレ

ほとんどが洋式水洗トイレ。

水

マカオの水道水は硬水なので腎臓病の人や幼児は注意が必要。水道水は飲用可とされているが、生水は飲まないほうがよい。ミネラルウオーター（鉱泉水や蒸留水）はコンビニや商店などで販売。

インターネット

無料の公共Wi-Fiサービス（URL www.freewifi.mo）があるほか、ホテルや統合型リゾートは無料Wi-Fi完備。SIMカードは空港、フェリーターミナル、港珠澳大橋シャトルバスターミナル、市内のコンビニなどで買える。

喫煙

空港とカジノの喫煙室を除き、あらゆる公共の場所が屋内禁煙。バス停など公共交通機関の待合所から10m以内も禁煙。違反すると罰金は1500パタカ。電子たばこの持ち込みも禁止。

マナー、規則と罰金

21歳未満はカジノ入場不可。カジノでの写真やビデオ撮影禁止。公共の場でのゴミのポイ捨て、つばや痰を吐く行為、トイレ以外の場所で用を足した場合の罰金は600パタカ。

マカオのおもな行事・祭りと祝祭日（2025年） ※赤字は休日

1月	1/1	新正月
	1/29～31	農暦新年（旧正月）
3月	3/8～9	苦難善耶蘇聖像出遊（パッソス聖体行列）
4月	4/4	清明節
	4/18～20	復活節（イースター）
5月	5/13	花地瑪聖像巡遊（ファティマ聖母パレード）
	5/31	端午節（ドラゴン・ボート・フェスティバル）
6月	6/13	哪吒誕（バースデイ・オブ・ナーチャ）
9月	9/5	孟蘭節（ハングリー・ゴースト・フェスティバル）
10月	10/1	國慶節（ナショナル・デイ）。翌日も休日
	10/6	中秋節（ミッドオータム・フェスティバル）。翌日が休日。
	10/29	重陽節
11月	11/2	追思節（万霊節）
	11月中旬	澳門格蘭披治大賽車（マカオグランプリ）
12月	12/20	澳門特別行政區成立紀念日
	12/21	冬至
	12/24～25	聖誕節（クリスマス）
	12/28	聖母無原罪的御宿り）
	12/31	澳門除夕倒數（ニューイヤー・カウントダウン・セレブレーションズ）

※陰暦などにより年によって日にちが変わる祝祭日もあるので、マカオ政府観光局のホームページで確認しておこう。日程は2025年のもの。

香港入出国

4〜5時間の空の旅を経て香港に到着。
入国手続きや市内への交通事情など、事前にチェックしておこう。

香港ではニコチンが含まれる電子たばこは医薬品に分類。医師の診断書（英文）がなければ持ち込むことはできない。

日本から香港へ

1 香港到着
「抵港（Arrival）」の表示に従い、入国審査（Immigration）に向かう。離れたゲートからはシャトルトレインやシャトルバスを利用する。

2 香港入国審査
パスポートを審査官に提示し、審査後にパスポートを受け取る。特に質問はされない。2024年10月16日より入出国カードの記入・提出が不要になった。

3 荷物受け取り
搭乗便名が表示されたターンテーブルで機内預け荷物をピックアップ。もしも荷物が出てこなければ、荷物苦情処理窓口でバゲージ・クレームタグを提示し手続きをする。

4 税関検査
免税範囲を超えた物品を持ち込む場合は赤のランプの出口で申告。申告がなければ緑のランプの出口へ。

5 到着ロビー
エアポートエクスプレスなどで市内へ（→P.132）。

香港入国時の免税範囲

たばこ	紙巻きたばこ 19本、葉巻 1本または 25g、そのほかのたばこ 25g のいずれか1種　※18歳以上
酒類	アルコール度 30% 以上のお酒 1ℓ　※18歳以上
通貨	12万HK$ 以上の現金等（現金、小切手、約束手形、無記名債券、トラベラーズチェック、為替、郵便為替）※申告漏れの場合は程度によって罰金や懲役が科せられる。

機内持ち込み手荷物の制限

● **おもな制限品**

刃物類（ナイフ、はさみなど）
持ち込み不可。

液体物
100mℓ以下の容器に入れ、容量1ℓ以下のジッパー付きなど再封可能な透明プラスチック袋に入れた場合は持ち込み可。

喫煙用ライター
ひとり1個のみ（機内預けの荷物に入れるのは不可）。

● **機内預け荷物の重量制限**

航空会社や搭乗クラスにより異なる。エコノミークラスの手荷物1個当たりの最大重量は、日系航空会社では23kgを2個まで、キャセイパシフィック航空は23kgを1個まで。

Column
進化する香港国際空港

香港国際空港は2024年12月現在、ターミナル2が拡張工事中。この工事は空港周辺を一大エアポートシティに変貌させる計画の一環で、その先陣を切りターミナル2に隣接の35万㎡の敷地に「11スカイズ（11 SKIES）」という巨大複合施設が、2024年から段階的に開業している。2025年に完全オープンすれば、800店を超えるショップ、約120の飲食店を有する大型ショッピングモールが誕生。「キッザニア香港」や「くまのパディントン」をテーマにしたレジャーパーク、没入型の4Dシアターやデジタルアート空間などのエンターテインメント施設が入居予定。進化する香港国際空港から目が離せない。11スカイズ URL www.11-skies.com

子供と一緒に楽しめる施設が開業予定。2024年12月現在、館内はほぼ工事中で店は未オープン

香港から日本へ

1 空港に到着
出発時刻の2時間前が目安。香港駅か九龍駅でチェックイン済みなら1時間前に到着を。

2 搭乗手続き（チェックイン）
利用航空会社のチェックインカウンターでパスポートを提示し、eチケットの控えを搭乗券（ボーディングパス）に引き換える。さらに機内預け荷物を預け、バゲージ・クレームタグをもらう。駅でチェックイン済みの場合は、カウンターに立ち寄らず出国審査へ。

3 出国審査
搭乗券、パスポートを審査官に提示。確認後、搭乗券とパスポートが返却される。顔認証の自動化ゲートも利用できる。

4 セキュリティチェック
機内持ち込み手荷物のX線検査とボディチェック。ペットボトルなどは没収されるので注意（P.130の機内持ち込み手荷物の制限参照）。

5 搭乗ゲートへ
搭乗開始時刻とゲートはまれに変更される場合もあるので掲示板で確認し、30分前までには搭乗ゲートへ。香港国際空港はたいへん広く、端のゲートは移動に20分ほどかかる場合もあるので余裕をもって移動したい。時間があれば免税店やみやげ店で買い物を楽しんでもいい。

6 帰国
機内で配られた「携帯品・別送品申告書」（別送品がある場合は2枚必要）に必要事項を記入し、日本の空港の税関に提出。税関申告を事前にウェブで行うことができるサービス「Visit Japan Web」に必要な情報を登録しておくと、用紙への記入は不要。税関検査を終えたら到着ロビーへ。

携帯品・別送品申告書の記入例

● A面

● B面

日本入国時の免税範囲

● 税関 URL www.customs.go.jp

たばこ	紙巻きたばこ200本または葉巻50本、または加熱式たばこ個装等10個。その他のたばこ250g
酒類	3本（1本760mlのもの）
香水	2オンス（1オンスは約28ml。オードトワレ、オーデコロンは含まれない）
その他	20万円以内のもの（海外市価の合計額）
おもな輸入禁止品目	麻薬、向精神薬、大麻、アヘン、覚せい剤、MDMA、けん銃等の銃砲、爆発物、火薬類、貨幣、有価証券、クレジットカード等の偽造品、偽ブランド品、海賊版など

● Visit Japan Web
URL services.digital.go.jp/visit-japan-web/

香港駅と九龍駅でチェックイン

電子パスポートを所持していれば、香港国際空港と市内を結ぶエアポートエクスプレス（機場快線）の香港駅と九龍駅の構内にあるカウンターで、キャセイパシフィック航空と香港航空の2社の搭乗手続き（搭乗券の受け取りと機内預け荷物の預け入れ）ができる。キャセイパシフィック航空は香港駅6:00〜23:00、九龍駅6:00〜15:00。香港航空は香港駅6:00〜19:00、九龍駅6:00〜15:00。このサービスはエアポートエクスプレスの利用が条件で、カウンターに入るゲートで切符かオクトパス（→P.133）をかざす必要がある。受付は出発の24時間前から90分前まで。

🌺 空港から市内へ

香港国際空港から市内への交通はよく整備されており、最も早くて便利なのはエアポートエクスプレス。時間はかかるが、エアポートバスは安上がり。人数や状況を考慮して、事前にアクセス方法も確認しておこう。

空港からのタクシーは車体の色で行き先が異なる。赤色は香港島、九龍半島の繁華街、ランタオ島の愉景湾北。緑色は新界地域の荃湾、沙田より北。水色はランタオ島内。

● 120以上の航空会社が運航
香港国際空港
Hong Kong International Airport

市内から約35km離れたランタオ島（大嶼山）の北部にある。1905万㎡の敷地に3本の滑走路を有し、120以上の航空会社が乗り入れるアジアのハブ空港。利用客は2019年の7150万人を境にコロナ禍で激減したが、2023年に約3950万人まで回復。
空港内には280店以上のショップとレストランに加え、銀行、ATM、コンビニ、荷物一時預かり、シャワールーム、郵便局、医務室、子供の遊び場など施設も充実。空港の無料Wi-Fiが利用でき、6700ヵ所の充電コーナー（USBケーブルで充電可）がある。
▶ Map P.139-D3

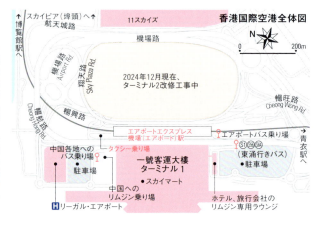

香港国際空港から市内へのアクセス

空港から市内へ向かう交通は、早くて便利なエアポートエクスプレス（鉄道）、市内各地や新界地域をカバーするエアポートバス、タクシーがある。バスやタクシーは道路状況により時間がかかることもあるので注意を。

交通機関	所要時間	料金	乗り場
エアポートエクスプレス Airport Express（AEL） 機場快綫 URL www.mtr.com.hk	青衣駅 14 分 九龍駅 22 分 香港駅 24 分 （10～12 分間隔で運行）	青衣駅 70HK$ 九龍駅 105HK$ 香港駅 115HK$	ターミナル1直結の機場駅
エアポートバス Airport Bus 機場巴士 URL www.citybus.com.hk URL www.lwb.hk	中環 A11 約 45 分 灣仔 A11 約 55 分、A12 約 45 分 尖沙咀 A21 約 70 分 など （A11 は 20～30 分間隔、 A12 は 20～45 分間隔、 A21 は 10～20 分間隔で運行）	A11 41.9HK$ A12 47.1HK$ A21 34.6HK$ など	ターミナル1南東のエアポートバス乗り場
タクシー Taxi 的士	香港島（中環）約 35 分 九龍（尖沙咀）約 45 分 新界（沙田）約 45 分	香港島（中環）約 380HK$ 九龍（尖沙咀）約 290HK$ 新界（沙田）約 300HK$ （有料道路代、トランクへの荷物代は別途）	ターミナル1北のタクシー乗り場

香港の市内交通

香港での移動には鉄道のMTR、香港名物の2階建てバスやトラムをはじめ、フェリー、タクシーなどさまざまな乗り物がある。上手に利用して効率よく回ろう。

鉄道（MTR）

香港の鉄道はMTR Corporation Ltd.（香港鐵路有限公司）が運営。通称MTRと呼ばれる。路線は10路線あり、本数が多く使い勝手がよい。4～64HK$と運賃が安く、スピーディに移動できる。

シングル・ジャーニー・チケット（單程票）の買い方

● 従来タイプ
①画面上の目的駅をタッチ。
②駅名と表示金額を確認してお金を入れる。
③切符とおつりを受け取る。

● 複合機「三合一（3-in-1）」
①左上タッチパネルの「購票（切符購入）」を押す。
②左下タッチパネルから利用する路線を選び、次画面で目的駅を押す。
③表示金額のお金を入れるか、オクトパスをカードリーダーに当てる。
④切符とおつりを受け取る。

※パネルの「成人（Adult）」は大人料金、「特恵（Concessionary）」は子供（3～11歳）とシニア（65歳～）料金、「多張（Multiple）」は複数購入を意味する。

切符の種類

● シングル・ジャーニー・チケット
Single Journey Ticket（單程票）

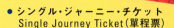

目的駅までの1回券。自動券売機で購入できる。金額は4HK$～（行き先によって異なる）。

● オクトパス
Octopus（八達通）

複数の交通機関や買い物にも使える便利なチャージ式プリペイドカード。割引運賃が適用されてお得。馬場駅を除くMTR各駅のカスタマーサービス（客務中心）で買える。
※デポジット不要で購入後にチャージして交通機関や買い物に使えるツーリストオクトパスもあり、コンビニで販売（39HK$）。エアポートエクスプレス香港国際空港駅の自動販売機でも購入でき、こちらはチャージ額111HK$を含む150HK$。

料金	200HK$（50HK$はデポジット）
チャージの仕方	MTR駅の自動券売機近くにある専用チャージ機、「Add Value Machine／増値機」の差し込み口にカードを入れ、50～1000HK$（2019年12月1日以降発行のカードは3000HK$）のチャージ額を50HK$か100HK$の紙幣で入金。コンビニやスーパー、ファストフード店などでもチャージできる。
払い戻し法	MTR駅のカスタマーサービスセンター（客務中心）で、「Please refund.（プリーズ・リファンド）」と言ってカードを渡せば、デポジットと残金を返却してくれる。購入から90日未満は手数料11HK$が引かれる。
使える場所	MTR、バス、トラム、フェリーなどの交通機関をはじめ、コンビニ、スーパー、スターバックス、マクドナルドといった店や映画館で使用可能。

※ほかにも、1日乗り放題の「ツーリスト・デイ・パス（遊客全日通）」がある。大人75HK$、子供（3～11歳）35HK$。

地下鉄の乗り方

1 駅を探す
入口はMTRのマークが目印。
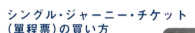

2 切符を買って改札へ
切符の種類や買い方は上記参照。改札ではセンサーに切符をかざして通る。2023年からタッチ決済可能なVISAやマスターカード（クレジットカードまたはデビットカード）が使える改札機が登場。

ブルーの部分がタッチ決済用センサー

3 ホームへ
電車のマークがホームへの目印。行き先案内板で路線名と「往○○」の終点駅（進行方向）を確認してホームへ。

4 乗車、降車
ドアは自動開閉。路線図（→P.138）を見て目的駅で降りる。車内ドアの上にある路線図は、現在地を点滅で表示していて心強い。

5 乗り換え
路線ごとに色分けされている。案内板の路線名と色を見て乗り換え通路へ。

6 出口
シングル・ジャーニー・チケットは挿入口に投入、オクトパスはセンサーにかざして通る。

バスは行き先が同じでも経路により運賃が異なる。バス停に書かれた路線図を見比べ、目的地と終点が近い路線を選ぶと安く済む。

タクシー
Taxi / 的士

タクシーの車体の色は、中心部は赤、新界は緑、ランタオ島は水色とエリアごとに異なる。香港島と九龍側を結ぶ海底トンネルを使用する場合、トンネル通行料は乗客が負担する規則だ。両サイドは営業エリアが異なり、道に不慣れな運転手に当たると対岸行きを拒否されることがある。確実なのは海越えタクシー専用スタンドの「Cross Harbour Taxi Stand（過海的士站）」を利用すること。その場合トンネル通行料も片道で済む。

タクシーの乗り方

1. 日本と同じく、路上で手を上げてひろう。街なかにあるタクシー乗り場「Taxi Stand（的士站）」のほうがつかまえやすい。

2. ドアは自分で開閉（ワゴンタイプのタクシーは自動ドア）。行き先は中国語で書いて見せると伝わりやすい。乗車後は必ずシートベルトを。違反者は罰金や実刑になる。

3. 到着後支払いは現金のみ。1HK$以下の端数はおつりを出さないのが慣習化している。

● 料金
香港島と九龍の初乗りは2kmまで29HK$。以後200mごとに2.1HK$加算。102.5HK$以降は1.4HK$加算。トランクに荷物を入れると1個につき6HK$、海底トンネルは3つありどこも片道25HK$、海越えタクシー以外は往復の通行料50HK$が加算される。

スターフェリー
Star Ferry / 天星小輪

中環〜尖沙咀と湾仔〜尖沙咀の2路線あり、約10分の船旅。

スターフェリーの乗り方

1. 改札近くの自動販売機でトークン（プラスチック製のコイン）を購入する。

2. 改札にトークンを入れて乗船。オクトパスも使用できる。

● 料金・運航時間
中環〜 ▶1等（2階席）5HK$、土・日曜、祝日
尖沙咀　6.5HK$、2等（1階席）4HK$、土・日曜、祝日5.6HK$。6:30〜23:30。

湾仔〜 ▶5HK$、土・日曜、祝日6.5HK$。湾仔発7:30
尖沙咀　〜23:00（日曜、祝日7:40〜）。尖沙咀発7:20〜22:50（日曜、祝日7:30〜）。

バス
Bus / 巴士

渋滞に巻き込まれると時間が読めないが、本数が多く香港中を網羅し料金も安い。ヴィクトリア・ピークや浅水湾、赤柱へ行く際に活用したい。車内での飲食は罰金になる。

バスの乗り方

1. 前のドアから乗車する。運賃は前払いでおつりは出ない。オクトパスも使える。

2. 停留所の手前で天井や窓枠の上の黒いベルトか手すりのボタンを押す。後ろのドアから下車する。

トラム
Tram / 路面電車

香港島の繁華街のど真ん中をゆったり東西に行き交う。安くて旅行者も利用しやすい。

トラムの乗り方

1. 停留所の表示板には、西行きは駅番号が偶数で「西行」「W」の表示が、東行きは駅番号が奇数で「東行」「E」の表示がある。

2. 車両の行き先（終点名）から路線を確認し、「上（IN ONLY）」と書かれた後ろのドアから乗る。

3. 1階前方にある「落（EXIT）」と書かれたドアから運賃を支払い下車する。オクトパスも使用可。

● 料金　一律3HK$

新界、中国を結ぶ鉄道
(MTR/High Speed Rail)

九龍の紅磡から新界を結ぶ鉄道は2路線ある。新界の北部へは東鐵綫（East Rail Line）、東部・西部へは屯馬綫（Tuen Ma Line）を利用。
また、西九龍駅と中国の広州南駅間を結ぶ高速鉄道「高速鐵路High Speed Rail」が2018年に開通し、香港から中国各地への移動が便利になった。

● 料金・運行時間
東鐵綫 ▶ 1等車8〜111HK$、2等車4〜55.5HK$。6:30〜24:00。

屯馬綫 ▶ 4〜27HK$。6:07〜翌0:48。

134　Hong Kong

香港からマカオへのアクセス

香港からマカオへの交通は、港珠澳大橋を通るバス（約40分）と、海路で行く高速船（約55分）がある。主流となっているバスでのアクセスを中心にご紹介する。

バスを利用

● バスは2タイプ

香港口岸と澳門口岸（マカオ出入国検査場）を結ぶ港珠澳大橋シャトルバスと、香港市内からマカオの統合型リゾートまで乗り入れる直通バスの2種類があり、主流は港珠澳大橋シャトルバス。

港珠澳大橋シャトルバスの利用の仕方

1 港珠澳大橋香港口岸へ

香港市内からはA系統のエアポートバス、香港国際空港からB4のバスを利用。

2 香港出国検査

旅検大樓内の出国審査場「Visitors」カウンターへ進み、パスポートを提示し、出国審査を受ける。

3 バスのチケット購入

現金やクレジットカード（Card J M V）で買う場合はチケットカウンターへ。オクトパス専用の自動券売機もある。

オクトパス専用の自動券売機

4 バス乗り場へ

「穿梭巴士（Suttle Bus、HZM Bus）」の表示に従い、乗り場へ。

5 バス乗車

乗車前にチケットの検札がある。席は全席自由席。

6 マカオ入国審査

マカオ半島東側の澳門口岸に到着。パスポートを提示し、入国審査を受ける。

7 マカオ市内へ

G/Fに公共バス、タクシー、各統合リゾートへの無料シャトルバス乗り場がある。

タクシー乗り場

● 港珠澳大橋とは

2018年に開通した香港、マカオ、珠海を結ぶ全長55kmの世界最長の海上橋。香港国際空港東の人工島にある香港口岸（出入国検査場）が起点。

● 港珠澳大橋シャトルバス（港珠澳大桥穿梭巴士 HZM Bus）

10〜20分（深夜は30〜60分）間隔で24時間運行。マカオまで65パタカ〜（12歳以下または身長120cm以下の子供、65歳以上33パタカ〜）。所要約40分。

● 旅行会社運営の直通バス

香港の佐敦や太子の上海街からマカオの複数の統合型リゾートを結ぶバスは、ワンバス（港澳一號）とホンコンマカオエクスプレス（港澳快線）の2社。160HK$〜。所要約120分。

高速船を利用

● 2社の船が運航

運航会社はターボジェット（噴射飛航）とコタイウオータージェット（金光飛航）の2社。フェリーターミナルは、香港側が上環にあるマカオ・フェリーターミナルと香港国際空港のスカイピア。マカオ側はマカオ半島の外港フェリーターミナルとタイパ・フェリーターミナルの各2ヵ所。上環発175HK$〜（所要約55分）、空港発297HK$〜（所要約70分）。

赤の船体のターボジェット

ブルーのコタイウオータージェット

Macao 135

マカオの市内交通

マカオ市内では香港の交通カード「オクトパス」は使えない。

最も便利な交通手段は公共バス。タクシー利用も視野に。マカオ半島南部〜タイパ〜コタイの移動には新開通した鉄道、LRTも使える。

三菱重工業が製造したLRTの車体名は「オーシャンクルーザー」

バス
Bus/巴士

黄色の車体の新福利バス

澳巴（TCM）と新福利（Transmac）の2社が、マカオ半島、タイパ、コロアネの約100路線を網羅している。全線6パタカと運賃も安い。乗り方は香港のバスと同様、前のドアから乗車し運賃は前払い（おつりは出ない）。

赤・茶・白色の車体の澳巴バス

主要なバスターミナル・バス停

外港フェリーターミナル、ホテル・リスボア前の亞馬喇前地、水坑尾街、新馬路のセナド広場付近、媽閣廟前、国境前（関門）、タイパ・フェリーターミナルなど。

多くの路線が集結するバスターミナル「亞馬喇前地」

● 料金

全線6パタカの均一料金。コンビニやスーパーなどで販売しているマカオパス（澳門通）というプリペイドの交通ICカード（130パタカ）があり、バスやLRTにたくさん乗車予定の場合は便利。

タクシー
Taxi/的士

タクシーの車体は黒色で、ルーフ部分が白。基本的にどこでも乗降できる。予約専用のワゴンタクシーもある。

タクシーの乗り方

1. 路上で手を上げてひろう。街なかや統合リゾートにあるタクシー乗り場「的士站 / PRAÇA DE TÁXI」のほうがひろいやすい。
2. ドアは自分で開閉。英語がほとんど通じないので、行き先を漢字で書いて見せると伝わりやすい。シートベルトは助手席のみ義務付けられており、違反者は罰金。
3. 到着後の支払いは現金で。パタカと香港ドルが使える。要求すれば請求書ももらえる。

● 料金

初乗りは2kmまで21パタカ。以降は220mごとに2パタカ加算。トランクに荷物を入れると1個につき3パタカ加算。マカオ半島からコロアネへは5パタカ、タイパからコロアネへは2パタカ、空港ターミナル、タイパ・フェリーターミナル、港珠澳大橋澳門口岸からは8パタカの追加料金がかかる。

LRT
Macao Light Rapid Transit/澳門輕軌

2019年に開通したマカオ初の鉄道。おもに高架を走る無人自動運転システムで運行。2024年12月現在3路線あり、主要路線の氹仔線はタイパ・コタイの観光地や統合リゾートのアクセスに便利。
マカオ半島側の駅は2024年12月現在、媽閣廟近くの媽閣（Barra）駅のみ。海底トンネルを通って11分でタイパビレッジ最寄りの排角駅へ行ける速さが魅力。

LRTの乗り方

1. 駅の客戸服務中心か自動販売機で切符のトークン（プラスチック製のコイン）を購入。窓口では、現金（香港ドルは使用不可）、クレジットカードが使える。

青いトークン

自動販売機は現金のみ使用可能

2. トークンを自動改札機のセンサーにタッチして改札内へ

駅は広々としていて案内板も整備されている

3. 行き先方面のホームへ行き、乗車。

大きな車窓から統合リゾートホテル群の眺めも楽しめる

● 料金・運行時間

3駅まで6パタカ、4〜6駅8パタカ、7〜9駅10パタカ、12駅まで12パタカ。運行は6:30〜23:15（金〜日曜、祝日は〜23:59）の間、5〜10分間隔。

旅の安全対策

言葉や習慣が異なる海外だけに、不安はつきもの。ちょっとした注意で、トラブルをしっかり回避したい。

治安

犯罪発生率を見る限り香港、マカオともに治安状況は良好といえるが、日本人はスリ、ぼったくり、詐欺、置き引きなどのターゲットになりやすい。特に狙われるのが、現金、パスポート、ブランド物だ。財布を分けて持ち歩くようにしたい。パスポートは肌身離さず、荷物も目を離さず、すきをつくらないように。

病気・健康管理

温暖な日本とは異なり、香港は亜熱帯エリア。暑さや紫外線対策を万全に、こまめに水分も補給したい。一方で室内はエアコンが寒いくらい効いているので、羽織りものの持参など冷房対策も忘れずに。また、冷たいものの飲み過ぎや、料理の食べ過ぎにも注意を。飲み慣れた風邪薬や胃腸薬も持参しておきたい。

海外旅行保険

旅先では病気になったり事故や盗難に遭ったりと、さまざまなトラブルに巻き込まれる可能性が否定できない。もしもに備えて海外旅行保険に加入しておけば、病院で高額な医療費を請求されても、携帯品が紛失・破損しても安心。保険の補償内容は自分に合わせて選び、連絡先も忘れず控えておこう。

こんなことにも気をつけて！

● 悪質なタクシー対策

事前に行き先の料金の目安を調べ、渋滞以外で不当な料金を請求されたら毅然とした態度で断ること。その際は日本語でかまわない。乗車時にはドライバーの名札を確認し、何かあれば名前や車の番号をメモや写真で残すと折れやすい。乗車中はメーターから目を離さないように。

● 混雑する場所ではスリにご用心

香港国際空港、ショッピングモールやデパート、ヴィクトリア・ピーク、廟街や女人街、香港～マカオ間のフェリー、地下鉄など、混雑する場所では被害が絶えない。ビジネスマンや主婦などの格好をしていて、あやしく見えない犯人も多い。

● 見知らぬ人を信用しない

現地で仲よくなった人から、すすめられても飲食物は口にしない。誘われてもついていかない。香港では賭博は法律で禁止。コピー商品を買わされても日本に持ち込めない。ホテルで手続きミスがあったと従業員がパスポートを預かることも通常あり得ない。フロントへ確認を。

緊急連絡先

警察・消防・救急 999 (香港／マカオ)
警察 2529 0000 (香港／日本語ホットライン)
在香港日本国総領事館 2522 1184
▶ Map P.144-B2

病院 (香港／日本語ホットライン)
● EMC香港日本人クリニック
 EMC Hong Kong Japanese Clinic
 5746 1234 (10:00～13:00、15:00～18:00、土曜10:00～13:00)

● 港安醫院　Hong Kong Adventist Hospital
 2835 0509 (月～金曜、日曜9:00～17:00)

● 嘉諾撒醫院　Canossa Hospital
 2825 5848 (月～金曜9:00～17:00、土曜9:00～13:00)

航空会社
● キャセイパシフィック航空
 2747 3333
● 香港エクスプレス航空
 3702 7618
● 日本航空
 800-90-5853
● 全日空
 2810 7100
● ピーチ・アビエーション
 2830 4880
● マカオ航空 (澳門航空)
 8396 5555

クレジットカード会社
● アメリカン・エキスプレス
 800-96-3013
● ダイナースクラブ
 81-3-6852-0931
● JCBカード
 001-800-0009-0009
● MasterCard
 800-966677
● VISA
 800-96-7025

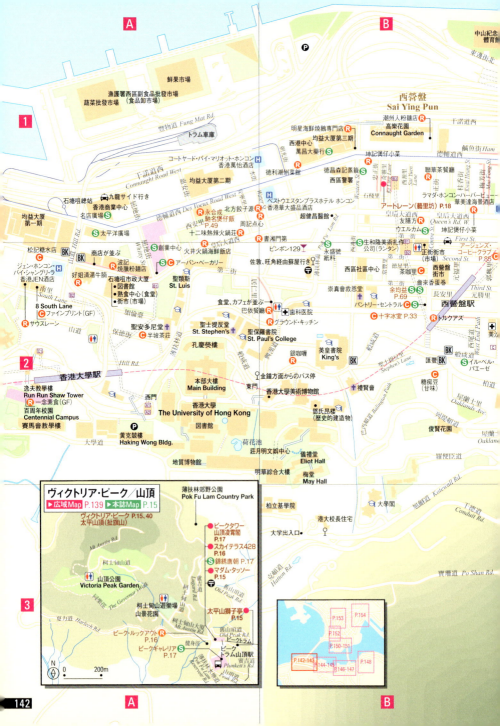

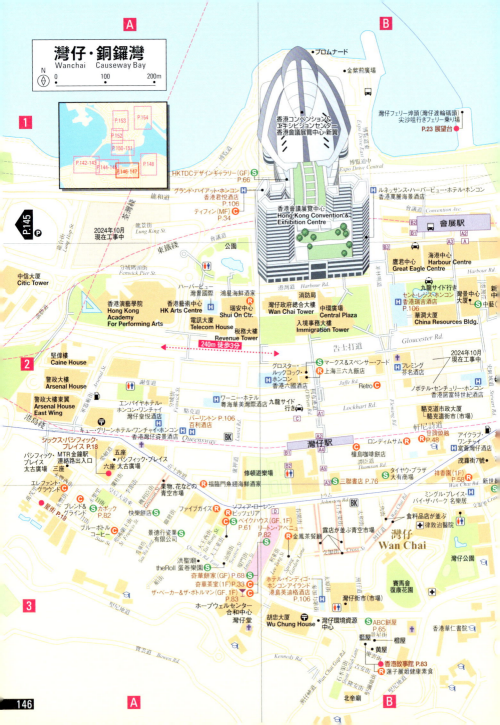

INDEX

香港政府観光局のビジターセンターは空港到着階、尖沙咀スターフェリーコンコース（**Map** P.150-A3）などにある。

香港

● 観光

1881ヘリテージ	88
M+	12
アートレーン（藝里坊）	18
アベニュー・オブ・スターズ	86
ヴィクトリア・ピーク	15、40
オーシャンターミナル・デッキ	23
海心公園	95
戯曲中心	12
九龍寨城公園	94
金魚街	41
ケーブルカー（昂坪360）	98
ゴンピン・ビレッジ	98
沙田車公廟	38
嗇色園黄大仙祠	38
シンフォニー・オブ・ライツ	22
スカイ100香港展望台	21
スカイテラス428	16
スターフェリー・ウオーターツアー	42
星街周辺の壁画アート	18
西九文化区	10
大澳	99
大澳 永安街、吉慶街	99
大館	26
大坑火龍文化館	81
太平山街周辺の壁画アート	85
大平山獅子亭	15
尖沙咀プロムナード	22、86
鎮海樓公園	41、96
天后廟（油麻地）	90
天壇大佛	99
女人街	72
ハート・スートラ	41、99
ハリウッド・ロード周辺の壁画アート	19
ピークタワー	17
ピークトラム	14
ビッグバスツアー	42
廟街	73
文武廟	39
寳蓮禪寺	99
ポッティンガー・ストリート	80
香港オーシャンパーク	102
香港海事博物館	78
香港藝術館	87
香港公園	40
香港故宮文化博物館	12
香港故事館	83
香港上海滙豊銀行總行大廈	40
香港ディズニーランド・リゾート	100
ホンコン・トラムオラミック・ツアー	42
香港摩天輪	78
マダム・タッソー	15
美荷樓生活館	92
ミッドレベル・エスカレーター	80
油麻地果欄のモザイク画	19
レパルスベイ	96
蓮花宮	39

● レストラン、カフェ、バー

N.O.T.スペシャルティコーヒー	83
アージェンズ・コーヒークラブ	85
アイバー	37
ウオーターマーク	36
永合成馳名煲仔飯	49
營致會館	54
粤派燒味専門店	48
オマ・スペシャリティコーヒー	81
オン・ザ・ヒル・コーヒーバー	27
カーディナル・ポイント	37
快樂．順景	60、65
佳佳甜品	63
何洪記	53、57
家全七福	55
華嫂氷室	59
カフェ100	21
夏銘記	52、57
カラーブラウン	93
甘牌焼鵞	48
奇華茶室	33
喜記避風塘炒辣蟹	50
九記牛腩	57
キュレーター・クリエイティブ・カフェ・アット M+	13
金華氷廳	58、65
キンスマン	31
グース・チョコレート	85
グラスハウス・グリナリー	89
クルーズ・レストラン・アンド・バー	37
浩記甜品	95
江仔記	57
糕點時光	63
靠得住	53
ザ・ベーカー＆ザ・ボトルマン	83
ザ・ロビー	35
シェフズ・カッツ・レストラン＆ベーカリー	29
四季常餐	61
上海香港麵家	61
十字氷室	33
祥香園	58
嚐囍煲仔小菜	49
生記粥品専家	57
生記飯店	55
創發潮州飯店	51
大和堂咖啡店	31
タン・コート	46
茶大椰	63
地茂館甜品	63
陳倉興 尚潮樓	51
ティフィン	34
ディムサム・ライブラリー	47
甜道	63
糖宮甜品専門店	63
南角	95
バーネ・エ・ラッテ	97
ハウス・オブ・オリエント	44
バリスタ・バイ・ジーヴル	80
ビーイング＆ティー	88
ピーク・ルックアウト	16
ビーフ＆リバティー	108
百寶堂	65
プラムコット	81
ブリック・レーン・ギャラリー	61
フルカップ・プラネット・カフェ	32
文記車仔麵	56
迪雪糕專門店	93
ベイクハウス	61
北京樓	52
保頓氷室	32
鳳城酒家	50
マナカマナ	73
妹記生滾粥品	53、57
マダムフー・グラン・カフェ・シノワ	27
麥奀雲吞麵世家	57
滿記甜品	63
美都餐室	90
ヤムチャ	47
樂茶軒茶藝館	27
ラ・ランブラ・バイ・カタルーニャ	79
蘭芳園	59
劉森記麵家	92
龍鳳呈祥雞煲火鍋	30
麗晶軒	54
レムナ・オブ・ジ・アルケミスト	87
蓮香樓	45
ロビー・ラウンジ（カオルーン シャングリ・ラ ホンコン内）	35
ロビー・ラウンジ（リージェント・ホンコン内）	34
ロンディムサム	46
倫敦大酒樓	45

INDEX

● ショッピング

618上海街	91
ABC餅屋	65
B'IN セレクト	28、67
FM+	28
G.O.D.	66、80、108
HKTDCデザインギャラリー	66、108
IFCモール	79
K11アートモール	89
K11ミュシーア	88
M+ショップ	13
PIN（ピン）	68
PMQ	80
アートエクスプレス・バイ・商務印書館	13
威威小食	65
溢泰行	67、92
ウエルカム	71
エアサイド	28
英皇拖鞋公司	67
王榮記	69
華藝帆布	67
カポック	82
奇華餅家	65、68、108
キマチャー	74
キャット・ストリート	85
錦綉唐朝	17
クッキービジョン	81
港設計 by 香港猿創	83
工夫茶舎	29、69
コモン・グラウンド	67、89
ザ・パルス	96
ザ・ペニンシュラ・ブティック&カフェ	88
シティ・スーパー	71
十八廿二	25
朱榮記	84
上稀園	68、89
上水爆谷	69
昌泰食品（香港）有限公司	94
スタンレー・プラザ	97
スタンレー・マーケット	97
誠品生活	76
泰昌餅家	65
中環街市	24
張榮記	69
德祥茶莊	95
パークンショップ	71
ピーク・ギャリア	17
ファクティブ	75
フープラ	67、93
ブッカジン	66

フローレンス・トリッパ	80
平凡媽媽	74
ベッド&ビヨンド	97
ホームレス>HKG	108
香港淳記	25、67
香港トラムストア	25
マーケットプレイス	71
マニングス	75
媽咪雞蛋仔	25、65
明生鋼竹蒸籠廠	91
甄沾記	25、69
油麻地ヒスイ市	91
余均益	69
ラブラミクス	27
リートン・アベニュー	82
リストア	67、91
林奇苑茶行	84
レイカズ・チョコレート	68
レインボー花文字	97
ワトソンズ	75

● マッサージ

古法足道	104
ゼン・マッサージ&フットリフレクソロジー	105
チー・ワー・サイアム・デイスパ	105
沐館	104

マカオ
● 観光

關前正街&關前後街	113
官也街	119
聖アントニオ教会	113
聖オーガスティン教会	114
聖ドミニコ教会	112
聖フランシスコ・ザビエル教会	119
聖ポール天主堂跡	113
聖ヨセフ聖堂	115
聖ローレンス教会	115
セナド広場	112
大堂（カテドラル）	112
タイパ・コロアネ歴史博物館	119
タイパ・ハウス	119
鄭家屋敷	115
ドン・ペドロ5世劇場	114
福隆新街	114
ペンニャ教会	115
媽閣廟	115
マカオグランプリ博物館	119
マカオタワー	119
マカオ博物館	119

民政總署大樓	114
モンテの砦	113
ラザロ地区	119
リラウ広場	115
盧家屋敷	112

● レストラン、カフェ

アンダーズ・キッチン	120
祥記麺食専家	121
世記咖啡	113
ソルマー	121
大利來記	120
テラ・コーヒーハウス	115
ポルトゥガリア	121
澳門旅遊大學教學餐廳	120
龍華茶樓	121
ロード・ストゥズ・ガーデン・カフェ	121

● ショッピング

Mジェイド	122
英記茶莊	122
英記餅家	113
オー・ムーン	122
葡國創紀念品有限公司	122
ロージャ・ポルトゲーザ	122
ロージャ・ダス・コンセルヴァス・マカオ	122

● 統合型リゾート、ホテル

MGMコタイ／MGMマカオ	118
アジア・ブティック・イン・マカオ	118
ウィン・パレス／ウィン・マカオ	118
ヴェネチアン・マカオ	116
ギャラクシー・マカオ	117
グランド・コロアネ・リゾート	118
グランド・リスボア・パレス・リゾート・マカオ	118
グランド・リスボア・マカオ	118
グリーナリー・イン	118
シティ・オブ・ドリームス	118
スタジオ・シティ	117
ソフィテル・マカオ・アット・ポンテ16	117
パリジャン・マカオ	117
ポウサダ・デ・モンハ	118
マンダリン・オリエンタル・マカオ	118
ロックス	118
ロンドナー・マカオ	116

Hong Kong **159**

STAFF

Producer
金子 久美　Kumi Kaneko

Editors & Writers
鈴木 由美子　Yumiko Suzuki（有限会社アジアランド）
小坂 歩　Ayumi Kosaka（有限会社アジアランド）
大澤 真木子　Makiko Osawa
児島 奈美　Nami Kojima

Photographers
湯山 繁　Shigeru Yuyama
竹之下 三緒　Mio Takenoshita
写真協力　香港政府観光局、©iStock

Cover Design
花澤 奈津美　Natsumi Hanazawa

Designers
山中 遼子　Ryoko Yamanaka
又吉るみ子　Rumiko Matayoshi（メガスタジオ）
株式会社Essencial Partners Co., Ltd.　滝澤 しのぶ　Shinobu Takizawa
檜谷 純　Jun Hinotani
高野 胡桃　Kurumi Takano

Illustration
株式会社アトリエ・プラン　atelier PLAN Co., Ltd.

Map
蕪木貴之　Takayuki Kaburaki（株式会社ジェオ）
株式会社アトリエ・プラン　atelier PLAN Co., Ltd.
辻野 良晃　Yoshiaki Tsujino

Proofreading
田中 尚美　Naomi Tanaka（株式会社東京出版サービスセンター）

著作編集　地球の歩き方編集室
発行人　新井 邦弘
編集人　由良 暁世
発行所　株式会社地球の歩き方
　　　　〒141-8425　東京都品川区西五反田2-11-8
発売元　株式会社Gakken
　　　　〒141-8416　東京都品川区西五反田2-11-8
DTP　　株式会社ダイヤモンド・グラフィック社
印刷　　大日本印刷株式会社

※本書は基本的に2024年9月～10月の取材データに基づいて作られています。
　発行後に料金、営業時間、定休日などが変更になる場合がありますのでご
　了承ください。

更新・訂正情報 URL https://www.arukikata.co.jp/travel-support/

●本書の内容について、ご意見・ご感想はこちらまで
読者投稿
〒141-8425　東京都品川区西五反田2-11-8
株式会社地球の歩き方
地球の歩き方サービスデスク「Plat 香港 マカオ」投稿係
URL https://www.arukikata.co.jp/guidebook/toukou.html
地球の歩き方ホームページ（海外・国内旅行の総合情報）
URL https://www.arukikata.co.jp/
ガイドブック『地球の歩き方』公式サイト
URL https://www.arukikata.co.jp/guidebook/

●この本に関する各種お問い合わせ先
・本の内容については、下記サイトのお問い合わせフォームよりお願いします。
URL https://www.arukikata.co.jp/guidebook/contact.html
・広告については、下記サイトのお問い合わせフォームよりお願いします。
URL https://www.arukikata.co.jp/ad_contact/
・在庫については　Tel▶03-6431-1250（販売部）
・不良品［乱丁、落丁］については　Tel▶0570-000577
　学研業務センター　〒354-0045　埼玉県入間郡三芳町上富279-1
・上記以外のお問い合わせは　Tel▶0570-056-710（学研グループ総合案内）

地球の歩き方 P20 ぷらっと

Plat 香港 マカオ
HONG KONG MACAO

2025年3月4日　初版第1刷発行

感想教えて
ください

読者プレゼント
ウェブアンケートにお答えい
ただいた方のなかから抽選
でクオカード（500円分）を
プレゼントします！詳しくは
左記の二次元コードまたは
ウェブサイトをチェック☆

応募の締め切り
2027年1月31日

URL https://arukikata.jp/hmpwnh
※個人情報の取り扱いについての注意事項はウェブ
ページをご覧ください。

©Arukikata. Co., Ltd.

本書の無断転載、複製、模写（コピー）、翻訳を禁じます。
本書を代行業者等の第三者に依頼してスキャンやデジタ
ル化することは、たとえ個人や家庭内の利用であっても、
著作権法上、認められておりません。

All rights reserved. No part of this publication may be
reproduced or used in any form or by any means, graphic,
electronic or mechanical, including photocopying, without
written permission of the publisher.

※本書は株式会社ダイヤモンド・ビッグ社より2018年
12月に初版発行したものの最新・改訂版です。

学研グループの書籍・雑誌についての新刊情報・詳細情
報は、下記をご覧ください。
学研出版サイト　URL https://hon.gakken.jp/